Denise Whitefeather Linn
Ein Kissen voller Träume
Das magische Traumbuch

Aus dem Amerikanischen von
Regine Hellwig

Titelgestaltung: Ananda Kurt Pilz / Agt. Holl, Aachen
Satz: DTP-Service-Studio, Rheinbrohl
Druck: Fuldaer Verlagsanstalt
ISBN 3-926374-37-3
12345/1999 98 97 96 95 94

Denise Whitefeather Linn

Ein Kissen voller Träume

Das magische Traumbuch

Smaragd Verlag

Dieses Buch ist David, „dem Mann meiner Träume“ gewidmet

und

Meadow, „meinem Traumkind“

Während ich durch dieses Leben reise,
den Strom entlang schwimmend,
nehme ich viel Tand, Menschen, Orte, Dinge auf.

Das einzige, was ich mitnehme,
wenn es Zeit ist diesen Strom zu verlassen,
ist kein Tand,
es ist mein Kissen voller Träume.

Karl Bettinger

Inhalt

Vorwort

Jeder von uns ist auf der Suche...auf einer Reise durch Zeit und Raum. Diese Suche hat Sie zu *Ein Kissen voller Träume* geführt. Mit dem magischen Traumbuch möchte ich in Ihrem Herzen einen Ort der Ruhe schaffen, in dem Sie sich, durch Ihre Träume, auf die Evolution und die einzigartige Einheit mit allem tiefer einlassen können. Sinn dieses Buches ist nicht, Ihnen den Weg abzunehmen, sondern Ihnen vielmehr zu zeigen, wie Sie Ihre eigenen Antworten finden - nicht in den Worten irgendeines anderen Menschen, sondern in Ihren eigenen Gefühlen und den Mustern Ihres Lebens, die mit Ihren Träumen und Visionen verwoben sind und aus dem tiefsten Inneren Ihres Seins emporsteigen.

Der Beginn

Träume sind die geheimnisvolle Sprache der Nacht. Jeden Abend, nachdem die Sonne dem aufgehenden Mond ein letztes Mal zugewinkt hat, weben sich goldene Früchte in unser schlummerndes Bewußtsein. Die nächtlichen Visionen aus diesem rätselhaften Bereich sind als Botschaften der Götter beschrieben worden und haben das Schicksal Einzelner wie auch ganzer Nationen geformt. Seit Urzeiten schlüpfen Traum-Weber durch die Spalte zwischen beiden Welten, um die äußeren Bereiche der inneren Welt zu berühren und die Früchte der Nacht zu ernten.
Diese geheimen Botschaften des Geistes vermögen so manches: Sie lassen uns die Zukunft schauen und enthüllen die Vergangenheit. Sie warnen uns vor Gefahr. Sie geben uns kreative Gedanken und helfen, die Schranken des Wachbewußtseins zu verwischen. Träume sind die Schwelle zum mystischen Bereich der Nacht, das Vehikel für die Reise zwischen Raum und Zeit und für den Kontakt auf den inneren Ebenen mit unseren Verstorbenen. Und - sie sind eine Quelle für nächtliche Heilung, Astralreisen und Seelensuche.
Aber Träume sind heute nur noch Überbleibsel des menschlichen Geistes, denn am nächsten Morgen haben wir alles vergessen. Der direkte Weg, die Musen der Nacht zu rufen, ist uns nicht mehr zugänglich.
Früher, als der Kreislauf der Natur und der Zyklus des Menschen noch im Einklang miteinander standen, lenkten Träume von Vergangenheit und Zukunft, von Jagd und Saat und jene von Krieg und Frieden die Geschicke des entsprechenden Stammes oder der entsprechenden Kultur. Träume waren eine natürliche Quelle, die aus der tiefen Verbindung mit den Kräften der Natur entsprang. In jenen Stunden des Zwielichtes wurden Botschafter der nächtlichen Weisheit gerufen, den Menschen innere Wahrheit zu schenken. Aber wir haben vergessen.

Es ist zur Gewohnheit geworden, Schlafen als 'unproduktive' Zeit anzusehen. Wir erkennen zwar die Realität von Träumen an; wenn wir uns jedoch an sie erinnern, sind sie für uns seltsame Gebilde oder etwas, worüber wir uns amüsieren. Nur selten geben wir ihnen dieselbe Bedeutung wie den Ereignissen des Tages - nämlich etwas Wertvolles und für unser Wohlbefinden zwingend Notwendiges zu sein.

Wenn unsere Kinder Alpträume haben, trösten wir sie mit den Worten "Es ist doch nur ein Traum", womit wir eine höchst bemerkenswerte Botschaft ihres Inneren beiseiteschieben. Bestenfalls werden Träume als innere 'Datenverarbeitung' des menschlichen Computergehirns angesehen.

Aber es wird Zeit, sich zu erinnern. Die Menschheit macht gegenwärtig eine bedeutsame Phase durch, und es wird immer wichtiger, den Träumer in uns zu wecken und dem Orakel des Herzens zu lauschen, damit wir die vor uns liegende Zeit leichter überstehen können. Es ist notwendig, uns innerlich mit unserem Traumkörper zu beschäftigen und jene Brücke über den inneren Raum zu spannen, die es uns ermöglicht, die Zukunft mit Elan anzugehen. Sie werden merken, daß Ihre Träume in den nächsten Jahren zu einer viel wichtigeren Quelle der Information werden, verstärkt doch der Wind der Veränderung das Bedürfnis der geistigen Welt, uns zu führen. Es wird also Zeit, daß wir uns wieder an unsere Träume erinnern, damit wir die tiefen Kräfte, die in jedem von uns schlummern, wecken. Es wird Zeit, uns zu erinnern, damit wir helfen zu heilen - uns und unseren verwundeten Planeten.

Meine Traumreise

Meine Reise in das magische Reich der Träume begann an einem frühen Sommernachmittag vor zwanzig Jahren im mittleren Westen der USA.

Es war einer dieser strahlenden Tage auf dem Land. Der goldene Hauch des Sommers hatte sich über die Felder gelegt. Und als ich auf meinem Moped fröhlich die Straße entlangfuhr, segelten Büschel von bernsteinfarbenem Weizen und honigfarbenem reifen Mais an mir vorbei. Ich war siebzehn Jahre alt, getragen vom sorglosen Geist der Jugend. Der warme Wind zauste spielerisch in meinem Haar. Plötzlich wurde die silbrige Heiterkeit jenes Sommertages durch die explosive, widerhallende Kraft einer Gewehrkugel erschüttert. Von dem unbekannten Heckenschützen getroffen, blieb ich liegen. In diesem kurzen, erschütternden Augenblick drehte sich mein Leben und alles, was mir vertraut war, wie wahnsinnig, und als es zur Ruhe kam, war nichts mehr wie zuvor. Ein Bauer, der des Weges kam, rief die Ambulanz. Nie werde ich den unglaublichen Schmerz vergessen, der durch meinen Körper raste, die schrillen Sirenen der Ambulanz und die verzweifelten Schreie des Arztes: "Sie ist tot!"

Als ich in der Notaufnahme lag und gegen den brennenden Schmerz kämpfte, merkte ich plötzlich, wie der Schmerz zurückging und einer ruhigen Stille wich...dann Schwärze...samtene, weiche Schwärze.
War ich tot?
Wo war ich?
Ich fühlte mich wie in einer schwarzen Blase. Dann, plötzlich...zerplatzte die Blase und ich wurde in strahlendem Licht gebadet. Nein, es war unglaublich: Ich war das Licht! Ich war alles durchdringendes, strahlendes Licht. Plötzlich hörte ich eine unbeschreibliche Musik durch das Universum wehen. Sie klang so süß, so rein, und schwappte hin und her wie Wellen aus flüssigem Licht. Diese Musik war köstlicher als jede Symphonie, die ich zuvor gehört hatte. Eine wellenförmige Harmonie durchdrang meinen lichtvollen Geist, bis ich selbst zur Musik wurde. Ich war nur Licht und Klang zugleich. Ich war flüssiges Licht und flüssiger Klang. Jegliches Gefühl für Zeit war verloren...keine Vergangenheit...keine Zukunft. Alles war so einfach!
Und noch etwas: Irgendwie kam es mir vertraut vor. Ein tiefes, sehr wirkliches Gefühl von Vertrautheit durchzog mich. Mir war, als wäre ich hier schon einmal gewesen.
Wie kann ich Ihnen nur begreiflich machen, was ich fühlte? Im ureigensten Ursprung unseres Seins, in jedem von uns verborgen, schlummert das Gefühl einer Liebe, die so natürlich ist wie das Atmen. Diese Liebe geht über alle Grenzen hinaus, über alle Formen - so wie ein riesiger, unbegrenzter Ozean jede Zelle und jedes Molekül unseres Seins durchdringt!
Ganz tief in mir spürte ich diese Liebe.
Es ist nicht jene Art von Liebe, in die man sich stürzt, wenn man sich verliebt, oder die man wieder verliert, wenn die Verliebtheit vorbei ist. In dieser Liebe gab es keine Trennung...kein 'Ich', kein 'Du'. Nur Liebe.
Ich war nach Hause gekommen.
Plötzlich durchdrang eine tiefe Stimme die Stille und sprach, grollend wie ein aufziehendes Gewitter "Du darfst nicht hierbleiben. Du hast noch eine Aufgabe zu erfüllen." Noch heute erinnere ich mich daran, daß ich verzweifelt und inständig bittend rief "Neeiiin!!". Aber schon wurde ich wieder in meinen Körper zurückgezogen.

In den Jahren danach entdeckte ich, daß mein Erlebnis den Erfahrungen sehr ähnlich war, die viele Menschen als Nah-Tod-Erlebnis beschreiben. Alle, die gerettet wurden oder auf andere Weise dem Tod von der Schippe gesprungen sind, haben von dem Gefühl erzählt, ihren Körper verlassen zu haben. Die meisten dieser Menschen erinnern sich an ein strahlendes Licht und einen unglaublichen Frieden - und ein unbestimmtes Gefühl der Vertrautheit. Wie auch immer man das bezeichnen mag, was mit mir geschah - es hat meine Wahrnehmung der Realität für alle Zeiten geprägt.
Dieses Erlebnis war völlig anders als alles, was ich in meinem Leben bis dahin erfahren hatte.
Ich war das älteste von vier Kindern, und beide Eltern hatten sich der Wissenschaft verschrieben. Mein Vater war Ingenieur und meine Mutter, die von den nordamerikanischen Indianern abstammt, Chemikerin. 'Nur das ist wirklich', dachte ich damals, 'was man berühren kann, und was sich durch die Gesetze der Wissenschaft beweisen läßt.'
Jetzt kämpfte ich um eine Erklärung für mein Nah-Tod-Erlebnis, damit es schön sauber in mein wohlgeordnetes Glaubenssystem der Realität paßte. Statt dessen begann allmählich alles, an das ich geglaubt hatte, sich aufzulösen. An seine Stelle trat ein neues Verständnis. Es schien, als ob mein Leben eine völlig andere Richtung nehmen sollte.
Während ich mich von meinen Verletzungen erholte, begannen sich meine Träume zu verändern: Sie wurden lebhaft und nahmen an Bedeutung zu. Und noch etwas änderte sich: Ich hörte Musik, die niemand außer mir vernahm, und sehr oft spürte ich die Gegenwart liebevoller, geistiger Wesen. Offenbar war es mir durch meine Begegnung mit dem Tod möglich geworden, in innere, längst vergessene Dimensionen hineinzustolpern. Das alles war sehr seltsam für eine Frau wie mich, die das Leben bisher sehr rational und gradlinig angepackt hatte.
Und noch eine erstaunliche Entdeckung machte ich: Es gab ein 'Ich', und dieses 'Ich' war etwas von meinem Körper Getrenntes. Durch den Schuß waren mir meine Milz, eine Nebenniere, eine Niere, ein Teil meines Magens, ein Teil der Lunge, ein Teil des Darms und ein Teil meines Schlüsselbeins abhanden gekommen, und aus meinem Herzen ragte ein Schlauch. Und dennoch fühlte ich mich nicht als halber Mensch. Mein Körper war beschädigt, mein 'Ich' nicht. Die meisten Menschen scheinen dies zu wissen,

für mich war es eine neue, erstaunliche Erkenntnis. Und diese Erkenntnis hat mir bei der Reise meines Körpers zur Heilung sehr geholfen. Ich wurde gesund, - ganz gesund!
Im Laufe der Zeit merkte ich, daß meine Träume nicht immer nur eine reine Idylle waren. Als sich das nächtliche Tor der Wahrnehmung für mich öffnete, kamen massenweise Bilder, die lange Zeit zurückgehalten worden waren, und ich wurde mit Träumen gesegnet, die sich durch außerordentlich strahlende Farben und Intensität auszeichneten. Manche Bilder waren erschreckend, andere tief befriedigend und beruhigend. Manchmal gelang es mir, einen flüchtigen Blick auf jenen Ort zu werfen, zu dem ich gereist war, als ich glaubte, tot zu sein. Ich versuchte, die nebelhaften Bilder festzuhalten, aber sie rannen mir durch die Finger wie feiner Sand. Ich sehnte mich so sehr danach zurück, und dennoch war ich noch nicht bereit zu sterben, um diesen Ort wiederzusehen.
In jener Zeit tauchte in meinen Träumen immer öfter ein Schatten auf, der mich jagte. Manchmal wachte ich entsetzt und aufgeregt auf, so daß ich nicht wieder einschlafen konnte. Dieses drohende, formlose Gespenst der Nacht verfolgte mich in meinen Träumen immer wieder, wie ein treuer Hund, und blieb auch in den nächsten Jahren an meiner Seite.

Ich begann eine Laufbahn als Journalistin.
Als ich im Sommer 1969 in Osteuropa an einer Pressekonferenz teilnahm, beschloß ich, auf einer der zahllosen Inseln vor der Küste Jugoslawiens zu campen. Ich überredete einen widerstrebenden Fischer, mich zu einer besonders schönen, einsamen Insel zu bringen und erinnere mich noch gut an jene erste Nacht, als ich in meinem Schlafsack lag, zu den silbrigen, lichtvollen Punkten am Firmament hinaufschaute und mich in die Einsamkeit der Sterne verlor. Gott schien so nah und doch so fern.
Am nächsten Morgen wurde die Stille durch das Geräusch eines Flugzeugs gestört, das über meinem Kopf flog ... 'zu niedrig', dachte ich. Aber es war schon zu spät: Ohne jegliche Warnung ging ein Kugelhagel auf mich nieder. Die Kugeln waren überall. Sie prallten ab! Auf der Suche nach Schutz, hechtete ich nach vorn und kroch, immer noch im Kugelhagel, unter die dichten Zweige einiger Büsche. Und dann, so plötzlich wie sie begonnen hatten, hörten die Schüsse auf. Als ich mich unter den Ästen hervortraute, war meine Seele von Entsetzen erfüllt.

Warum hatte man auf mich geschossen? Wieder! Es war, als stünde ich noch einmal an jenem dunklen Abgrund des Todes. Sollte ich ein tieferes Verständnis für mein Selbst entwickeln?
Binnen kurzer Zeit gelang es mir, einen vorüberfahrenden Fischer herbeizuwinken, der mir in gebrochenem Englisch erklärte, daß es strikt verboten sei, diese Insel zu betreten. Sie sei gesperrtes Territorium und werde gelegentlich für Übungen der Luftwaffe benutzt.
In der Zeit danach verstärkte mein nebulöser Verfolger im Traum seine nächtlichen Besuche.
In die Vereinigten Staaten zurückgekehrt, kam es kurz danach zu einem neuen Ereignis. Die Zeitung, für die ich arbeitete, schickte mich zu Anti-Vietnam-Kriegs-Demonstrationen nach Chicago, New York und Washington. Ich erinnere mich an eine Demonstration in Washington, als ich in der ersten Reihe marschierte und plötzlich, ohne jegliche Vorwarnung, Polizisten mit Gasmasken auftauchten, Handgranaten in jede Richtung warfen und Tränengas in die Frontlinie des Demonstrationszuges schossen. Dieses Gas ist giftig und außerordentlich schmerzhaft, so daß man meint, es würde einem die Haut von den Knochen gezogen. Vor meinen Füßen explodierten Gaskanister. Zu dem Getöse kamen die Schreie der Menschen, die in Panik gerieten. Links und rechts von mir wurden Demonstranten - der Menge wehrlos ausgeliefert - unter den stampfenden Füßen jener Verzweifelten, die versuchten, dem Gas zu entfliehen, zertrampelt.
So turbulent meine Stunden am Tag auch waren, meine Nächte waren noch erschreckender. Mein wachsamer Verfolger hatte sich auf meine Fährte gesetzt wie ein Wolf einem verendenden Tier. Um die hartnäckige Verfolgung dieses mitternächtlichen Schreckens unter Kontrolle zu halten, nutzte ich die Stunden des Tages zur Stärkung meiner Willenskraft, um der 'Gefahr' besser begegnen zu können. Ich versuchte es mit Karate und Drachenfliegen. Gleichzeitig war ich beruflich mit dem Thema 'Gewalt' konfrontiert, das bei der Berichterstattung über Aufruhr und Krawall an der Tagesordnung ist. Ich mußte sogar die Attacke eines messerschwingenden Vergewaltigers abwehren.
Eines Tages wollte es der glückliche Zufall, daß mir ein Buch über Zen-Buddhismus in die Hände fiel. Ich begann, über Zen-Erfahrungen zu lesen und war von der erstaunlichen Ähnlichkeit zwischen meinem Nah-Tod-Erlebnis und dem Inhalt dieses Buches beeindruckt. Es sprach vom großen Licht...dem Gefühl des Einsseins mit

allen Dingen. Vom Überschreiten der linearen Zeitgrenze. Vielleicht, mutmaßte ich, war es möglich, dies noch einmal zu erleben, ohne zu sterben. Instinktiv wußte ich, daß in meinem Leben die Zeit für eine Veränderung gekommen war. Ich war bereit, dem Weg meines Herzens zu folgen und gezielt nach jener lebenswichtigen Erfahrung zu suchen, die ich im Alter von siebzehn gemacht hatte.
Mit der Absicht, nur kurze Zeit zu bleiben, ging ich Anfang der siebziger Jahre in ein Zen-Kloster. Es wurden drei Jahre daraus. Den größten Teil des Tages, von vier Uhr in der Früh bis vier Uhr nachmittags, starrte ich im Voll- oder Halblotussitz auf die Wand. In einem Zendo wird man leicht durch Schmerz oder Müdigkeit abgelenkt. Deshalb schlägt der Zen-Meister in einem Akt der Zuneigung mit ermunternder Hartnäckigkeit dem Zen-Schüler mit einem Kyosaku-Stock auf die Schulter, um seine Aufmerksamkeit bei dieser Übung zu wahren. Ein Kyosaku-Stock ähnelt einem flachen Baseball-Schläger oder einem Kricket-Schläger. Der fallende Schlag, der qualvoll auf meiner Schulter landete, hallte von den Wänden des Klosters wider. Meinte der Zen-Meister andererseits, daß ich meine Sache richtig gut machte, dann schlug er mich so hart wie er konnte mit dem Kyosaku, um mich zu ermutigen.
Großartige Visionen kamen hoch, aber der Zen-Meister sagte: "Nichts als Illusion...Gehe tiefer." Große Einsichten tauchten auf und der Zen-Meister sagte: "Nur Einbildung. Geh tiefer. Geh und suche nach der Realität dahinter...der wahren Realität. Sieh dich so, wie du bist." Die Worte des Zen-Meisters wurden zu einem immer wiederkehrenden Thema in meinem Leben.
Während der Zeit in dem Zen-Kloster veränderten sich allmählich meine Träume. In einem Traum erschien ein strahlendes, dreidimensionales, mit Leben erfülltes Mandala.
Ein Mandala ist eine graphische, in vier Abschnitte geteilte Darstellung, normalerweise ein Kreis oder ein Viereck, die als Symbol für das Universum oder den Kosmos gilt. Als ich mich nach der Bedeutung dieser spontanen Erscheinung erkundigte, sagte man mir, nach C.G. Jung, dem Schweizer Psychologen, seien Mandalas Traumsymbole für Ganzheit. Jung erklärte, das universelle Auftreten der Zahl vier (vier Richtungen, ein Quadrat mit vier Seiten, die Zahl vier oder ein Mandala mit vier Seiten) sei ein Zeichen für Ganzheit und die Integration des Ich.
Während meines Aufenthalts im Zen-Kloster, machte ich eine Entdeckung, die den nächtlichen Widersacher meiner Träume betraf.

Als ich wieder einmal ein Labyrinth dunkler Korridore hinuntergetrieben wurde, blieb ich plötzlich stehen und dachte ganz bewußt: 'Ach was, ist doch nur ein Traum. Ich werde mir jetzt mal meinen Verfolger ansehen.' In diesem Augenblick wurde meine apokalyptische Nemesis (Götting der Vergeltung) zu einer schattenhaften Form, die in der Dunkelheit verschwand. Die nächtlichen Erscheinungen kamen wieder, aber jedesmal blieb ich stehen, um meinen Verfolger anzusehen, und jedesmal verschwand er, ohne mir sein Gesicht zu enthüllen. (Siehe das Kapitel *Luzides Träumen*).

Die Beschäftigung mit Zen hat mein Leben stark geprägt. So wurde mir unter anderem bewußt, daß ich meinen Körper von innen heraus heilen konnte.

In jener Zeit traf ich eine Kahuna von Hawaii, eine Schamanin und große Heilerin. Von ihr lernte ich, bewußt Blicke in jene inneren Reiche zu werfen, die mir zufällig im Traum begegnet waren. Aber erst als sie herausfand, daß ich von den nordamerikanischen Indianern abstamme, willigte sie ein, mich als Schülerin anzunehmen. Diese weise Frau öffnete die Türen zu meinem inneren Wissen, und ich lernte verstehen, wie der Geist in allem wohnt, und wie man ihn zur Heilung herbeirufen kann.

Einmal nahm ich sie nach Jackass Ginger mit, einem tropischen Wald in Hawaii, so daß sie dem Menehune-König (Menehunis sind die hawaiischen Elfen) Früchte darbieten konnte. Als ich am Waldrand stand, wurde mir mit einem Schlag bewußt, wie unglaublich das alles war: Da stand ich mit einem Menschen, der mit Elfen sprach!

Für die Kahunas ist die Grenze zwischen Traum- und Wachzustand verschwommen, und man kann ganz leicht zwischen diesen beiden Welten hin- und herwandern.

Während meiner Lehrzeit bei der Kahuna-Schamanin wurde ich mit einer völlig neuen Dimension des Träumens bekannt. Ich entdeckte, daß ich meinen Körper verlassen, in meiner Hütte herumwandern und auf meinen schlafenden Körper hinabblicken konnte. (Siehe das Kapitel *Astrale Reisen*). Die Heimsuchungen meines nächtlichen Quälgeistes wurden in dieser Zeit immer seltener, und obwohl seine Besuche nicht mehr so erschreckend waren, war es mir nicht möglich, in sein Gesicht zu sehen. Der schleichende Schatten spukte weiter durch meine Träume.

Da ich begierig war, so viel wie möglich über meine inneren Kräfte zu erfahren, begann ich mit einem Studium der 'alten Wege'. Zu den Lehrern, die mich geprägt haben, gehört eine kleine Japanerin, Hawayo Takata. Während unseres ersten Treffens begrüßte sie mich mit den Worten: "Ich habe auf dich gewartet. Warum hast du so lange gebraucht?" Sie war die bekannteste Reiki-Meisterin der Welt und schenkte mir den Zugang zur universellen Lebensenergie, die meine Arme hinabströmte und Heilung brachte.
Ein anderer Lehrer, ein exzentrischer Shiatsu-Meister, war Meister des alten Wissens, den Körper durch Druckpunkte auszugleichen, jene äußerst sensiblen Punkte intergalaktischer Gleichzeitigkeit.
Nachdem ich mich lange und ausführlich mit dem Gebiet des Heilens beschäftigt hatte, bat man mich eines Tages, an der Universität Hawaii Heilen zu lehren. So begann meine Tätigkeit als Heilerin.
Zu jener Zeit wurden meine Träume von einer schwer faßbaren Welle männlicher Heiterkeit und Kraft durchzogen. Flüchtige Bilder eines großen Mannes tauchten aus dem Schatten der mitternächtlichen Stunde auf. Wer war dieser angenehme Eindringling? Ich begann, die Eigenschaften dieses 'Mannes meiner Träume' aufzuschreiben. Es war eine Liste all dessen, was ich mir seit jeher von einem Liebhaber und Partner gewünscht hatte.
Zwei Wochen später nahm ich an einem Selbsterfahrungskurs teil. Ich langweilte mich, und als ich die Hand hob, um mich zu beschweren, sagte der Lehrer, ohne auf meine Fragen einzugehen und um mich bei Laune zu halten: "Warum heiraten Sie eigentlich nicht den Kerl da neben Ihnen?" Gereizt wandte ich mich dem großen, heiteren, bärtigen Mann neben mir zu und fragte ihn: "Wollen Sie mich heiraten?". Zu meiner Verblüffung, um nicht zu sagen Entsetzen, antwortete er: "Ja!".
Als mir klar wurde, daß ich soeben einem wildfremden Mann einen Heiratsantrag gemacht hatte, wurde mir mulmig. Der Seminarleiter begann mich mit der Frage aufzustacheln, wann dieses folgenschwere Ereignis stattfinden würde. Schließlich erklärte ich gereizt: "Ok, ok, ich werde ihn morgen heiraten". Mein logischer, bewußter Verstand dachte 'Das ist völlig absurd', aber aus der Tiefe meines Unterbewußtseins stieg ein sanftes Ziehen auf - eine schwache Erinnerung. Jene vage, wohlwollende, phantomhafte Gestalt, die seit kurzem meine Träume beherrschte, sie begann sich zu verändern und sich in den Mann neben mir zu verwandeln... den Mann, der mein Ehemann werden würde, der 'Mann meiner Träume'.

Als sich meine Heiltätigkeit ausdehnte, bemerkte ich, daß ich mit einem sehr einfachen, alten Verfahren anderen Menschen den Schmerz oder die Krankheit nehmen konnte: ich nahm ihren Schmerz in meinen Körper. Ich spürte den Schmerz nur einen kurzen Augenblick, und dann war er bei meinem Patienten verschwunden. Das war aufregend, denn es funktionierte: offenbar ging jeder, der krank zu mir kam, als Geheilter wieder fort. Für mich waren diese Erlebnisse nicht mehr als ein Dienst am Nächsten. Was ich jedoch nicht bemerkte: Diese besondere Art des Heilens gibt den Menschen nicht immer die Möglichkeit, die Ursache ihrer Krankheit zu erkennen. Außerdem begann diese Art des Heilens auf Dauer meinen Körper zu schädigen (siehe das Kapitel *Heilträume*).
Als ich eines klaren Morgens in San Francisco aufwachte, stellte ich fest, daß sich der Schlauch in meinem Herzen gelöst hatte und Hunderte von winzigen Blutklümpchen durch meinen Körper schwappten. Als die Atmung stockte und mein Blutkreislauf absackte, sah ich zu meinem großen Erstaunen, wie ein Unbekannter unser Heim betrat. Dieser Mann, den ich heute liebevoll 'kleiner Zauberer' nenne, sagte mit Bestimmtheit: "Du wirst nicht sterben." Innerhalb weniger Minuten stabilisierte sich mein Kreislauf und mein Atem wurde tiefer. Dieser Mann, der in einem derart wichtigen Moment in mein Leben trat, war ein Trance-Medium, das eine sehr energievolle Wesenheit namens 'Old Chinese' oder 'Chung Fu' channelte.

Dieses Erlebnis war der Beginn eines viereinhalbjährigen geistigen Trainings mit dieser Wesenheit.

In den letzten Jahren ist es Mode geworden, mit einem Geistwesen, das den Körper eines anderen benutzt, zu arbeiten. Viele bekannte Persönlichkeiten fragen heute ihren 'Channel' um Rat. Vor Jahren war das noch etwas Besonderes. Dennoch stand ich und stehe ich Dingen, die außerhalb der Reichweite meiner Erfahrung liegen, immer skeptisch gegenüber und frage mich: "Funktioniert das?". Die Botschaften, die ich bei diesen geistigen Zwiesprachen erhielt, waren wertvoll und praktikabel.

Das Trance-Medium saß still in einem Stuhl. Plötzlich kippte es nach vorn. Als es sich wieder aufsetzte, waren seine Gesten und seine Stimme die eines alten Chinesen. Durch ihn erhielt ich sehr wichtige Kenntnisse und Zugang zu alten Weisheiten und den Geheimnissen des Lebens.

Und noch etwas höchst Bemerkenswertes geschah zu jener Zeit: Der ungebetene Quälgeist meiner Dämmerstunden war mir erneut auf den Fersen. Auch jetzt wieder drehte ich mich um, wild entschlossen, der nächtlichen Bedrohung ins Gesicht zu sehen. Oh, Schreck!!! Das Gesicht war - meins! Mit einem Schlag wurde mir klar, daß ich es von Anfang an gewesen war. Niemand anders. Da umarmte ich jenes arme, einsame Etwas, das mich solange verfolgt hatte, und in mir stieg das Gefühl auf, nach Hause gekommen zu sein. Endlich!
Und in diesem Gefühl der Geborgenheit wurde ein Kind empfangen und David und mir geboren. Dieses Kind, das es nach Ansicht der Mediziner niemals geben würde! Ein Wunder! Und ein zweites: ich hatte eine gesunde, leichte Hausgeburt. Vielleicht war die Mutterschaft die größte 'Lehrerin' meines Lebens überhaupt.
Bevor ich mich von den kurzen Erinnerungen an meine Vergangenheit verabschiede, möchte ich einen Lehrer erwähnen, der mir in den letzten Jahren viel Freude gebracht hat. *Dancing Feather* (Tanzende Feder), der Pueblo Indianer, machte mir mein indianisches Erbe bewußt und half mir, auf dem stillen, inneren Pfad noch tiefer zu gehen. Durch ihn habe ich gelernt, daß die tiefsten Wahrheiten die einfachsten sind, und durch ihn ist die Grenze zwischen meinem Leben im Schlaf und meinem Leben im Wachzustand durchlässig geworden.
Dieses Buch ist der Höhepunkt meines zwanzigjährigen Wegs der Selbstfindung. Viele dramatische und oft schmerzliche Erfahrungen haben mich jenem Traum, im Schoß des Wissens empfangen, nähergebracht. Sie waren Anstoß, meine Träume besser zu verstehen.

Ich danke Ihnen, daß Sie mich an Ihrem Leben teilnehmen lassen. Möge dieses Buch zur Erfüllung Ihrer Träume beitragen!

TRAUMTORE

Komm in den Garten meiner Träume,
über die Brücke des Schlafes...

1
WISSENSCHAFTLER UND TRÄUME

Stellen Sie sich einen prachtvollen Garten mit einer Mauer und vielen Toren vor.

Wenn Sie den Garten durch das Östliche Tor betreten, sehen Sie, wie sich große, kräftige, mit goldenen Narbenfäden verzierte Maiskolben sanft in der warmen Brise hin und her wiegen. Reife, volle Kürbisse hängen gewichtig an den Spalieren und riesige Tomaten, begierig darauf, gepflückt zu werden, geben ihren süßen Duft ab. 'Ah', sinnieren Sie, 'das ist ein Garten mit einer Fülle an Nahrung und Leben.'

Treten Sie durch das Südliche Tor ein, treffen Sie auf reichen, umgegrabenen Boden. Ein warmer, beißender Geruch liegt in der Luft. Dieser Garten ist der fruchtbare Boden, der die Saat des Neubeginns birgt, ein Ort der Regeneration und der Erneuerung.

Das Westliche Tor fliegt auf und enthüllt einen magischen Teppich aus Dahlien, Kosmea, Sonnenblumen, Gänseblümchen und Ringelblumen. Eine köstliche Symphonie blumiger Düfte kitzelt Ihre Sinne und umgibt Sie mit einer warmen Hülle des Frühlings. Was für ein köstlicher Blumengarten...eine Kathedrale seltener Schönheit.

Derselbe Garten ... verschiedene Tore.

Jedes Tor bietet Zugang zu einer neuen, anderen Art der Wahrnehmung.

Treten Sie durch jedes dieser Tore ein, und erkunden Sie Ihren eigenen Garten der Träume.

Wenn Sie durch das altgediente Gartentor der Wissenschaft gehen, sind die grünen Reihen neuen Wachstums sauber und ordentlich angeordnet, jede sorgfältig gejätet und mit einer Nummer versehen. Für Wissenschaftler sind Träume etwas Alltägliches. Untersuchungen haben ergeben, daß wir alle träumen. Selbst Blinde. Und auch Kinder im Alter von acht Monaten. (Man vermutet, daß schon sehr kleine Kinder träumen, auch wenn es keine Möglichkeit gibt, diese Vermutung zu beweisen). Menschen mit einem außerordentlich niedrigen Intelligenzquotienten träumen nicht weniger als jene mit einem hohen IQ. Träumen ist genauso natürlich wie Atmen. Und es

gibt keine Möglichkeit, Träumen zu verhindern, es sei denn durch Medikamente oder den übermäßigen Genuß von Alkohol.
Obwohl manche nur drei, andere sogar neun Träume pro Nacht haben, liegt der Durchschnitt bei vier oder fünf. Selbst wer behauptet, nicht zu träumen, träumt. Diese Menschen haben nur Probleme, sich an ihre Träume zu erinnern. Jeder von uns verbringt etwa zwanzig Prozent der Schlafenszeit träumend. Das sind durchschnittlich etwa eineinhalb Stunden pro Nacht. In der Zeit im Leben also, die wir mit Träumen verbringen, könnten wir ein ausgiebiges Universitätsstudium absolvieren. Und dennoch sind Träume ein Bereich, über den die Wissenschaft nur sehr wenig weiß.
Aus unerklärlichen Gründen schlägt das Herz während des Träumens plötzlich langsamer oder schneller; der Blutdruck erreicht ungeahnte Höhen und fällt dann unvermittelt ab. Der Puls wird unregelmäßig, die Atmung stockt, oder sie geht in ein schnelles Keuchen über. Der Stoffwechsel arbeitet intensiver, und die Nieren produzieren weniger, aber konzentrierteren Urin. Und manchmal schießen die Gehirnzellen spontan über das Niveau des normalen Wachbewußtseins hinaus. Die Blutzufuhr zum Gehirn erhöht sich um vierzig Prozent. Kleinere Muskeln, wie an den Fingern, neigen zum Zucken, während größere Muskeln erschlaffen. Ein Organ jedoch verrät diese innere Unruhe mehr als jedes andere: der Penis oder die Klitoris; sie werden größer. In diesem Zusammenhang ist es interessant zu erwähnen, daß in Traumlabors weder nasse Träume noch Erektionen beobachtet worden sind. Eine Kontrolle unserer Schlafstadien scheint also mit nur ganz geringer Anstrengung möglich zu sein.

REM-Schlaf

Träumen tritt normalerweise während der REM-Schlafphase auf. Es heißt deshalb REM-Schlaf, weil jene Phase von schnellen Augenbewegungen (Rapid Eye Movement = REM) begleitet wird. Der REM-Schlaf wurde in den frühen fünfziger Jahren diese Jahrhunderts entdeckt. Bis zu jener Zeit waren sich die Wissenschaftler, am Thema Schlaf nur am Rande interessiert, mit dem bekannten russischen Physiologen Ivan Pavlov einig, daß das Gehirn während des Schlafes 'heruntergedreht' würde. Dann bat Dr. Nathan Kleitmann, Professor für Physiologie an der Universität Chicago und Vater der modernen Schlafforschung, einen seiner fortgeschrittenen Studenten, Eugene Aserinski, den Zusammenhang zwischen

Augenbewegungen und Schlaf zu untersuchen. Aserinski und Kleitmann machten eine erstaunliche Entdeckung: Wenn sie jemanden weckten, dessen Augäpfel schnell von einer Seite zur anderen gingen, und diese Versuchsperson fragten, was sie erlebt habe, antwortete diese fast immer, sie habe gerade intensiv geträumt. Diese Entdeckung hatte eine erstaunliche Auswirkung auf die Wissenschaft, die jetzt begann, sich mit dem Thema Traum intensiver zu befassen.

Während der REM-Phase geben lebhafte Bilder im Gehirn den Muskeln Befehle, zu springen, zu rennen oder zu treten. Die Bewegung der Augen in die unterschiedlichen Richtungen entspricht der Art der Handlung, die von der Versuchsperson geschildert wird. Dies erhärtet die Untersuchungsergebnisse, daß die Augenbewegung das wiederholt, was der Träumer im Traum sieht. Diese handlungsorientierten Botschaften werden von Neuronen im Hirnstamm neutralisiert, wodurch die Verbindung zu vielen unserer Muskeln unterbrochen wird, so daß wir während dieses Traumstadiums praktisch gelähmt sind. Menschen hingegen, deren Hirnstamm geschädigt ist, agieren ihre Träume auf dramatische Art und Weise aus, manchmal so heftig, daß sie ans Bett gefesselt werden müssen, um nicht sich oder andere zu verletzen.

Die REM-Phasen wiederholen sich im allgemeinen in Zyklen von neunzig Minuten. Wenn wir einschlafen, beginnen wir normalerweise mit einer neunzigminütigen Schlafphase ohne REM. Dann zeigen unsere Gehirnwellen ein deutliches Bild, und der Schläfer beginnt mit der ersten REM-Phase. Dieses Muster mit den neunzig Minuten ist der Grund, warum man nachts, wenn man wach wird, Probleme hat, wieder einzuschlafen. Mit anderen Worten: Man findet erst dann wieder Schlaf, wenn eine vollständige neunzig-Minuten-Schlafphase vorüber ist. Der durchschnittliche Schläfer hat vier oder fünf REM-Phasen pro Nacht, die alle neunzig Minuten auftreten. Diese Phasen können mit einer sehr kurzen REM-Phase von zehn Minuten Dauer beginnen und am frühen Morgen mit einer Traumphase von dreißig bis fünfundvierzig Minuten enden. Nach Meinung einer Reihe von Wissenschaftlern ist Träumen eine Erholung für die Hirnrinde (die äußere Schicht des Gehirns), in der überlastete Stromkreise gereinigt werden. Mit anderen Worten: Träumen ist ein elektrochemischer Vorgang, bei dem unnütze Informationen, die während des Tages gesammelt worden sind, beseitigt werden.

Zwillinge und ihre Träume

Untersuchungen, die man vor kurzem in Frankreich gemacht hat, deuten darauf hin, daß Gene im Reich der Träume eine gewisse Rolle spielen. Untersuchungen an eineiigen Zwillingen (also jene mit denselben genetischen Komponenten) ergeben eine ungewöhnliche Ähnlichkeit der REM-Muster, viel größer als bei normalen Geschwistern. Eineiige Zwillinge haben dieselben Zeiten und dieselbe Dauer der REM-Phasen. Die französischen Wissenschaftler glauben, der Bereich des Gehirns, der das Traumstadium steuert, würde durch Erbfaktoren bestimmt. Sie haben sogar herausgefunden, daß Zwillinge in derselben Nacht denselben Traum geträumt haben. Ein Metaphysiker jedoch würde dies anders erklären: Zwillinge träumen denselben Traum, weil sie psychisch (seelisch) miteinander verbunden sind. Wissenschaftliche Untersuchungen hellseherischer und präkognitiver Träume der jüngsten Zeit kommen zu der Annahme, daß die Erfahrungen und die Emotionen unserer Ahnen in der DNS und RNA durch genetische Kodierung gespeichert sind.

Ohne Träumen geht es nicht!

Selbst wenn wir uns nicht an unsere Träume erinnern, für unser gefühlsmäßiges und physisches Gleichgewicht sind sie notwendig. Wenn man uns unsere Traumstadien nimmt, sind Konzentrationsschwierigkeiten die Folge, wir werden nervös und gereizt, und nach kurzer Zeit kommt es zu psychotischen Symptomen und Halluzinationen.

Einst glaubte man, Schlaflosigkeit wäre deshalb schädlich, weil dem Menschen die Aktivität des Schlafes genommen würde. Heute weiß man es besser: Schlaflosigkeit ist schädlich, weil sie uns unserer Träume beraubt. Nur wenige Menschen können länger als zweiundsiebzig Stunden ohne Träume verkraften. Versuchspersonen, die es länger aushalten, bekommen schließlich Halluzinationen. Wenn die normalen Stimulierungskanäle abgeschnitten sind, scheint der Geist sich seine eigene Stimulierung in Form von Phantasien zu schaffen! Eine der Gefahren des Alkohols ist, daß er nachweislich die Traumzeit verkürzt. Ein Alkoholiker im Entzug träumt fast die ganze Zeit, weil jeder, der keine Chance zum Träumen hat, in den folgenden Nächten genau die REM-Phasen nachholt, die er in den Nächten zuvor durch Traumentzug verloren hat. Interessant ist, daß ein Entzug von Schlafphasen ohne REM offenbar kein Nachholbedürfnis verursacht. Wahrscheinlich weiß unser Körper in seiner Weisheit manches, was unser Verstand noch nicht einmal ansatzweise begriffen hat.

Träume zwischen Wachen und Schlafen

Es gibt eine Traumart, die nicht als REM-Traum definiert ist. Dieser 'hypnogogische' Traum gehört dem geheimnisvollen Reich zwischen Wachen und Schlafen an. Er wird charakterisiert durch die schnelle Folge zufälliger Halluzinationen, die oft die Form von Gesichtern oder Landschaften annehmen können. Jede dieser Visionen kann recht lange dauern.
Wissenschaftler betrachten diese Träume nicht als echte, weil man alles, was um einen herum geschieht, bewußt wahrnimmt, sondern erklären sie als einen Film mit Erinnerungsbildern aus der Vergangenheit, der die Gehirnzellen reinigt. Aus metaphysischer Sicht würde man jedoch sagen, daß der Geist in diesem Zwischenstadium wie der Suchlauf im Radio funktioniert, also beliebig zwischen den Stationen hin- und herspringt. Die verschiedenen Stationen sind vergleichbar mit Gedanken, Gefühlen und Bildern, die andere Menschen in der Vergangenheit hatten, in der Gegenwart haben und in der Zukunft haben werden. Er bedeutet eine Art Abstimmung auf die unterschiedlichen Realitäten.

Kinder und Träume

Neugeborene verbringen fünfzig Prozent ihrer Schlafenszeit in der REM-Phase, bei Frühgeburten kann dieser Prozentsatz sogar bis zu fünfundsiebzig gehen. Im Alter von fünf liegt der prozentuale Anteil der REM-Phasen bei fünfundzwanzig bis dreißig Prozent, in der Jugend geht der Anteil auf zwanzig zurück. Die Traumzeit bleibt etwa auf diesem Niveau, bis sie sich dann schließlich im Alter von sechzig auf fünfzehn Prozent reduziert. Es gibt zwar keine wissenschaftliche Möglichkeiten, den Inhalt kindlicher Träume zu untersuchen, aber wir wissen, daß sich die Träume kleiner Kinder von denen Erwachsener stark unterscheiden. In den meisten Träumen von Kindern kommen Tiere vor, vor allem Tiger, Löwen, Schlangen und Spinnen. (Siehe das Kapitel *Tiere*). Wenn das Kind älter wird, nimmt der prozentuale Anteil der Tiere in den Träumen ab. Im Erwachsenenalter träumt ein Mensch weniger als acht Prozent von Tieren.

Tiere und Träume

Ein interessanter Aspekt der REM-Forschungen bezieht sich auf Tiere. Vielleicht haben Sie schon bemerkt, daß Ihre Katze oder Ihr Hund Anzeichen eines REM-Schlafes zeigt, wenn sich ihre bzw. seine Augen bewegen, oder die Atmung während des Schlafes unregelmäßig wird. Dies hat Forscher zu der Hypothese gebracht, daß Tiere ebenfalls träumen. Dennoch hat es nicht den Anschein, als ob Reptilien und Schlangen, die sechzig Prozent ihrer Zeit schlafend verbringen, träumen. Und noch ein interessanter Aspekt: Teilt man Säugetiere in zwei Gruppen, nämlich Gejagte (Kaninchen, Schaf, Hirsch, Elch etc.) und Jäger (Hunde, Katzen, Menschen etc.), verbringen von den Jägern zwanzig bis fünfundzwanzig Prozent ihres Schlafes träumend. Die Gejagten schlafen weniger und verbringen nur sechs bis acht Prozent ihrer Schlafenszeit mit REM-Phasen.
Untersuchungen mit Tieren deuten darauf hin, daß das Phänomen des Träumens eine wichtige Bedeutung für die Evolution haben muß. Mit einer Ausnahme gibt es nicht ein einziges Säugetier, das nicht träumt.
Die Ausnahme ist der Delphin, der ein höchst ungewöhnliches Schlafmuster besitzt. Delphine kennen keinen REM-Schlaf, da sie mit dem halben Gehirn schlafen. Vielleicht hütet der Delphin also das Geheimnis des Schlafes. Für einen fortgeschrittenen Yogi ist der Unterschied zwischen dem Traumstadium und dem Wachstadium nur sehr gering. Vielleicht ist es dem Delphin unwissentlich gelungen, die Traumgrenzen auf Zellularebene miteinander zu verbinden.

Durch Träume inspirierte Entdeckungen der Wissenschaft

Während sich die Wissenschaft weiterhin mit den Bereichen Traum und Schlaf herumplagt, sind Träume seit jeher von der wissenschaftlichen Zunft mit schöpferischer Inspiration in Zusammenhang gebracht worden.
Descartes, der Mann, der als erster den rationalen Empirismus gefördert hat, kam nach einem lebhaften Traum zu seiner Theorie.

Rationaler Empirismus ist die Theorie, die der Entwicklung der modernen Wissenschaft zugrunde liegt.
Der Mann, der die molekulare Struktur des Benzins fand, machte seine Entdeckung, nachdem er davon geträumt hatte, wie eine Schlange sich in ihren eigenen Schwanz biß. Das Ergebnis war die ringförmige Anordnung der molekularen Struktur. Seinen Kollegen riet er: "Meine Herren, lernen Sie zu träumen!"
Als Einstein nach der Inspiration für seine Relativitätstheorie befragt wurde, erklärte er, diese sei ihm als junger Mann nach einem Traum gekommen. In diesem besonderen Traum war er Schlitten gefahren: der Schlitten wurde immer schneller und schien Lichtgeschwindigkeit anzunehmen. Die Sterne drehten sich und verwandelten sich zu erstaunlichen Farben und Mustern. In diesem Augenblick wurde sich Einstein der immensen Kraft ihrer Transformation bewußt. Dieser Traum, erzählte er weiter, habe ihn nicht nur zu seiner Entdeckung der Relativitätstheorie inspiriert, sondern er habe dadurch auch erkannt, daß seine gesamte wissenschaftliche Laufbahn als eine lange Meditation über diesen besonderen Traum betrachtet werden könne.
Der Mann, der die Struktur der periodischen Tabelle der Elemente entwickelt hat, Nils Bohr, träumte, er wäre bei einem Rennen. Als er die markierten Linien der Pferdebahn beobachtete, zwischen denen die Pferde liefen, konstruierte er die Analogie der festen und spezifischen Bahnen der Elektronen, die um den Atomkern kreisen. Dies führte zur Entwicklung der Formel seiner Quantentheorie und war der Grund für die spätere Verleihung des Nobelpreises.
Eine andere, durch einen Traum inspirierte technologische Erfindung erzählt die Geschichte von Elias Howe, dem Erfinder der Nähmaschine. Howe war nach seinen zahlreichen Versuchen, eine Nähmaschine zu erfinden, frustriert. Er schlief auf der Arbeitsbank ein und hatte einen Alptraum, in dem er von afrikanischen Kannibalen gejagt wurde. Unfähig, seinen Verfolgern zu entkommen, wurde er gefangengenommen und in ihr Dorf gebracht, wo man ihn in einen Kessel kochenden Wassers warf. Während das Wasser um ihn herum brodelte, konnte Howe sich befreien. Als er über den Rand klettern wollte, stießen ihn die Eingeborenen mit ihren scharfen Speeren in den Kessel zurück. Als Howe aus diesem Traum erwachte, war er völlig durcheinander. Immer wieder mußte er an die Speere denken, und dabei fiel ihm ein, wie seltsam es war, daß sie in den Spitzen Löcher hatten... Löcher in den Spitzen... Löcher in den Spit-

zen. Das war es! Es war also die Folge eines Traums, daß Howe eine Maschine mit einem Loch in der Nadelspitze erfinden konnte, die Gewebe näht. Das ist nach wie vor die Grundkonstruktion sämtlicher Nähmaschinen. Tatsache ist, daß diese Erfindung, angeregt durch den Traum eines Mannes, die westliche Welt in eine neue Stufe der Wirtschaft und des Maschinenzeitalters katapultiert hat.

2
PSYCHOLOGEN UND TRÄUME

Für einen Psychiater sind Träume mehr als ein elektrochemischer Vorgang. Jeder Traum ist eine kostbare Saat, eine Saat, die gehegt und gepflegt werden kann, damit sie keimt, wächst und blüht. Und diese Blüten der Nacht können wir auf wispernden Schwingen zurückbringen, damit sie uns in den Wachstunden Erfüllung und Verstehen schenken.

Therapeuten halten Traumsymbole für das geheimnisvolle Schlüsselloch, durch das spontane Produkte der menschlichen Psyche ins Bewußtsein fließen, so daß während des Wachbewußtseins unsere Emotionen im Gleichgewicht gehalten werden. Träume sind eine Möglichkeit für uns, jene Schwierigkeiten des normalen Wachbewußtseins auszuagieren, die während des Tages unterdrückt und nicht ausgelebt werden.

In meiner Praxis habe ich entdeckt, daß das Trauma nicht darin besteht, daß wir das, was uns blockiert *erlebt* haben; das Trauma besteht darin, daß wir diese Dinge *nicht* voll und ganz zugelassen haben.

Als ich einst in Hawaii meinen Fuß an einem versteckten Baumstumpf verletzte, riet mir meine hawaiianische Kahuna-Mentorin, meinen Fuß an den Baumstumpf zu halten und dem Baum den Schmerz zurückzugeben. Als ich dem Rat folgte, spürte ich zu meinem Erstaunen, wie der Schmerz schwand und eine Welle der Entspannung meinen Fuß erfüllte. Ich glaube, das war Kahuna-Magie. Irgendwie machte es Sinn. Der Baumstumpf hatte mir den Schmerz gegeben, und ich hatte ihn zurückgegeben.

Als ich diesen Vorfall einem befreundeten Psychologen erzählte, sagte er: "Was bist du doch dumm! Du kannst nicht den Schmerz in einen Baumstumpf zurückgeben. Du hast dir nur erlaubt, den

Schmerz, den du unterdrückt hattest, zu erleben. Durch Wiedererleben der Situation, die den Schmerz verursacht hat, also indem du den Fuß wieder auf den Stumpf stellst, kannst du das spüren und loslassen, was du zuerst, als es geschah, nicht zugelassen hast. Wenn du körperlichen oder emotionalen Schmerz unterdrückst, verlängerst du ihn. Läßt du es jedoch zu, ihn voll und ganz zu spüren oder - mit deinen Worten - 'eins mit deinem Schmerz zu werden', dann gibt es zwischen dir und ihm keine Trennung mehr...und er verschwindet."

Noch einmal erleben, heißt loslassen, und Träume sind ein sicherer Weg, die Gefühle und Empfindungen, die Sie während des Tages nicht verarbeitet oder ausgelebt haben, noch einmal zu erleben und dann loszulassen.

Sie können also Ihr Traumstadium nutzen, um blockierende, unverarbeitete Erlebnisse des Wachzustands aufzuarbeiten.

Traumanalytiker

Die Untersuchung der Träume auf psychologischer Basis hat ihre Wurzeln im späten 19. Jahrhundert. 1861 entwickelte ein Therapeut namens Scherner die Vorstellung, daß Dinge oder Emotionen aus dem Tagesbewußtsein in einem Traum gegenständlich dargestellt werden könnten. So können sich zum Beispiel die Lungen als Ballons oder Wut als rasendes Feuer zeigen.

1877 sagte Strupell, ein anderer Traumforscher, Träume seien Fluchtmechanismen, also eine Möglichkeit zu verhindern, die Welt zu erleben. Er formulierte das 'Gesetz der Assoziation', aus dem die Freudsche Theorie der Gedankenassoziation entstand. Nach einer anderen Theorie jener Zeit haben Träume eine ähnliche Aufgabe wie unsere Ausscheidungsprozesse, indem sie uns von nutzlosen Gedanken befreien. Träumen sagte man auch nach, ein Zeichen für Wunscherfüllung zu sein. Andere Analytiker hielten Träume für Erinnerungen aus der Kindheit oder Komplexe oder sexuelle Wünsche, aber es war Freud, der die verschiedenen Theorien zu einer gangbaren Therapie zusammenfaßte.

Siegmund Freud

Freud (1856 - 1930) war der erste, der seine Patienten ermunterte, ausführlich über ihre Träume zu sprechen. Er riet ihnen, die Gedan-

ken, die diese Träume in ihnen weckten, aufzuschreiben. Aus dieser Arbeit mit seinen Patienten entwickelte sich seine Technik der freien Gedankenassoziation. Für Freud waren Träume eine Form der Unterdrückung, der Wunscherfüllung oder beides. Er glaubte, ein Mensch könne nur durch freie Assoziationen das Aufwallen von Emotionen erreichen. Selbst Träume mit schmerzlichen Inhalten wurden als Wunscherfüllung analysiert. Er unterteilte die Traumbilder in drei Typen : Das *Ich*, das *Es*, und das *Überich*. Das *Ich* spiegelt unser Bewußtsein wider, das *Es* steht mit unseren Urinstinkten in Verbindung und das *Überich* bestimmt unsere soziale Konditionierung.
Freud glaubte, während des Schlafes sei das *Ich* abwesend und das *Es*, jenes wilde Geschöpf, das unseren Trieb nach Sex und Selbsterhaltung birgt, komme zum Vorschein. Um das *Ich* und das *Überich* vor diesen latenten sexuellen Begierden zu schützen, würde das *Es* diese Wünsche überdecken, indem es symbolische Träume produziere in der Hoffnung, den Träumer vor einem Schock zu bewahren. Nach Freuds Theorie war die Funktion des Traumes, den Schlaf zu beschützen. Daher wurden unsere irrationalen Wünsche verbrämt, um unser *Überich*, sozusagen die eigene Zensur, zu täuschen. Für Freud waren Träume ein Kompromiß zwischen den erdrückenden Kräften des *Es* und den verdrängenden Kräften des *Überichs*. Träume waren ein geheimer Kode, den es zu knacken galt. Die klassische Freudsche Symbolsprache war sehr arm, weil sie sich hauptsächlich auf unsere primitiven, triebhaften Wünsche bezog. Der größte Teil der Freudschen Symbole stellten die verschiedenen Formen des Geschlechtstriebs in verschleierter Form dar. Selbst wenn Träume durch Tages-Erlebnisse ausgelöst werden, stammt ihre ursprüngliche Energie aus Erfahrungen der Kindheit und betrifft meistens sexuelle Frustrationen.

C. G. Jung

Ein Kollege Freuds, der die Freudsche Theorie für zu eng gefaßt hielt, war der Schweizer Psychologe Carl Gustav Jung. Seiner Meinung nach ist der sexuelle Trieb wichtig, aber in Träumen nicht der entscheidende Faktor. Nach Jung kann ein Gegenstand im Traum genau das sein, als was er sich zeigt. Eine Schlange ist eine Schlange und nicht immer ein phallisches Symbol. Jung beschäftigte sich mit der tatsächlichen Form eines Traumes, ohne in die freie Assoziation zu gehen. Er glaubte, daß im Verstand kein Zensor am Werk sei - vielmehr seien Träume die Enthüllung des unbewußten Wissens des einzelnen.

Für Jung waren Träume auch eine Möglichkeit, Zugang zum kollektiven Unbewußten zu bekommen. Um zu beweisen, daß die Theorie eines kollektiven Unbewußten allen Kulturen und Gesellschaften gemein ist, verwandte er die Mythologie. Reisen führten ihn nach Afrika und in die Vereinigten Staaten von Amerika, wo er Studien über die schwarzen Ureinwohner und die Indianer machte. Dabei kam er zu der Überzeugung, daß es zwei Schichten des Bewußtseins gibt: Das kollektive Unbewußte und das persönliche Unbewußte. Das kollektive Unbewußte enthält archetypische Symbole, die das gesamte Wissen der ganzen Menschheit darstellen. Er hielt diese Urbilder für Archetypen und glaubte, der einzelne erbe dieses Ur-Gedächtnis genauso wie physische Eigenschaften. Wir erben wichtige psychisch-geistige Essenzen aus einer kollektiven Seele. Für Jung ist unser persönliches Unbewußtes wiedererkennbares Material der Vergangenheit, das vergessen oder unterdrückt worden war.

Jung fand heraus, daß archetypische Bilder in den Träumen von Menschen auftauchen, die sich in lebensbedrohenden oder lebensverändernden Situationen befinden. Wenn ein Mensch krank ist, besondere Formen von Streß verkraften oder ein bestimmtes Verhalten oder Glaubenssystem loslassen muß, dann tauchen diese Bilder auf. Ist eine Neuorientierung notwendig, scheint der betreffende Mensch mit der in ihm schlummernden Lebensenergie in Verbindung gebracht zu werden. Der Archetyp ist für Jung das Ur-Bild, das einem momentanen Bedürfnis entspricht. Für ihn sind wahre archetypische Symbole nie erfunden. Es sei unmöglich, so Jung, sich bewußt hinzusetzen und ein Symbol zu schaffen. Symbole seien bereits im Unbewußten aller Menschen enthalten.

Jung arbeitete gerne mit einer Serie von Träumen, indem er den einen solange mit dem nächsten verband, bis er die Schwierigkeiten des Patienten entdeckt hatte. Freud hingegen konzentrierte sich in seiner Therapie mehr auf einen einzigen Traum und verwendete jeden einzelnen als ein für sich allein stehendes Ereignis. Beide hatten bei ihren Patienten Erfolg, und ihre Theorien entsprachen der damaligen Zeit.

Alfred Adler

Ein anderer Kollege Freuds, Alfred Adler, löste sich ebenfalls von dessen Techniken. Er glaubte, die Hauptquelle des Einflusses auf die Entwicklung eines menschlichen Charakters sei sein Kampf um Macht. Er führte in unsere Sprache Ausdrücke ein wie 'Geschwisterrivalität', 'Minderwärtigkeitskomplex', 'Superioritätskomplex'. Er fand heraus, daß die Menschen nach dem Sinn des Lebens suchen und daß Werte und Ziele für das Leben genau so wichtig sind wie Sex und Machtgedanken. Adler (1870 - 1937) konzentrierte sich nicht wie Jung und Freud auf Begriffe wie 'das Unbewußte'. Er sah Träume mehr als Wunschdenken, Tagträume und Wunscherfüllung. Für ihn war auch nicht, wie für Freud, Sex die allem zugrundeliegende Ursache. Er kam zu dem Schluß, daß unser Wunsch nach Macht die Träume beeinflußt.

Erich Fromm

Der Psychotherapeut Erich Fromm vertrat die Auffassung, es habe einst eine universelle Sprache gegeben, die für alle Kulturen in der gesamten Geschichte gleich gewesen sei. Diese vergessene Sprache sei die Symbolsprache unserer Träume.
Fromm teilte die Symbole unserer Träume in verschiedene Gruppen: konventionelle, zufällige und universelle Symbole. Konventionelle Symbole sind für ihn jene mit nur einer einzigen Bedeutung, wie ein Stopp-Zeichen, ein Plus- oder ein Minuszeichen. Zufällige Symbole sind jene, die für den einzelnen im Traum eine persönliche Bedeutung haben oder für eine Gruppe von Menschen, nicht jedoch für alle Menschen. Universelle Symbole sind jene, die sich in der ganzen Welt finden. So steht Wasser für Gefühl und Intuition und Feuer für Energie, Kraft, Reinigung und Transformation.

3
METAPHYSIKER UND TRÄUME

Während ich an der Spitze der Mole auf der langen Felsnase stand, die weit in die ruhige See hinausragte, durchdrang mich ein tiefes Gefühl der Zufriedenheit. Niedrige, schillernde Wolken umarmten

den Horizont und vermischten den kobaltblauen Himmel mit dem heiteren Blau der hawaiischen See.
Ohne jegliche Vorwarnung wurde mein Herz plötzlich von Entsetzen erfüllt. Eine riesige Woge aus Wasser und Schaum erhob sich aus der See, und eine wütende Welle sprang über die Mole. Obwohl ich verzweifelt versuchte, mich an den zerklüfteten Felsen festzuhalten, wurde ich weggerissen und in die kalte See geschleudert. Während ich darum kämpfte, oben zu bleiben, schwanden meine Kräfte immer mehr. Eine mächtige Strömung zerrte an meiner Kleidung, und während ich Seewasser schluckte, drang stechender Schmerz in meine Lungen. Gnadenlos wurde ich in die dunkle See hinabgezogen...

Schweißnaß und wie Espenlaub zitternd, saß ich kerzengerade im Bett... tastete nach dem Licht... Licht!
Ein Alptraum... Ein besonders realistischer und lebendiger Alptraum! Ein tiefer Seufzer der Erleichterung entrang sich meiner Brust. Es war nur ein Traum!
Ich kuschelte mich wieder in die kühle Wohligkeit meines Lakens, und während die Bilder langsam aus meinem Bewußtsein schwanden, fiel ich erneut in einen tiefen Schlaf. Der Morgen verriet nichts von dem nächtlichen Schrecken - keine bewußte Erinnerung an den Traum blieb zurück.
Als ich allmählich wach wurde, unterbrach das Klingeln des Telefons die morgendliche Stille. Eine Einladung zum Strand. Was für ein klarer, wundervoller Tag! Meine Freundin kam, und wir fuhren ans Meer zu einer einsamen Stelle. Weit streckte sich eine lange Mole hinaus in die See. Als wir auf den Felsen herumkletterten und auf Entdeckungsreise gingen, kam mir nicht der geringste Gedanke an den nächtlichen Traum in den Sinn. Am Ende der Mole hockte ich mich hin und starrte auf den Horizont, wo eine träge Wolke die kristallblaue See und den Himmel zu einer endlosen Weite in Blau vermischte. Ohne jegliche Vorwarnung wurden meine Gedanken von den Erinnerungen an die letzte Nacht überflutet. Von einem plötzlichen Gefühl der Gefahr ergriffen, schnappte ich mir meine Freundin und kletterte mit ihr rasend schnell über die Felsen zurück, für die wir auf dem Hinweg soviel Zeit gebraucht hatten. Verwirrt, aber willig, stolperte sie mit mir an das sichere Ufer. Von dort aus beobachteten wir ungläubig, wie die ruhige See plötzlich in Bewegung geriet und eine mächtige Woge über die Mole schick-

te, wo wir noch vor wenigen Augenblicken gestanden hatten.
Ich bin sicher, der Traum der Nacht zuvor hat mir das Leben gerettet. Weder wußte ich vorher, daß ich an den Strand gehen würde, noch war ich je zuvor an diesem Strand gewesen oder hatte Bilder von ihm gesehen.
Die Wissenschaft würde diesen Traum wahrscheinlich als Zufall deuten und erklären, bei den zahllosen Träumen eines einzelnen Menschen sei es statistisch gesehen möglich, daß irgendwann einmal ein Traum wahr würde. Der Metaphysiker jedoch würde diesen Traum als prophetisch einstufen.
Vor langer Zeit schrieben die Menschen ihre nächtlichen Visionen äußeren Kräften zu. Sie glaubten, Gott, Engel, Naturgeister, Göttinnen und Götter, verschiedene Wesenheiten und die Geister ihrer Vorfahren würden sie in den nächtlichen Stunden besuchen und sich ihnen im Traum zeigen. Die Träumer früherer Zeiten beschworen sogar bewußt diese Mächte, indem sie ihre Träume programmierten. Sie erkannten Träume als Quelle großer, spiritueller Wahrheit und Erleuchtung und nutzten sie für telepathische Zwecke, Prophetie, Astralreisen, Kontakt mit den Toten und paranormale Erlebnisse.
Für Metapysiker sind Träume nicht nur Neuronen, die sich im Gehirn entzünden, wie für Naturwissenschaftler und auch nicht, wie für Psychologen, ein psychologisches Loslassen ungelöster Schwierigkeiten des Alltags, sondern ein Weg, mit den inneren Bereichen in Berührung zu kommen. Die Popularität der Bücher von Carlos Castaneda über den mexikanischen Mystiker Don Juan sind ein Beispiel für das wiedererwachte Interesse an diesem Glaubenssystem. Für Don Juan waren Träume Hilfen, mit denen die psychischen und geistigen Kräfte entwickelt werden können. Um diese Fähigkeiten zu verbessern, erklärte er, brauche man während des Träumens nur bewußt zu bleiben, dann könne man lernen, sogar seine Träume zu steuern. Das Bewußtsein während des Traumes zu bewahren, wird als 'luzides träumen' bezeichnet. (Siehe das Kapitel *Luzides Träumen*).
Edgar Cayce, der 'schlafende Prophet', ist oft als der Großvater der metaphysischen und psychischen Traumdeutung bezeichnet worden. Der wache Edgar Cayce galt als bekannter und begabter Berufsfotograf und netter Sonntagsschullehrer. Der schlafende Edgar Cayce jedoch besaß einen weit größeren, schillernden Ruf: Er war ein begabtes Medium und konnte wichtige Informationen

geben, die auf das persönliche Leben von Tausenden von Menschen einen tiefen Einfluß ausübten.
Wenn er schlief, war Edgar Cayce ein medizinischer Diagnostiker und ein Hellseher. Die Faszination, die sein Leben und seine Arbeit ausstrahlten, fand ihren Höhepunkt 1954, als die Universität Chicago einem Studenten aufgrund seiner Dissertation über Cayces Arbeit den PH.D.-Titel verlieh. In dieser Abschlußarbeit wurde Cayce als religiöser Seher bezeichnet.
Als kleiner Junge schlief Cayce mit dem Kopf auf den Schulbüchern ein; am nächsten Morgen entdeckte er, daß er Informationen besaß, die er nie bewußt aufgenommen hatte. So kam er in der Schule schnell voran. Seine Gabe verschwand jedoch, und er erreichte nur die siebte Klasse. (Ich habe es selbst ausprobiert, aber meine Ergebnisse dieser Buch-Schlaf-Technik waren nur mäßig. Wenn es bei Ihnen anders ist, lassen Sie es mich bitte wissen!)
Als Cayce 21 Jahre alt war, bekam er eine immer stärker werdende Lähmung der Kehlkopfmuskeln, und es bestand die Gefahr, daß er seine Stimme verlieren würde. Obwohl er mehrere Ärzte konsultierte, konnte keiner die Ursache seines Zustandes herausfinden. Als letzten Ausweg bat Cayce einen Freund, ihm zu helfen, wieder in jenen Schlafzustand zu gelangen, der es ihm einst als Kind ermöglicht hatte, seine Schulbücher auswendig zu lernen. Sein Freund gab ihm die geeignete Suggestion, und sofort fiel Cayce in einen schlafähnlichen Zustand. (Siehe das Kapitel *Wachträumen*) In diesem Bewußtseinszustand empfahl er Medikamente und Übungen für seine Krankheit, die schließlich die Lähmung heilten und ihm seine Stimme wiedergaben.
Als sich die Nachricht über seine Gabe ausbreitete, begannen viele Ärzte in Kentucky, Cayces einzigartiges Talent zu nutzen, um für ihre Patienten eine Diagnose zu stellen. Sie entdeckten, daß Cayce nur den Namen und die Adresse eines Patienten brauchte, um im Traumstadium wertvolle Informationen zu diesem Menschen geben zu können. Als Edgar Cayce 1945 in Virginia Beach, Virginia, starb, hatte er mehr als dreiundvierzig Jahre lang Tausenden von Menschen geholfen. Ein Zwanzigstel seiner sogenannten *Readings* beziehen sich auf Träume.
Für Cayce waren Träume eine Art Übung zur Problembewältigung. Er hielt den Traum für eine Möglichkeit, Lösungen für Probleme im Wachzustand zu finden.

Immer wieder zeigte Cayce, wie Traumsymbole ein bestimmtes Bewußtsein im Träumer wecken können. Seiner Meinung nach könnten Symbole ein Impuls sein, neue Gedanken zu entwickeln, mehr Verantwortung für das Leben zu übernehmen, aufnahmebereiter zu sein oder den Horizont zu erweitern. Cayce erklärte, nicht alle Träume seien notwendigerweise Problemlösungen, aber oft eine wahre Hilfe beim Selbsttransformationsprozeß des Träumers. Für ihn war sicher: Bestimmte Serien von Träumen dienten dazu, im Träumer bestimmte Eigenschaften zu wecken wie Bescheidenheit, Urteilslosigkeit, Selbstannahme, Liebe und Mut.
Für Edgar Cayce waren manche Träume Symbol für eine neue Energie oder eine Änderung im Leben des Betreffenden. Und gewisse Träume könnten sogar etwas über die Zukunft sagen. Er besaß die Gabe der Traumdeutung. So schrieb einmal eine Frau an Cayce und erzählte ihm einen Traum, in dem sie fünf Chrysanthemen sah, die auf dem Grab ihres Schwiegervaters lagen. Cayce antwortete ihr, innerhalb von fünf Wochen würde ihr Mann ein Erlebnis haben, bei dem sein verstorbener Vater ihm etwas durch das Medium Traum mitteilen würde. Cayce versicherte, dieses Erlebnis würde ein freudiges sein. Tatsächlich hatte ihr Mann diesen Traum innerhalb der nächsten fünf Wochen.
Vielleicht war Cayces größte Gabe seine Intuition in bezug auf Gesundheit und Träume. Er sagte, im Traumstadium könne man nicht nur Signale für drohende Störungen des körperlichen Gleichgewichts erhalten, sondern auch die Heilung dafür.
Einst wandte sich eine Frau an ihn und erzählte traurig, sie hätte geträumt, nie ein Kind empfangen zu können. Cayce versicherte ihr, sie würde ganz bestimmt ein Kind zur Welt bringen und riet ihr, den Traum nicht zu wörtlich zu deuten. Er erklärte, der Traum wolle sie nur ermutigen, sich sorgfältig auf die Mutterschaft vorzubereiten, vor allem im Hinblick auf die Ernährung und ihre Gedankenmuster. Dies seien die Bereiche, in denen sozusagen eine neue Geburt notwendig sei, um das Kind, das sie sich so verzweifelt wünsche, zu empfangen. Einige Zeit danach wurde die Frau glückliche Mutter eines gesunden Babys.
Immer wieder drängte Cayce seine Klienten, ihre Probleme durch die persönliche Deutung ihrer Träume zu lösen. Die Arbeit Edgar Cayces hat so großen Einfluß gehabt, daß sie auch nach seinem Tod Grundlage eines großen Teils der modernen Metaphysik geblieben ist.

Ein anderer Aspekt von Träumen und Metaphysik ist der Bereich Reinkarnation und Karma. Die Reinkarnation bestätigt, daß unsere wahre Essenz nicht ein bloßer Körper, sondern vielmehr Geist ist. Als Geist inkarnieren wir wiederholt in verschiedenen Körpern, um zu lernen und zu wachsen. Karma geht von dem Grundsatz aus: Was du säst, das erntest du. Dieses Gesetz von Ursache und Wirkung steuert unsere Erfahrungen in all unseren Leben. So, wie Sie Karma während des Wachzustands ausgleichen, können Sie karmische Lektionen auch durch Ihre Träume erfahren und bearbeiten. (Siehe das Kapitel *Träume zur Erinnerung an vergangene Leben*).

Es gibt viele Berichte über Träume, in denen ein Toter dem Träumer versichert, daß er lebt, es ihm gut geht und kein Grund besteht, noch länger zu trauern. Gelegentlich gibt der Tote dem Träumer praktische Ratschläge für seinen Alltag.

Lassen Sie mich Ihnen ein anschauliches Beispiel aus meiner eigenen Erfahrung erzählen.

In einer sehr reichen und erfüllten Zeit meines Lebens arbeitete ich in San Francisco in einem Heilungszentrum in der Union Street. Meine Shiatsu-Fertigkeit (Druckpunkttherapie ähnlich wie Akupressur) war auf dem Höhepunkt. Jedesmal, wenn ich einen der Punkte drückte, erlebte ich eine Art galaktischer Gleichzeitigkeit mit anderen Punkten auf dem Planeten und dem gesamten Universum. Mein Zen-Training mit seinem Drill zur Konzentration verstärkte meine Fähigkeit, mit jedem Punkt, den ich drückte, ein unglaubliches Gefühl von Klarheit zu erreichen.

Als sich eines Abends in San Francisco der Nebel zu einem längeren Aufenthalt niedersenkte, und ich den im Hintergrund klagenden Nebelhörnern lauschte, klingelte das Telefon. Ich nahm den Hörer ab und hörte am anderen Ende einen Freund, der zögernd, mit gefühlvoller Stimme, sprach: “David ist tot”. David, ein anderer Heiler und Arzt, arbeitete ebenfalls in dem Zentrum. Er besaß jugendlichen Überschwang und leidenschaftliche Liebe für das Leben, die das ganze Zentrum durchdrungen hatte. Das erste, was mir durch den Kopf raste, war Unglauben... nicht David! Er hatte noch so viel, wofür es sich zu leben lohnte. Seine Praxis blühte, er und seine Frau hatten soeben ein schönes Haus in Mill Valley erworben und freuten sich auf die Geburt ihres Kindes. Warum David?

In jener Nacht schien sich in meinen Träumen eine Präsenz am Rand meines Bewußtseins zu bewegen und mir Zeichen zu machen. Als ich die nächsten Tage mit einem Gefühl der Dumpfheit durch die Gegend stolperte, traten seltsame Phänomene auf. Als ich in unserer Wohnung in Marina durch die Räume schritt, gingen die Lichter an und aus. Vage dachte ich daran, einen Elektriker zu rufen. Meine nächtlichen Träume waren erfüllt von einem unbestimmten Gefühl der Gefahr. Nichts davon jedoch brachte ich mit David in Verbindung. Ich hielt es für einen Teil meines Trauerprozesses.

Kurz vor Weihnachten hatte sich die Shiatsu-Gruppe in meinem Wohnzimmer zum Unterricht versammelt. Mein tapferer, kleiner Weihnachtsbaum strahlte mit seinen winzigen Miniaturkerzen. Als wir an jenem Abend mit dem Unterricht begannen, gingen die Birnchen am Weihnachtsbaum an und aus. Ich erklärte der Gruppe, wir hätten Probleme mit der Elektrik, und sie sollte es einfach nicht beachten. Mit großer Hartnäckigkeit blinkten die Lämpchen jedoch weiter. Als unsere Aufmerksamkeit sich erneut auf den Baum richtete, fragte einer aus der Klasse: "Versuchst du uns etwas zu sagen?". Die Lichter am Baum antworteten mit regelmäßigem Blinken. Schließlich dämmerte mir, daß David versucht hatte, in meinen Träumen mit mir Kontakt aufzunehmen, damit ich seiner trauernden Frau Trost und eine Botschaft bringen sollte. Mit nicht nachlassender Hartnäckigkeit versuchte er, mich während der Stunden des Schlafes und durch unsere elektrische Anlage zu kontaktieren. Wir stellten weiter Fragen, die er mit Blinkzeichen beantwortete. Auf diese Art und Weise bekamen wir die Botschaft, die wir an seine Frau weitergeben sollten. Als ich sie seiner Frau überbracht hatte, hörten die Träume auf, und unsere Elektrik funktionierte wieder normal.

Ein Psychologe würde meine Träume aus jener Zeit wahrscheinlich als eine Möglichkeit erklären, meinen Kummer zu verarbeiten. Der Metaphysiker hingegen würde sagen, daß David tatsächlich versuchte, mit mir in Kontakt zu treten, um mir eine Botschaft zu übermitteln. Für mich wird die metaphysiche Deutung durch die blinkenden Lichter und die Tatsache bestätigt, daß die Botschaft, die ich seiner Frau überbringen sollte, für sie von großer Bedeutung war - eine Information, von der ich vorher nichts gewußt hatte. Der Kontakt mit verstorbenen Freunden, Eltern und anderen Familienmitgliedern ist eine Fähigkeit, die durch Trauminkubation (Traumkontrolle) erworben werden kann.

TRAUMMACHER

Ein Traum, ein Traum ist unser Leben auf Erden hier
wie Schatten auf den Wogen schweben und schwinden wir.

Johann Gottfried Herder

4
ALTE TRÄUMER

Irgendwo im Fenster Ihrer Erinnerung lungern diese unbestimmten Momente, knapp außer Reichweite des Bewußtseins. Diese Dinge sind so real, daß Sie spüren, wie sie dort warten; und wenn Sie die Hände ausstrecken, um sie zu berühren, schlüpfen sie zwischen den Händen hindurch und verschwinden. Diese Momente liegen jenseits der Welt der Formen und Illusionen. Sie wohnen mitten auf der Grenze zwischen zwei Welten.

In der Geschichte der Menschheit hat es in jeder Kultur Menschen gegeben, die durch jenen geheimnisvollen Schleier hindurchgehen konnten, um den Botschaften der Nacht zu lauschen. Diese Traumweber haben bei ihrer Rückkehr durch das Portal, das im Halbdunkel liegt, kostbare Gaben in die Realität mitgebracht. Sie haben kunstvolle, spinnwebähnliche Träume in den schweigenden Gefilden gewoben, um das Schicksal der Menschen und Nationen gleichermaßen zu leiten.

Auch wenn die Abenteuer dieser nächtlichen Mystiker im Schoße der Jahrhunderte ruhen, haben einige Aufzeichnungen doch ihren Weg durch die Geschichte gefunden.

Im alten China vollzog der Kaiser Woo Ting in der Shang-Dynastie (1324 - 1266 v. Chr.), durch den Tod eines vertrauten Beraters betroffen, ein Ritual für Shang Ti, den Herrscher der Götter. Er bat den Gott, ihm den Nachfolger des dahingeschiedenen Beraters zu enthüllen. Danach ging der Kaiser zu Bett und träumte von dem Gesicht des neuen Beraters. Im ganzen Land suchte er nach diesem Gesicht, konnte es jedoch nicht finden. Erst als er ein Porträt des geträumten Mannes im Königreich verteilen ließ, fand er jemanden, dessen Gesicht zu dem Porträt paßte. Dieser war zwar nur ein einfacher Arbeiter, aber der Glaube des Kaisers an die Macht der Träume saß so tief, daß er diesen einfachen Mann zu seinem neuen Premierminister machte.

Forscher glauben, daß es im alten Griechenland dreihundert bis vierhundert Tempel gegeben hat, die einzig und allein zur Inkubation von Träumen (Traumkontrolle) errichtet worden waren. Diese Tempel, die über tausend Jahre existiert haben sollen, wurden für physische und emotionale Heilung verwendet. In diesen Tempeln rief man die Hilfe der Götter herbei. Hypnos, der Gott des Schlafes, soll mit seinen Schwingen die Sterblichen in den Schlaf gebracht haben. Und Zeus gab Morpheus, dem Gott der Träume, Warnungen, Prophezeiungen und Eingebungen, die dann der geflügelte Götterbote Hermes der Menschheit bringen sollte.

Die Suche nach besonderen Träumen, um die Kräfte der Götter herbeizurufen, wird Trauminkubation genannt.(Siehe das Kapitel *Trauminkubation).* Im alten Griechenland geschah die Inkubation, wenn man nach einem Reinigungsritual an einem heiligen Ort schlief. Reinigung bedeutete normalerweise Abstinenz von Alkohol, Fleisch und sexueller Aktivität in Verbindung mit einem Opfer für eine ausgewählte Gottheit.

Viele der heiligen griechischen Orte wie Delphi, der Schrein des Apollo und der Tempel von Epidaurus, waren Traumorakel oder Orte, an denen, wie man glaubte, die Gottheiten die Geheimnisse inneren Wissens enthüllten. Zu diesen Schreinen reiste der Kranke in der Hoffnung, Äsculap, der Gott der Medizin und heilenden Träume, würde ihm im Schlaf erscheinen. Es wird berichtet, Äsculap habe mit Kräutermedizin geholfen; gelegentlich wird auch von Spontanheilungen berichtet. Er soll seinen Patienten in ihren Träumen erschienen sein, Tränke gemischt und den Kranken Bandagen angelegt haben. In einigen Fällen sollen sogar heilige Schlangen die kranken Stellen geleckt haben. Diejenigen, die Heilung suchten, schliefen inmitten von ungiftigen Schlangen, da man die Schlange als Symbol der Heilung ansah. Die Assoziation dazu finden wir im modernen Symbol zweier miteinander verschlungener Schlangen, dem Äskulapstab, Symbol der Ärzte und Apotheker.

Interessanterweise bedeutet im Yoga eine gewundene Schlange die Kundalini-Lebenskraft, die unten in der Wirbelsäule sitzt. Diese Energie soll die Kraft des Kosmos darstellen, die sich im menschlichen Körper manifestiert.

Hippokrates, der griechische Arzt des Altertums und Vater der modernen Medizin, hat einst gesagt: “Manche Träume sind Eingebungen der Götter, andere nur die direkte Auswirkung des physischen Körpers.”

Für ihn waren Erscheinungen wie Sonne, Mond, Sterne und natürliche Kräfte im Traum wichtig, um die Gesundheit und das Wohlbefinden eines Menschen zu verstehen. War der Himmel im Traum sehr hell, glaubte man, der Körper des Menschen würde normal arbeiten. Waren die Sterne unklar oder stürzten sie vom Himmel, bedeutete dies eine Störung in der Gesundheit des betreffenden Menschen. In Hippokrates' wissenschaftlicher Abhandlung über Träume heißt es: "Es ist ein Zeichen von Krankheit, wenn der Stern im Traum trübe ist oder entweder nach Westen oder abwärts zur Erde bewegt oder in die See fällt, oder wenn er nach aufwärts wandert. Die Bewegung nach oben bedeutet Ausfluß (unübliche Absonderung) im Kopfbereich. Eine Bewegung zur See hin eine Erkrankung des Darms, eine nach Osten das Wachsen eines Tumors."

Diese symbolischen Deutungen mögen für heute nicht mehr gelten, sie zeigen jedoch den Respekt, den Traumsymbole in früheren Zeiten genossen. Damals hieß es, vor dem Ausbruch einer Krankheit würden sich ihre Symptome im Traum zeigen. Tatsächlich heißen diese Träume heute 'Prodormalträume', eine Ableitung von dem griechischen Wort *prodromos,* was 'Vorläufer' bedeutet.

Galen, der griechische Arzt des zweiten Jahrhunderts, wie auch Aristoteles, der Begründer der Logik, hielten Träume für eine Reflexion des Körperzustands, die für Diagnose und Behandlungszwecken von Krankheiten verwendet werden können. Für Plato war die Leber der Sitz der Träume, und in seinem berühmten Werk *Timeaeus* schrieb er, prohetische Träume würden über die Leber empfangen. Plinius hingegen hielt Träume für ursprünglich übernatürlich. Im alten Griechenland waren Traumdeuter sehr gefragt und so stark frequentiert wie Ärzte heute. Bei ihrer Deutung achteten die Trauminterpreten vor allem auf die Traumtore.

Im alten Griechenland gab es zwei Arten von Traumtoren, eines aus Elfenbein und das andere aus Horn. Sah der Träumer das Elfenbeintor, war dies als Warnung zu verstehen; sah er das Tor aus Horn, war die Aussage prophetisch.

In mehreren alten Kulturen wurden Träume verehrt. Genauer gesagt, vier der ältesten Kulturen - China, Indien, der Mittlere Osten und Ägypten - haben Aufzeichnungen über ihre Träume hinterlassen.

Zwischen 4000 v. Chr. und 2000 v. Chr. war in Ägypten die Trauminkubation gang und gäbe. Griechische Pharaonen hielten Träume in hohen Ehren in dem Glauben, sie seien ein Medium für die Sprache der Götter und ihre Führung. Die Große Sphinx hält in ihren Pranken eine Tafel aus rosa Granit, in die der Traum eines Mannes, der einst ägyptischer König wurde, eingeritzt ist. Während er eines Tages im Schatten der Sphinx schlief, erschien ihm Ra, der Sonnengott, mit der Botschaft, er würde eines Tages Herrscher über ganz Ägypten werden. Als er wach wurde, bemerkte er zufällig, daß die Sphinx von Sand bedeckt und dem Verfall nahe war. Er tat einen Schwur: Wenn er je Herrscher werden würde, würde er die Sphinx immer in einwandfreiem Zustand halten. Einige Jahre später wurde der Traum wahr und er Thotmes der Vierte. Seinem Versprechen treu bleibend, restaurierte der Herrscher die Sphinx. Seitdem ist sie immer in Ehren gehalten worden.

Was Äsculap für Griechenland, war Imhotep für Ägypten. Im Schrein von Äsculap-Imhotep in Ägypten liegen Aufzeichnungen über die Deutungen verschiedener Träume. Eine davon lautet: "Ein brennendes Bett bedeutet, daß dir dein Partner untreu ist."

Im alten Syrien gab es ein Gebet um Träume:

Mein gütiger Gott, steh mir bei.
Mein freundlicher Gott, hör mir zu.
Gott Mamu meiner Träume,
mein Gott, schick mir einen guten Traum.

Im Mittleren Osten kannte man einen Brauch namens *Istigara. Istigara* war ein besonderes Traumgebet, das man kurz vor dem Einschlafen sprach, um einen Traum zu empfangen, der eine bestimmte Frage beantworten sollte.

Selbst im Alten und Neuen Testament heißt es, Gott würde seinen Willen durch Träume und Visionen der Propheten kundtun. Tatsächlich gibt es etwa zwanzig dokumentierte Berichte, die sich auf göttliche Führung durch Träume beziehen. In einigen Fällen haben diese Träume den Lauf der Geschichte verändert.

Moses wurde von Gott aufgetragen, in seinen Träumen auf ihn zu hören. "Höre jetzt meine Worte. Wenn es jetzt einen Prophet unter euch gibt, werde ich, der Herr, mich ihm in einer Vision zeigen und zu ihm in einem Traum sprechen."

Und der Erzengel erschien Joseph in einem Traum und sprach: "Joseph, du Sohn Davids, fürchte dich nicht, Maria, dein Gemahl zu dir zu nehmen; denn das in ihr geboren ist, das ist von dem Heiligen Geist."

Im alten Japan wurde Trauminkubation sowohl in den buddhistischen wie auch in den Shintu-Tempeln praktiziert. Es gab verschiedene buddhistische Tempel, die für ihre Traumorakel berühmt waren. Um einen visionären Traum zu erhalten, war folgendes Vorgehen notwendig: Als erstes mußte man abstinent sein, eine Reise an den heiligen Ort machen und dort ein Opfer bringen. Der Träumer mußte sieben, einundzwanzig oder hundert Tage bleiben. Diese Zahlen wurden als bedeutungsvoll angesehen. Dann schlief der Träumer in der Nähe des inneren Heiligtums und wartete auf einen besonderen Traum. Man glaubte, daß im inneren Heiligtum eine Gottheit wohnte. Oft wurde um einen Heiltraum gebetet (so, wie im alten Griechenland), und der Bodhisattva Kannon (buddhistisches Erleuchtungswesen) erschien dann in den Träumen und heilte die Krankheiten.

Unabhängig von der Kultur, in der die Traumheilung praktiziert wurde, war es immer die herrschende Gottheit, die erschien und die Heilung brachte. Um selbst in die inneren Bereiche einzudringen, die diese alten Träumer berührt haben, lesen Sie bitte das Kapitel *Trauminkubation*. Das wird es Ihnen erleichtern, Ihren eigenen Traum-Tempel zu schaffen und Träume bewußt zu schaffen, wie es einst die Alten taten.

5
NATURVÖLKER UND IHRE TRÄUME

Die letzte Glut des Abends verlischt. Der einsame Schrei einer Eule durchdringt die kalte Stille. In den schweigenden Schatten kehren die Mitglieder des Stammes zu ihren Tipis zurück. Die Zeit der großen Jagd ist nicht mehr fern und die heutige Nacht zum Träumen bestimmt. Stammesmitglieder halten an ihrem Brauch fest, die Wächter der Nacht zu erwarten. Diese Traumführer werden gerufen, damit sie während der Nacht Hilfe und Führung geben. Und man sucht ihren Rat, wo und wann gejagt werden soll. Wie kaltglitzernde Diamanten schmücken die Sterne den Schleier der Nacht am Firmament. Eine einsame Sternschnuppe erhellte die stille Nacht.

Am Morgen wird eine Versammlung abgehalten und jeder Traum besprochen... Und mit jedem Traum werden Ort und Strategie der Jagd klarer. Der Stamm weiß, daß sein Überleben von diesen Träumen abhängt.

Ein indianisches Sprichwort lautet: “Achte die Träume deines Bruders.”

Alle nordamerikanischen Indianerstämme haben dem Traum eine besondere Bedeutung beigemessen. Träume wurden beinahe universell verwendet, um die Zukunft vorherzusagen, psychologische Probleme zu lösen, sexuelle Schwierigkeiten zu beseitigen und Krankheiten zu heilen. Jeder Stamm hatte seine spezifische Techniken, diese Träume herbeizurufen und zu deuten. Die Untersuchung über die Verwendung von Träumen bei den nordamerikanischen Indianerkulturen ist sehr komplex. In diesem Kapitel berühre ich das Thema ‘Nordamerikanische Indianer und ihre Träume’ nur sehr kurz.

Für die Indianer Nordamerikas gab es nur eine schmale Grenze zwischen Traum und Wachzustand. Nach ihrem Glauben ist Mutter Erde ein lebendiges Wesen und eine mächtige Kraftquelle, und der Große Geist durchdringt die gesamte Natur. In den Abendstunden können die Stammesmitglieder mit dem großen Geist, den Vorfahren und der inneren Führung in Verbindung treten. Das ist der Grund, warum Indianer der Welt der Träume so große Bedeutung beimessen.

In den Dörfern der Mohikaner war es für die Träumer üblich, durch die Bilder ihrer Träume so inspiriert zu werden, daß sie Gedichte oder Rätsel erfanden. War es anderen Mitgliedern des Stammes möglich, das in den Träumen empfangene Rätsel zu lösen, dankte man ihnen mit einem Geschenk.

Der Stamm der Seneca arbeitete sehr intensiv mit seiner Traumarbeit. Jeder Traum mußte ausagiert werden, symbolisch oder wörtlich, und dieser besondere Aspekt ihrer Kultur machte es den frühen französischen jesuitischen Missionaren so außerordentlich schwer, diesen Stamm zum Christentum zu bekehren.

Jeder der Stämme der Irokesen - Mohikaner, Oneida, Onondaga, Cayuga, Seneca und Huronen - die “Sechs Nationen” genannt, hatte sein eigenes einzigartiges Tagtraumritual. Kurze Zeit nach dem ersten Schneefall sammelten sie sich jedes Jahr für ein besonderes Ritual. Die dafür Auserwählten unternahmen eine lange Pilgerreise und legten große Entfernungen zurück, um an dieser Versammlung teilzunehmen. Bei ihrer Ankunft stellte jeder seine Träume dar, wobei er eine Maske trug. Manchmal zogen sie außer den Masken auch Kostüme an. Ein anderes Mal waren sie bis auf die

Maske nackt. Das jährliche Fest dieses Ritualtraumwandertheaters hieß *onoharoia* und bot die Möglichkeit, Träume schauspielerisch darzustellen. Viele Masken der Irokesen waren die Ritualmasken, die in diesen Zeremonien verwendet wurden. Junge Männer spielten in diesem Ritual Traumdramen und reisten von einer Siedlung zur nächsten, um ihre Träume auszuagieren.
Das Volk der Irokesen war so stark an die Bedeutung von *ondinnonk* gebunden, daß man glaubte, jemand würde krank oder sogar sterben, wenn er seine Träume nicht ausagierte.
Die Aborigines in Australien glauben, daß das gesamte Universum eine zusammengesetzte Traum-Schöpfung ist. Für ihre Gesellschaft steht die Bedeutung dieser Träume im Mittelpunkt. Tatsächlich werden alle ihre täglichen Aktivitäten durch die gemeinsame Anteilnahme an den Träumen und ihrer Deutung gesteuert. Zahlreiche Anthropologen haben das Phänomen der Aborigines untersucht, die ihre Handlungen auf der Basis der Träume einzelner Stammesmitgliedern festlegen. Nach Auffassung der Aborigines war die ganze Welt ein Traum, bis die Weißen erschienen.

Traumführer

Den meisten Stämmen gemeinsam war der Begriff eines Hüters oder Führers, mit dem man sowohl am Tag wie auch während eines Traums sprechen konnte. Ein Psychologe würde vielleicht einen Führer als ein Gestaltgespräch mit einem imaginären Wesen erklären, das in Wirklichkeit ein nicht anerkannter Aspekt von einem selbst ist. Für die amerikanischen Indianer war dieser Führer jedoch sehr real, und ihre Traumfreunde waren genau so wirklich wie die Freunde, die sie während der Wachstunden berühren konnten. Sehr oft fasteten die Indianer, um einen Traumführer, einen besonderen Traum oder ein Traumlied zu bekommen (ein Lied, das ihnen während des Schlafes geschenkt wurde). Manchmal komponierten Träumer Traumgesänge, ohne dabei zu fasten. Möglicherweise fördert jedoch ein Mangel an Nahrung diesen geheimnisvollen, schöpferischen Prozeß. Vielleicht hat aber auch die dünne Luft, die typisch für die hohen Berge und die felsigen Orte ist, die die Indianer als Ort zum Fasten vorzogen, die Qualität ihrer Träume beeinflußt.
Wie Untersuchungen zeigen, ist ein Mensch, der sich in absoluter Ruhe aufhält, eher fähig, eine große Anzahl von Träumen zu erle-

ben, als jener, der der Hektik des Alltags ausgesetzt ist. Er hat auch nachts längere REM-Phasen und sechzig Prozent mehr REM-Schlaf. Die erhöhte Isolation scheint verstärkt Träume auszulösen. Bei normalen Menschen kann totale Isolation sogar zu Halluzinationen führen. Auch physische Inaktivität ist eine Möglichkeit, Träume zu erzeugen:

Das Lied der Papago Medizinfrau:

Wie soll ich meine Lieder beginnen in der hereinbrechenden blauen Nacht?
In der großen Nacht wird mein Herz ausgehen, und die Dunkelheit kommt bereitwillig zu mir.
In der großen Nacht wird mein Herz ausgehen.

Indianer und ihre Träume

Die Indianer Amerikas hatten eine Vielzahl praktischer Anwendungen für ihre Träume. Sie verwendeten die Träume nicht nur, um Zeit und Ort für die Jagd zu bestimmen, sondern auch, um Namen festzulegen. Man wünschte den Namen herbei oder fragte nach dem Namen eines neugeborenen Kindes, und der Name erschien im Traum. (Siehe Kapitel *Trauminkubation).* Sehr häufig brachte der Traum auch Ideen für Tänze und Gesänge. Zahlreiche Kunstwerke sollen ihren Ursprung in Träumen haben, so auch die Ornamente auf Decken, Bildern, Schmuck und Kleidung.

Gemeinsamkeiten der indianischen Kulturen

Die folgenden Eigenschaften zeigen sich bei allen Kulturen der Indianer, die dem Status des Träumens große Bedeutung beimessen:
1. Träume sind für den Erfolg im Leben sehr wichtig. Diese Einstellung machte es den amerikanischen Indianern leichter, sich an ihre Träume zu erinnern und sie zu interpretieren, und sie gilt auch heute noch für uns.
2. Übernatürliche Wesen erscheinen im Traum und verleihen besondere Kräfte oder geben wichtige Informationen.
3. Schamanen, Medizinfrauen und -männer erlangten durch ihre Träume Wissen.

4. Träume werden durch bestimmte Techniken herbeigerufen, zum Beispiel indem man allein an einem Kraftplatz oder an einem heiligen Ort schläft, oder indem man fastet.

Die Forschung hat entdeckt, daß achtzig Prozent aller Gesellschaften, die sich der Jagd und dem Fischfang widmen, mit Hilfe von Träumen übernatürliche Kräfte suchen und diese steuern, während nur zwanzig Prozent der Gesellschaften, die von Landwirtschaft und Viehzucht leben, Träume für diese Zwecke verwenden. Je mehr ein Stamm vom Jagen und Fischen abhängig war, desto mehr schien er also Träume zu verwenden.

Träume sind Relikte des menschlichen Geistes. Es ist noch nicht lange her, daß die amerikanischen Indianer einen direkten Zugang zu ihren Träumen hatten. Sie wußten, daß es viel einfacher war, Zugang zur mystischen Welt der Träume erlangen, wenn sie im Einklang mit der Natur und in Harmonie mit ihren eigenen Zyklen lebten. Dadurch war ihnen auch ein direkter Zugang zu den Bedeutungen und Bildern ihrer Träume möglich. Jetzt, da unsere Gesellschaft sich immer weiter von der Natur entfernt, haben wir unsere Fähigkeiten von einst, direkt und leicht Zugang zu unseren Träumen zu finden, verloren.

Aber wir können uns die Weisheit der Indianer wieder zu eigen machen. Nehmen Sie sich einen Tag, zwei Tage oder eine Woche frei und verbringen Sie diese Zeit in der Natur, weit weg von Elektrizität und Maschinen, und besinnen Sie sich nur auf Ihre eigenen Quellen. Nehmen Sie wieder Verbindung auf zum Kreislauf der Natur. Geben Sie sich dem Mondlicht hin und baden Sie darin. Trinken Sie aus kühlen Quellen. Nach dieser sanften Ruhepause werden Sie leichter Zugang zu Ihren Träumen finden.

TRAUMWEBER

Und nach diesem will ich meinen Geist ausgießen über alles Fleisch, und eure Söhne und Töchter sollen weissagen; eure Ältesten sollen Träume haben, und eure Jünglinge sollen Gesichte sehen.

Joel, 3.1

6
TRAUMERINNERUNG

Ihre Träume können Ihnen Phantasie, Abenteuer und Romantik schenken. Sie können der mystische Schlüssel sein, der Ihnen den Blick in die Zukunft erlaubt - und der wundersame Schlüssel, die Vergangenheit zu entwirren. Ihre Träume können es, was ihren Unterhaltungswert angeht, durchaus mit Hollywood aufnehmen, aber Sie sind der Produzent, der Regisseur und der STAR - und alle haben Aussicht auf den Oscar. Wenn Sie sich jedoch an Ihre Träume erinnern wollen, müssen Sie die ganze Zeit wach und aufmerksam sein, oder Sie werden Ihre Rolle vergessen, die sie gespielt haben. Sie werden die anderen Schauspieler vergessen und die Bedeutung eines jeden von ihnen - und zweifellos auch den Text, den Sie gesprochen haben, noch bevor Sie 'nach Hause' zurückgekehrt sind. So wie ein Schauspieler lernen muß, beim Spiel seinen Text aus dem Gedächtnis zu sprechen, muß ein Träumer lernen, sich an seine Träume zu erinnern.
Das einzige, aber wichtigste Element bei der Fähigkeit, sich an Träume zu erinnern, ist die Motivation. Aber dazu müssen Sie erst einmal Ihre Träume als erinnerungswürdig anerkennen; betrachten Sie sie als wertvolle Botschaften Ihres Unterbewußten. Es funktioniert allerdings nur, wenn Sie glauben, daß Ihre Träume würdig sind, gehört zu werden.
Betrachten Sie jeden Traum als einen funkelnden Stein, bei dem jede strahlende Facette eine klare, bemerkenswerte, neue Erkenntnis Ihres Selbst widerspiegelt. Betrachten Sie jeden Traum als Chance, aus einer bereichernden, neuen Perspektive einen tiefen Blick in das schimmernde Juwel zu werfen, das Sie sind. Von diesen verschiedenen Perspektiven aus werden Sie große Weisheit entwickeln, um sich selbst besser zu verstehen. Wenn Sie also von nun an Ihre Träume als wertvolle nützliche Hilfen ansehen, werden Sie entdecken, daß Sie jetzt die nötige Motivation haben und sich an Ihre Träume erinnern.

Blockaden

Wenn es Ihnen zur Zeit nicht gelingt, sich an Träume zu erinnern, sollten Sie sich fragen, ob vielleicht gewisse Denkmuster Ihre Erinnerungfähigkeit blockieren. Um das herauszufinden, brauchen Sie sich nur an die Hinweise auf den nächsten Seiten zu halten, um die Dinge zu erkennen und loszulassen, die vielleicht tief in Ihrem Unterbewußtsein verborgen liegen, und Sie an der Erinnerung Ihrer Träume hindern.

Auf den nächsten Seiten finden Sie eine Liste mit einigen der häufigsten Denkmuster, die Traum-Erinnerung erschweren.

Eine oder mehrere dieser Möglichkeiten mag auf Sie zutreffen. Nehmen Sie sich Zeit, die nachfolgende Liste bewußt und laut zu lesen. Wenn eine der Behauptungen zuzutreffen scheint oder Sie fühlen, daß sie richtig ist, sollten Sie Ihre Erfahrung niederschreiben.

Bitte notieren Sie auf einem gesonderten Blatt die folgenden Überschriften, und lassen Sie danach Platz für ein oder zwei Sätze:

Denkmuster:

Gedankliche Antwort:

Gefühlsmäßige Antwort:

Körperliche Antwort:

Affirmation:

Ihre gedankliche Antwort:

Wenn Sie eine bestimmte Aussage (Denkmuster) gelesen haben (wobei Sie möglichst laut lesen sollten), die auf Sie zu passen scheint, schreiben Sie die Gedanken nieder, die Ihnen als Antwort zu dieser Aussage in den Sinn kommen. Achten Sie darauf, was Sie bei der einzelnen Ablehnung oder Bestätigung denken. Vor allem bleiben Sie ehrlich, welche Gedanken auch immer auftauchen mögen. Denken Sie daran, es gibt keinen richtigen oder falschen Gedanken. Diese Übung soll nur dazu dienen, Ihnen zu helfen, sich an Ihre Träume zu erinnern.

Ihre gefühlsmäßige Antwort:

Beobachten Sie Ihre gefühlsmäßige Antwort, wenn Sie die Aussage 'hören'. Welche Emotionen erzeugt das fragliche Denkmuster in Ihnen? Beurteilen Sie die Antwort nicht, nehmen Sie sie nur zur Kenntnis. Das einfache Überprüfen Ihrer Denkmuster wird es Ihnen erleichtern, loszulassen.

Die Antwort Ihres Körpers:
Achten Sie auf die Antwort Ihres Körpers. Selbst wenn es schwierig scheint, sich gedankliche oder gefühlsmäßige Antworten bewußt zu machen, Ihr Körper wird oft genug seine eigene klare Botschaft senden. Es ist eine Antwort, auch wenn sie subtil ist, und Sie können lernen, sich dieser Antworten bewußt zu werden. Während Sie die Aussage zur Kenntnis nehmen, üben Sie, selbst die leichtesten Veränderungen Ihres Körpers bewußt wahrzunehmen. Vielleicht ist es nur ein kurzes Zusammenziehen in Ihrer Brust oder ein Zwinkern des linken Auges. Ihr Körper gibt Ihnen immer einen Fingerzeig. Lernen Sie, auf Ihren Körper zu hören. Er kann als wertvolles Meßgerät dienen und Ihnen all die Bedenken aufzeigen, die Ihre Traumerinnerung blockieren.

Ihre Affirmation:
Die letzte Überschrift auf Ihrer Liste, 'Affirmation', wird etwas sein, das Sie für sich selbst schaffen. Eine Affirmation ist ein positiver Gedanke, der die Richtung bekräftigt, in die Sie Ihre Gedanken wandern lassen wollen. Finden oder schaffen Sie Ihre eigene Affirmation, mit der die Blockade, sich an Ihre Träume zu erinnern, gelöst wird. Denkmuster bilden Wege, auf denen die Gedanken reisen. Sie sind wie ausgetretene Pfade, die Sie beständig wählen, ohne darüber nachzudenken, und ohne daß es Ihnen bewußt würde, selbst wenn Sie eine Wiese mit goldenem Gras überquerten. Haben Sie die Einstellung, 'Träume sind Schäume', dann rennt der Verstand, immer wenn ihm das Wort 'Traum' in den Sinn kommt, den Pfad mit dem Schild 'Träume sind nicht wichtig' hinunter. Dieser Pfad kann so 'ausgetreten' sein, daß es manchmal bewußter Anstrengung bedarf, einen neuen zu schaffen.
Umgekehrt ist es genauso: Ein positiver Gedanke oder eine positive Affirmation, wie 'Meine Träume sind wertvoll und wichtig', wird einen neuen Pfad anlegen, und, wenn oft genug wiederholt, wird der neue Pfad den alten ersetzen. Steigt ein Gedanke auf, der mit 'Träumen' zu tun hat, wird der Geist nun auf diesem Pfad reisen und den Gedanken, daß Träume wertvoll sind, verstärken. Und so

wird es Ihnen immer leichter fallen, sich an Ihre Träume zu erinnern.
Am Ende dieses Abschnitts finden Sie einige Vorschläge für Affirmationen, mit denen Sie Ihre Traumerinnerung anspornen können.

Sind Sie bereit? Gut, dann kann's losgehen:

Gedanken, die Traumerinnerung blockieren

Sprechen Sie die nachfolgenden Sätze laut:

-Ich glaube nicht, daß Träume wichtig sind.
-Ich bin nicht ganz sicher, ob ich wissen will, was in meinem Unterbewußtsein los ist.
-Ich brauche Schlaf. Träume nehmen mir die Möglichkeit, gut zu schlafen.
-Vielleicht erfahre ich Dinge über die Zukunft, die ich nicht wissen will.
-Vielleicht sollen wir uns gar nicht erinnern.
-Sexualität im Traum ist unmoralisch.
-Ich habe Angst vor Alpträumen.
-Im Traum habe ich keine Kontrolle, und das bereitet mir Unbehagen.
-Vielleicht öffne ich mich für Psi-Angriffe.
-Es beunruhigt mich, im Traum Dinge zu tun, die mit meinen Werten im Wachbewußtsein unvereinbar sind.
-Es gibt etwas Unangenehmes in meiner Vergangenheit, an das ich nicht denken und von dem ich nicht träumen will.
-Es kostet zuviel Zeit und Anstrengung, sich an Träume zu erinnern.

Das sind nur einige wenige der Ansichten von Menschen, die sich nicht an ihre Träume erinnern. Während Sie nachschauen, ob eine dieser Aussagen auf Sie zutrifft, achten Sie bitte darauf, ob es nicht noch andere Behauptungen gibt, die auf Sie passen könnten. Denken Sie daran, nur wenn Sie sich diese Sätze sehr oft bewußt machen und sie untersuchen, können Sie die Blockaden lösen und sich leichter an Ihre Träume erinnern.

Hier ein Beispiel, wie es vielleicht auf Ihrem Blatt stehen könnte:

Aussage:	Ich glaube nicht, daß Träume wichtig sind.
Gedankliche Antwort:	Ich glaube, sie sind wichtig für andere, die Probleme haben.
Emotionale Antwort:	Wenn ich diesen Satz ausspreche, fühle ich eine gewisse Reizbarkeit und ein wenig Ärger.
Körperliche Antwort:	Nachdem ich diesen Satz ausgesprochen habe, fällt mir mein gepreßtes Atmen und eine Anspannung meiner Halsmuskeln auf.
Affirmation:	Träume sind sehr wichtig, und meine Träume machen es mir möglich, unsichtbares Potential in meinem Inneren zu erschließen. Ich genieße es zu träumen, und ich erinnere mich problemlos an meine Träume.

Affirmationen, die die Traumerinnerung fördern

-Ich träume gerne, und ich erinnere mich problemlos an meine Träume.
-Sexuelles Vergnügen steht mir zu, und es macht Spaß, im Traum Sex zu erleben.
-Meine Gefühle sind wichtig, und ich liebe mein emotionales Traumleben.
-Ich habe alle Zeit der Welt, mich an Träume zu erinnern und sie umzusetzen.
-Ich nehme meine Vergangenheit bedingungslos an und weiß, daß alles, was in meinem Leben geschehen ist, für mich notwendig war, um dorthin zu gelangen, wo ich jetzt bin.
-Meine Träume geben mir wertvolle Einblicke in mein Leben und dadurch mehr Gleichgewicht und Freude.
-Träumen macht mich kreativer, und ich erinnere mich gern an meine Träume.

-Ich beurteile meine Träume nicht. Ich weiß, daß jede Botschaft aus meinem Unterbewußtsein Anspruch darauf hat, gehört zu werden.
-Träume geben mir wertvolle Informationen über die Zukunft.
-Ich gestatte es mir, mich zu erinnern und die tiefere Bedeutung mancher Träume zu verstehen.
-Meine Träume sind sehr wichtig. Durch sie wird unsichtbares Potential in mir frei.
-Ich träume gerne, und ich erinnere mich leicht an meine Träume.
So sei es!

Traumtagebuch...Ihr Traumjournal

„Ich reise nie ohne mein Tagebuch. Man sollte immer eine aufregende Lektüre in der Eisenbahn bei sich haben."

Oskar Wilde

Ein Traumjournal ist der Bericht Ihrer Reisen nach innen, Ihrer inneren Suche nach Verständnis Ihres Selbst. Nur einen Traum oder zwei Träume aufzuschreiben, wird Ihnen jedoch nicht genügend Informationen geben. Für C. G. Jung kam die wahre Selbsterkenntnis aus der Beobachtung und Deutung einer Reihe von Träumen über längere Zeit, vielleicht über Jahre. Auf diese Weise, meinte er, könne man beginnen, einen Teppich wiederkehrender Themen, die das Leben durchdringen, zu weben. Während Sie Ihr tägliches Traumjournal führen, werden Sie beginnen, allmählich den tiefen Sinn Ihres Lebens zu verstehen. Ihr Traumtagebuch kann buchstäblich zu Ihrem persönlichen Buch der Weisheit werden.
Träume verflüchtigen sich sehr schnell (normalerweise innerhalb von zehn Minuten nach dem Aufwachen), und es gehört eine ungeheuere Willenskraft dazu, sie wieder ins Bewußtsein zurückzuholen - wenn es überhaupt gelingt.
Wie wir bereits wissen, haben Untersuchungen über Schlafen und Träumen gezeigt, daß Träumen von 'Rapid Eye Movement' begleitet wird. Schläfer, die man während des REM-Schlafes weckte, waren mitten in einem Traum. Weckte man sie, während sich ihr Körper bewegte, unmittelbar nach der REM-Phase, konnten sie einen ganzen Traum erzählen. Fünf Minuten nach dem REM-Schlaf erinnerten sich die Schläfer nur noch an Traumfragmente, zehn Minuten nach dem REM-Schlaf hatten sie praktisch keine

Erinnerung mehr an den Traum. Mit anderen Worten: Nur in den allerersten Sekunden ist ein Traum noch lebhaft vorhanden. Es ist daher ungeheuer wichtig, daß Sie Ihren Traum unmittelbar nach dem Wachwerden aufschreiben, solange er Ihnen noch frisch in Erinnerung ist. Schreiben Sie so viele Details auf wie möglich. (Luzide Träume bleiben viel länger in Erinnerung, weil Sie bewußter Teilnehmer sind. Siehe das Kapitel *Luzides Träumen*).

Für die Aufzeichnung Ihrer Träume brauchen Sie
1. Einen leicht schreibenden Kugelschreiber.
2. Notizblock, Tagebuch oder einen Kassettenrecorder, vorzugsweise ein Diktiergerät.
3. Taschenlampe oder Nachtlicht (wenn Sie einen Notizblock verwenden).
4. Eine Uhr mit leuchtendem Zifferblatt.

Kugelschreiber
Bitte sorgen Sie dafür, daß der Kugelschreiber leicht und ohne Druck schreibt. Filzschreiber oder Leicht-Kugelschreiber sind besonders gut geeignet. Nehmen Sie lieber einen Kugelschreiber statt eines Bleistiftes, da letzterer zu leicht schreibt, wenn Sie noch sehr schläfrig sind. Legen Sie sich Kugelschreiber und Kladde auf Ihrem Nachttisch zurecht.

Notizbuch oder Tagebuch
Am besten eignet sich ein Spiralblock. Ein Ringbuch ist nicht so sinnvoll, da sich das Papier während des Schreiben verschieben kann.
Teilen Sie Ihren Notizblock in zwei Hälften. Auf die linke Seite schreiben Sie das Datum, die Stunde und alle Einzelheiten Ihres Traumes, auf die rechte Seite Ihre Deutung. (Siehe Beispiel).
Es ist wichtig, das Datum bereits im voraus in Ihr Journal einzutragen, da dies eine positive Erwartungshaltung erzeugt, daß Sie Ihren Traum an jenem Tag niederschreiben. Die Angabe des Datums macht es Ihnen auch möglich, sich später an einen besonderen Traum an einem bestimmten Tag zu erinnern.
Beispiel: Sie haben am 24. Oktober einen intensiven Traum gehabt. Später fällt Ihnen auf, daß es der Geburtstag Ihrer Mutter war. Während Sie sich dessen nicht bewußt waren, hat Ihr Geist auf die Emotionen und Gefühle geantwortet, die Sie Ihrer Mutter gegen-

über hegen. Später mag Ihnen diese Information Aufschlüsse und wertvolle Einsichten in bezug auf Sie und die Beziehung zu Ihrer Mutter geben.
Vielleicht schreiben Sie in Ihr Journal schon vorher die Überschrift 'Traum 1'. Auch dies erzeugt eine positive Erwartungshaltung, daß Sie mehr als einen Traum während der Nacht haben. Nachdem Sie Ihren ersten Traum notiert haben und bevor Sie wieder einschlafen, schreiben Sie in Ihr Journal 'Traum 2', um die Erwartung auf einen zweiten Traum zu dokumentieren.
Wenn Sie Ihren Traum niederschreiben, notieren Sie auch die Gefühle, die Sie während des Traums hatten. Es ist wichtig, daß Sie Ihre Erinnerungen schnell zu Papier bringen, weil sich bereits nach wenigen Sekunden der Traum zu verflüchtigen beginnt. Schreiben Sie vor allem Farben, Symbole, Schlüsselworte, Themen und Emotionen auf. Versuchen Sie nicht, sich an irgendeinem Detail zum Schaden des restlichen Traums festzuhalten. Wenn Sie ein Gedicht, einen interessanten verbalen Ausdruck oder einen Satz gehört haben, dann schreiben Sie diesen zuerst auf. Später notieren Sie die Dinge, die Sie gesehen haben. Visuelle Bilder bleiben länger haften als Gehörtes, daher ist es zweckmäßig, zuerst das Gehörte aufzuschreiben.
Für Menschen, die nicht wach genug werden, um eine Taschenlampe oder einen Kassettenrecorder einzuschalten, gibt es eine Technik, die mit geschlossenen Augen funktioniert. Während Sie wach werden, greifen Sie nach dem Notizblock, der neben Ihrem Bett liegt. Beginnen Sie mit geschlossenen Augen zu schreiben, so daß Sie noch dem Traumstadium verhaftet bleiben. Sie werden üben müssen, damit Sie das, was bereits steht, nicht überschreiben. Nehmen Sie den kleinen Finger der Schreibhand als Führung, die Papierkante zu finden. Dies gibt Ihnen einen Anhaltspunkt, wo Sie sind. Da ich schon Probleme habe, meine Handschrift zu entziffern, wenn ich voll bei Bewußtsein bin, ist das für mich nicht die beste Technik. Wenn ich dann aufwache, habe ich ein unleserliches Gekritzel vor mir und keine Erinnerung mehr an das nächtliche Geschehen. Es gibt jedoch Menschen, für die diese Technik sinnvoll ist, und deshalb habe ich sie hier aufgeführt. Später müssen Sie dann Ihr Gekritzel auf Ihren zweiseitigen Notizblock übertragen und die Deutung daneben schreiben.

So legen Sie Ihr Traumjournal an:

Traum 1

-Datum
-Uhrzeit
-Ort
-Schreiben Sie unbedingt alles auf, an das Sie sich erinnern können, jedes Wort, jedes Bild. Schreiben Sie das erste, was Ihnen in den Sinn kommt, selbst wenn es Ihnen nicht wie ein Traum vorkommt.
-Notieren Sie die Gefühle, die Sie während dieses Traumes hatten.
-Schreiben Sie alles auf, was Sie gehört haben.
-Notieren Sie Farben, Symbole, Schlüsselworte, Themen und Emotionen.

Hier schreiben Sie die Deutung Ihres Traumes.

(Siehe das Kapitel *Traumdeutung*).

Beispiel einer Eintragung ins Traumjournal:

Traum 1

-Datum : 7. Dezember
-Uhrzeit: 4.20 Uhr
-Ort: zu Hause

Mein Auto funktioniert nicht richtig. Beim Blick unter die Haube sehe ich, daß Kühlwasser fehlt. Ich schütte Wasser nach, aber es läuft aus einem Loch im Boden immer wieder heraus.
Ich fühle mich frustriert.

Deutung
Der Kühler ist das Kühlsystem des Autos. Wenn er leer ist, wird der Motor zu heiß. Mein Auto scheint meinen Körper oder mich zu symbolisieren. Wasser bedeutet auch Spiritualität. Ich gebe immer wieder Spiritualität ab. Wenn ich so weitermache, werde ich 'heißlaufen' und nicht mehr normal funktionieren. Ich glaube, dieser Traum will mir raten, mehr Zeit in der Stille zu verbringen und mich auf meine spirituelle Seite einzustimmen, und er bedeutet wohl auch, daß ich mehr Wasser trinken soll. (Später fand ich heraus, daß das Getriebeöl meines Autos während der Nacht ausgelaufen war, so daß dieser Traum auch einen übersinnlichen Aspekt bekommen hatte).

Kassettenrecorder

Der Vorteil eines Kassettenrecorders ist, daß Sie auf einer tieferen Ebene und damit mehr in Verbindung mit jenen lebhaften Traumbildern bleiben können, als wenn Sie Ihren Traum aufschreiben. Für alle, die Probleme haben, nach dem Aufzeichnen eines Traums wieder einzuschlafen, ist ein Kassettenrecorder ein ausgezeichnetes Hilfsmittel, da Sie so in kürzerer Zeit viel mehr Einzelheiten aufnehmen können, als wenn Sie schreiben. Nachteil eines Kassettenrecorders ist, daß Sie später den Traum übertragen müssen, wenn Sie Ihre Traumfortschritte weiter verfolgen wollen. Und noch ein Nachteil: In der Nacht kommt es uns vor, als würden wir klar sprechen, können dann aber am nächsten Morgen unser mitternächtliches Gestammel kaum verstehen. Vielleicht klingt Ihre Stimme auch, als kämen Sie aus einer anderen Dimension, und das tun Sie ja wirklich. Wenn Sie sich für die Arbeit mit einem Kassettenrecorder entscheiden, nehmen Sie am besten ein kleines Handdiktiergerät, da es sich in der Dunkelheit der Nacht am einfachsten bedienen läßt.

Taschenlampe

Wenn Sie ein Traumbuch verwenden, brauchen Sie eine Taschenlampe. Die kleinen, batteriegeladenen Lampen (keine Handtaschenlampen), die es in Campingzubehörgeschäften gibt, eignen sich am besten. So müssen Sie nicht beim Schreiben mit der Lampe jonglieren.

Uhr mit leuchtendem Zifferblatt

Es ist wichtig, die Zeiten aufzuschreiben, in denen Ihre Träume auftreten, so daß Sie allmählich in Ihren Träumen ein Schema erkennen, vor allem, wenn Sie mit dem chinesischen Meridian-Traumsystem arbeiten.

Vorbereitende Maßnahmen:

-Stellen bzw. legen Sie Ihren Kassettenrecorder oder Ihr Notizbuch mit Taschenlampe, Kugelschreiber und Uhr (mit leuchtendem Zifferblatt) neben Ihr Bett.

-Nehmen Sie eine Haltung im Bett ein, in der Ihre Wirbelsäule gerade ist, und programmieren Sie sich, den Traum festzuhalten.
-Wählen Sie eine der 'Einschlaftechniken'.
-Und jetzt: Träumen Sie schön!

Erinnerungstechniken vor dem Einschlafen

Hier einige Tricks, die Sie vor dem Einschlafen anwenden können, um die Traum-Erinnerung zu unterstützen.

1. Tibetische Traummeditation

Während Sie sich schlafen legen, denken Sie ganz fest an den Wunsch, sich an Ihre Träume zu erinnern. Jetzt konzentrieren Sie diesen Wunsch hinten in Ihrer Kehle. Sie können ihn sich dort als strahlenden, blauen Kreis vorstellen, und in dieses blaue Feld deponieren Sie Ihren Wunsch nach Traumerinnerung. Halten Sie diese Visualisierung solange fest, bis Sie eingeschlafen sind. Wenn Sie diese Technik regelmäßig einsetzen, werden Sie merken, daß Sie sich öfter und genauer an Ihre Träume erinnern. Diese alte tibetische Technik hat eine interessante, physiologische Parallele. Untersuchungen haben ergeben, daß es genau dieser Bereich im hinteren Teil des Halses ist (Gehirnstamm), der die Aktivierung während der Traumphasen steuert. Wenn Sie sich also vor dem Einschlafen mit diesem kraftvollen Bereich in Verbindung bringen, werden Traumaktivität und Traumerinnerung stimuliert.

2. Wassertechnik

Bereiten Sie sich aufs Schlafengehen vor, trinken Sie ein halbes Glas Wasser und sagen Sie sich dabei: "Heute nacht erinnere ich mich an meine Träume." Wenn Ihnen morgens beim Aufwachen die Träume nicht einfallen, trinken Sie die andere Hälfte des Wassers und sagen Sie sich: "Die Erinnerung an meine Träume kommt jetzt und im Laufe des Tages zurück." Diese Technik stimuliert oft die Traumerinnerung. Manchmal taucht sie spontan während des Tages wieder auf.

3. Dritte-Auge-Technik

Das ist eine andere Technik mit Wasser, um Ihre Träume zurückzuholen.
Stellen Sie ein Glas Wasser neben Ihr Bett. Kurz vor dem Einschlafen tauchen Sie zwei Finger ins Wasser und berühren ganz leicht damit Ihre Kehle. Dann reiben Sie mit den beiden Fingern über die Stirn, und zwar dort, wo das dritte Auge sitzt (der Bereich zwischen bzw. etwas oberhalb Ihrer Augen). Während Sie dies tun, bekräftigen Sie, daß Sie sich an Ihre Träume erinnern werden. Am nächsten Morgen berühren Sie diese beiden Bereiche erneut mit Wasser. Sehr oft regt das die Erinnerung an.

4. Spirituelle Unterstützung

Entspannen Sie sich und halten Sie die Wirbelsäule gerade. Lassen Sie Ihren Geist ruhig und offen werden. Beten Sie zu Gott, oder bitten Sie Ihren Traumführer bei der Erinnerung an Ihre Träume um Hilfe. (Siehe das Kapitel *Naturvölker und ihre Träume*). Bekräftigen Sie immer wieder, daß Sie sich an Ihre Träume erinnern werden, und wiederholen Sie diese Affirmation mehrmals vor dem Einschlafen.

5. Kreative Visualisierung

Während Sie einschlafen, stellen Sie sich vor, wie Sie aufwachen, auf die Uhr schauen, die Zeit notieren und ganz bewußt einen Traum aufschreiben. Führen Sie diese Visualisierung fort und sehen Sie sich erneut, wie Sie morgens aufwachen und einen anderen Traum aufschreiben. Visualisieren Sie sich als zufriedenen Menschen, dem es gelungen ist, seine Träume aufzuzeichnen.

6. Große-Geist-Technik

Diese Technik besteht aus mehreren Schritten und eignet sich nicht nur ausgezeichnet für die Erinnerung, sondern auch für eine Traumvision.

a. Räuchern Sie den Bereich, in dem Sie schlafen, mit Salbei, Zeder, Wacholder oder Süßgras. Räuchern heißt, die Kräuter so zu halten, daß ihr Rauch in jede der heiligen Richtungen zieht - Norden, Osten, Süden und Westen, zu Mutter Erde (unten) und Vater Himmel (oben). Verteilen Sie den Rauch um sich herum. Das ist ein altes Ritual der Einweihung und Reinigung. Die Indianer glaubten, durch den Rauch direkt mit dem Großen Geist in Verbindung zu treten. Die Gebete steigen durch den Rauch hinauf, und der Große Geist schickt seine Antwort durch den Rauch zu dem Menschen nach unten.

b. Wenn Sie im Bett liegen, führen Sie sich jede einzelne Handlung des vergangenen Tages wieder vor Augen, indem Sie in der Zeit bis zu dem Moment zurückgehen, an dem Sie morgens aufgewacht sind. Durchleben Sie den Tag noch einmal, indem Sie auf jede einzelne Situation so reagieren, wie Sie wünschen, daß Sie reagiert hätten. Haben Sie zum Beispiel jemanden verurteilt, überprüfen Sie die Situation und reagieren Sie neu... aber dieses Mal mit dem Herzen.

c. Sprechen Sie ein Gebet und danken Sie für das Gute an jedem Tag und bekräftigen Sie Ihre Absicht, ein ausgeglichenes, liebevolles Leben zu führen.

d. Während Sie rückwärts von zehn bis eins zählen und sich immer wieder sagen, daß Sie sich an Ihre Träume erinnern, stellen Sie sich vor, wie sich in Ihnen eine doppelte Energie-Spirale nach oben dreht. Sehr oft beeinflussen die allerletzten Gedanken vor dem Einschlafen die Träume.

e. Bitten Sie den Großen Geist um Führung in Ihren Träumen. Bitten Sie darum, Ihnen einen Weg zu zeigen, dem Sie folgen sollen.

f. Danken Sie am Morgen für alles, was Sie empfangen haben.

Erinnerungstechniken nach dem Aufwachen

1. Rolltechnik

Untersuchungen haben gezeigt, daß sich Träumer unmittelbar nach einem Traum umdrehen oder die Position verändern. Das scheint dem Gehirn zu helfen, in ein anderes Gehirnwellenmuster zu gelangen. Wenn Sie sich also an Ihre Träume nicht erinnern können, rollen Sie sich, solange Sie noch im Bett liegen, in eine andere Position. Manchmal erzeugt dies spontan Traumbilder. Vielleicht wurde der Traum in der Position, in der Sie waren, als Sie träumten, kodiert, und ein sanftes Rollen kann die Erinnerung zurückbringen.

2. Gespräch

Unmittelbar nach dem Aufwachen sollten Sie mit jemanden über das reden, an das Sie sich erinnern. Wenn Sie beginnen, über Ihren Traum zu sprechen, wird dies helfen, mehr von ihm ins Bewußtsein zu heben.

3. Notizen

Wenn Sie den Traum im Traumjournal notieren, schreiben Sie alles auf, an das Sie sich erinnern, selbst wenn es nur ein Wort oder ein Gefühl ist. Gelingt Ihnen dies nicht, schreiben Sie die Worte "Ich erinnere mich nicht an meinen Traum" auf. Sehr oft wird das die Traumerinnerung stimulieren. Oder notieren Sie Ihre Gefühle, die in Ihnen aufsteigen, weil Sie sich nicht erinnern. Manchmal ist das der Schlüssel.

4. Vorstellung

Stellen Sie sich vor, es ist der Abend zuvor, und Sie machen sich für die Nacht fertig, putzen die Zähne, legen sich hin und schlafen ein. Beobachten Sie die Bilder und Gefühle, die auftreten... Sie können auch Ihre Phantasie einsetzen.

5. Kritzel-Technik

Wenn Sie sich an Ihren Traum nicht erinnern, fangen Sie an zu kritzeln. Malen Sie einfach in Ihrem Traumbuch herum. Sehr oft führt das zu Assoziationen und bringt Ihr Gedächtnis auf Trab.

6. Farbtechnik

Bei dieser Technik müssen Sie ein Gefühl für die Farbe bekommen, die zu Ihrem Traum paßt. Um die Erinnerung zurückzuholen, beginnen Sie, diese Farbe zu malen oder sich vorzustellen.

7. Gestalt

Legen Sie zwei Kissen hin, setzen Sie sich auf das eine und sagen Sie zu dem anderen:

"O.K., Träume, warum kommt ihr nicht zurück?" Dann setzen Sie sich auf das andere Kissen und antworten. Zum Beispiel:

" Du bist morgens immer so in Eile. Ich habe nie das Gefühl, daß du mir Zeit läßt zurückzukommen".

Während Sie den Dialog fortsetzen, wandern Sie zwischen beiden Kissen hin und her. Achten Sie in den beiden Kissenpositionen auf die unterschiedlichen Stimmen und Körperhaltungen. Diese Übung kann auch schriftlich gemacht werden.

8. Stimmung
Sie erinnern sich immer noch nicht an Ihre Träume?
Also gut: Schließen Sie die Augen und machen Sie sich bewußt, in welcher Stimmung Sie sind. 'Kosten' Sie diese Stimmung wie einen guten Wein. Bleiben Sie in dieser Stimmung. Verstärken Sie sie. Oft ist <u>das</u> der Schlüssel zur Traumerinnerung.

Hilfen

1. Aufschreiben
Egal, wie sicher Sie sind, daß Sie sich an den Traum erinnern oder nicht, wahrscheinlich werden Sie es nicht. Beginnen Sie dennoch mit dem Aufschreiben.

2. Bewegen Sie sich nicht
Wenn Sie nach einem Traum Ihr Traumjournal benutzen, versuchen Sie, sich so wenig wie möglich zu bewegen. Untersuchungen in Traumlabors haben ergeben, daß Bewegung oft die Erinnerung stört. Wenn man sich beim Aufwachen nach einem Traum umdreht, ist es oft schwieriger, sich an den Traum zu erinnern. (Verwenden Sie die Rolltechnik nur, wenn Sie überhaupt keine Traumerinnerung haben).

3. Achten Sie auf flüchtige Bilder
Oft zeigt sich ein Traum nicht, und dennoch haben wir das vage Gefühl, daß er 'hinter der Ecke lauert', so, als säße er am Rand unseres Bewußtseins und würde nur auf ein vertrautes Element in unserem Wachbewußtsein warten, um die Erinnerungen freizugeben. Diese Bilder können so flüchtig sein, daß man sie sich, wenn sie plötzlich aufblitzen, genau bewußt machen muß. Achten Sie auf solche Bilder, die während des Tages plötzlich hochkommen.

4. Traumfragmente
Selbst wenn es nur ein Traumfragment ist, schreiben Sie es auf. Es kann ein wichtiges, fehlendes Glied in der Kette sein.

5. Genauigkeit
Notieren Sie jeden Traum so, wie er auftaucht. Sie werden morgens Probleme haben, alle Ihre Träume aufzuschreiben. Labortests haben ergeben, daß, selbst wenn sich jemand am nächsten Morgen an alle Träume erinnert, sie weniger lebhaft und detailliert sind, als

wenn sie kurz nach dem Auftreten aufgeschrieben werden. Stellen Sie sich nur vor, Sie würden in acht Stunden vier oder fünf Filme hintereinander anschauen und dann versuchen, sich an alle gleichzeitig zu erinnern. Ihre Erinnerung funktioniert besser, wenn Sie sich an die Träume direkt nach dem Aufwachen erinnern und sie dann aufschreiben.

6. Kürzer schlafen
Schlafen Sie kürzer, dafür aber zwei- oder dreimal im Laufe des Tages. Wenn Sie Ihr Schlafmuster so ändern können, daß Sie nachts fünf Stunden schlafen und am Tag ein oder zwei Nickerchen halten, werden Sie sich erfrischter fühlen, weil Sie öfter eine Chance haben, zu regenerieren und sich an Ihre Träume zu erinnern.

7. Lesen Sie alles über Träume, was Sie in die Finger bekommen.
Wo die Gedanken hingehen, fließt Energie, und während Sie Ihr Bewußtsein in die Bereiche des Traumes lenken, wird auch Ihre Traumerinnerung von Energie erfüllt und verbessert.

8. Namensgebung
Wenn Sie Ihr Traumjournal benutzen, geben Sie jedem Ihrer Träume eine anschauliche Überschrift. Sie dient als Hilfe bei der Verarbeitung Ihrer Träume.

9. Natürliches Aufwachen
Trainieren Sie, vor dem Wecker aufzuwachen. Das ruckartige Aufwachen durch einen Wecker verändert oft die Qualität Ihres Traumes.

10. Hoffnungsloser Fall?
Wenn Sie sich immer noch nicht an Ihre Träume erinnern, versuchen Sie, die Schlaftiefe zu verändern und leichter zu schlafen. Trinken Sie vor dem Zubettgehen viel Wasser, damit Sie nachts aufstehen und zur Toilette gehen müssen. Oder schlafen Sie in einem Sessel.
Lassen Sie sich etwas einfallen! Leichter Schlaf trägt zur Traumerinnerung bei.

11. Auch Alpträume!
Schreiben Sie alle Ihre Träume auf, auch Alpträume und Träume, bei denen Ihnen 'mulmig' ist, also nicht nur 'gute Träume'. Wir sind nicht nur 'gut'. Wir sind 'ganz'... ein Gleichgewicht aus Licht

und Dunkel, Yin und Yang, 'gut' und 'schlecht'. Wir sind ganze, allumfassende Wesen. Es ist wichtig, alle Aspekte unseres Selbst zu erkennen und anzuerkennen.
Jeder Traum ist wichtig! Während Sie Ihr Traumerlebnis aufschreiben, denken Sie daran, daß dieser Traum wichtig ist!

12. Stehen Sie zu Ihrem Traum!
Diskutieren Sie den Traum nicht weg, indem Sie ihn auf einen spätabendlichen Imbiß zurückführen, eine Fernsehshow, die Sie kurz vor dem Zubettgehen gesehen haben, oder ein Buch, das Sie gerade lesen.
Diese Ereignisse waren nichts anderes als Auslöser für Sie, einen tieferen Teil Ihrer Psyche zu berühren. Fünfzig Menschen, die dieselbe Fernsehshow gesehen haben, werden fünfzig verschiedene Träume haben. Oder: Wenn Sie von einem bellenden Hund geweckt werden und träumen, wilde Hunde würden Sie zähnefletschend umringen, würde jemand anderes unter ähnlichen Umständen von seinem Lieblingsdackel träumen, der ihn mit freudigem Gekläff begrüßt.
Obwohl jeder Traum durch den bellenden Hund verursacht worden ist, hat jedes Traumerlebnis eine andere, symbolhafte Aussage für den einzelnen Träumer.

13. Schuldgefühle
Fühlen Sie sich bitte nicht schuldig, wenn es Ihnen nicht gelingt, sich an den Traum zu erinnern. Schuldgefühle behindern nur Ihre künftigen Fortschritte. Und wenn Sie sich schuldig fühlen, fühlen Sie sich bitte nicht schuldig, weil Sie sich schuldig fühlen.

14. Bedeutung?
Sie müssen nicht hinter jedem Traum eine Bedeutung suchen. Manchmal reicht es, sich den Traum mehrere Male anzuschauen, um das eigene innere Gleichgewicht zu finden. Lieben Sie Ihre Träume und genießen Sie sie, ob Sie sie nun deuten können oder nicht.

15. Spaß!!!!
Sie brauchen nicht alle Ihre Träume aufzuschreiben. Wenn Ihnen nicht danach ist, lassen Sie es sein! Traumerinnerung und Traumbuch sollen Spaß machen.

7
TRAUMHILFEN

Tränke, Totems, die Rhythmen und Zyklen der Natur - das alles spielt bei der Heilung und den Visionen der Schamanen, Kahuna, Seher, Magier, Druiden, Medizinmänner und -frauen eine wichtige Rolle. In alten Sagen und überlieferten Geschichten hat es immer Hinweise auf Gegenstände der Kraft gegeben, die benutzt wurden, um die Kunst der Weissagung und das innere Wissen zu fördern. Diese wertvollen Werkzeuge sind auch eine gute Hilfe, mehr über Ihre Träume zu erfahren.

STEINE

Seit Menschengedenken haben Steine in der Geschichte unseres Planeten eine große Rolle gespielt. Die Naturvölker und die mystischen Geheimgesellschaften haben uns ihre einzigartige Verwendung von Steinen überliefert, die uns heute noch helfen, die unsichtbaren Bereiche des Unsichtbaren zu verstehen.
Die Steine, um die es hier geht, können als Hilfe bei der Traumdeutung eingesetzt werden. Es ist wichtig zu wissen, daß diese Steine allein nichts bewirken. Durch die Bedeutung, die Sie den Steinen zuweisen, aktivieren Sie sie und machen sie für Träume nutzbar.

Mondstein

Der Mondstein mit seinem mondähnlichen, silbrig-weißen Licht, das auf seiner Oberfläche tanzt, ist in Indien heilig. Er soll Glück bringen und wird als Geschenk für Liebende verwendet, da man ihm nachsagt, zärtliche Leidenschaft zu wecken und den Liebenden die Möglichkeit zu geben, in die Zukunft zu sehen.
In vielen Kulturen glauben die Menschen, dieser Stein würde sich mit den Zyklen des Mondes verändern. Da diese mit den Traumzyklen in Verbindung gebracht werden, verbindet uns der Mondstein, mehr als jeder andere Stein, tiefer mit unseren inneren Traumstadien. Der Mondstein besänftigt auch die Emotionen. Bei Frauen kann er während der Mensis das physische und gefühlsmäßige Gleichgewicht wiederherstellen. Legen Sie einen Mondstein ans Bett oder kleben Sie einen kleinen auf Ihr Drittes Auge. Es ist wichtig, daß Sie Ihren Mondstein in Ihr Traumleben mit einbeziehen!

Selenit

Auch dieser stark durchsichtige Kristall wird vom Mond beeinflußt. Er ist nach Selene, der griechischen Mondgöttin, benannt. Dieser sehr kraftvolle Stein hilft, die eigene, persönliche Wahrheit verstehen zu lernen, führt zu tiefer Beruhigung und der Erlangung tiefer, innerer Bewußtseinszustände. Er symbolisiert den reinen Geist und unterstützt das spirituelle Wachstum. Ein Selenit diente den Alchemisten als Schlüssel zu Vergangenheit und Zukunft.
Der Selenit wird mit dem Kronenchakra in Verbindung gebracht und ist ein mächtiges Werkzeug, mit dem Sie in Ihren Träumen Intuition und telepathische Kräfte entwickeln können. Nehmen Sie einen Selenit, um Träume geistiger und spiritueller Klarheit herbeizurufen. Er ist auch ein ausgezeichnetes telepathisches Kommunikationsmittel während der Nacht. Auch er sollte vor dem Schlafen geweiht werden, um die Traumerinnerung zu begünstigen und durch Träume spirituelles Verständnis zu erlangen.

Perlen

Obwohl Perlen nicht zur Gruppe der Steine gehören, lassen sie sich ausgezeichnet für die Traumarbeit verwenden.
Perlen werden durch den Mond regiert. Sie sind Produkte der Auster, einem Lebewesen, das im Meer lebt. Nicht nur, daß der Mond die Gezeiten und die Lebewesen im Meer beeinflußt, er hat auch einen großen Einfluß auf unsere Traumphasen. Schon die Form der Perle hat einen Einfluß auf die einzelnen Traumphasen. Die sphärische Form, die sanft glänzende Farbe und die konzentrisch angeordneten Schichten - sie alle sind Symbol für die nicht-lineare Welt des Träumens. Die konzentrische Form, in der sie sich durch unser Bewußtsein winden, symbolisiert das Traumstadium. Perlen kommen aus dem Meer, und selbst an Land behalten sie ihre Verbindung zu den Bewegungen des Meeres, zu Ebbe und Flut und den intuitiven Eigenschaften des Wasser bei.
Perlen aus dem Meer haben auf Träume eine stärkere Wirkung als Süßwasserperlen, weil Salzwasser die elektrische Energie besser leitet. Salzwasserperlen sind auf ewig mit dem Meer verbunden und ermöglichen eine bessere intuitive Verbindung mit Ihrem bioelektrischen Fluß. Je größer der bio-elektrische Fluß in Ihrem Körper, desto intensiver und lebhafter werden Ihre Träume sein. Perlen

in Ihrem Schlaf-Bereich werden Ihnen helfen, intuitive Träume zu erleben.

Kristalle

Seit Urbeginn der Zeit sind Kristalle als Mittel verwendet worden, unsichtbare Welten zu schauen und zu verstehen. Ihre Mystik überspannt Raum und Zeit.
Das Zepter der schottischen Insignien wird von einer Kristallkugel gekrönt.
Sir Walter Scott schreibt, für die schottischen Highlanders wären Kristalle 'Steine der Kraft'. Auch in den Schriften der Griechen und der Römer finden sich Hinweise auf die Kraft der Kristalle. Die alten Ägypter verwendeten in der zwölften Dynastie Kristalle, um innere Dimensionen zu schauen. Schamanen in Australien, Neu Guinea und Afrika und auch die Maya haben diese Steine verwendet. Im alten Japan und China hielt man Bergkristall für den erstarrten Atem von Drachen. Da man dem Drachen die höchste Kraft der Schöpfung zuschrieb, zeigt dies, wie hoch Kristalle bei den Orientalen angesehen waren. Beinahe jede größere Kultur mit spirituellem Verständnis hat Bergkristalle verwendet, um die Zukunft zu schauen.
Die nordamerikanischen Indianer hatten besondere Erfahrung beim Einsatz von Kristallen für kraftvolle Träume. Medizinmänner und -frauen der Apachen verwendeten Kristalle, um Visionen zu erzeugen und verlorene Gegenstände wiederzufinden. Die Schamanen der Cherokesen nutzten Kristalle für *Vision Quest*, Heilung und Innenschau. Sie saßen mit ihrem 'Freund aus Kristall' am Feuer, verbrannten Zedernholz, sprachen Gebete und baten in einem Ritual um einen Traum oder eine Vision als Fingerzeig und Führung.
Viele Metaphysiker glauben, daß Kristalle auch im alten Atlantis für die Traumarbeit verwendet worden sind. Mit ihrer Hilfe sollen die Atlanter im Traum durch Zeit und Raum gereist sein.
Kristalle sind von ihrer Struktur her Verstärker und Übermittler. Sie finden unter anderem Einsatz in Radios. Tatsächlich ist Silikon, das zur Familie der Kristalle gehört, die Basis der Computertechnologie und ermöglicht die Verarbeitung ungeheuerer Mengen an Informationen, indem elektrischer Strom über die kristalline Struktur übertragen wird. Da es auch im Körper des Menschen bio-elektrischen Strom gibt, können wir uns die Energie der Kristalle zu eigen

machen, um Traumstadien zu 'senden' oder zu fördern, indem wir unsere Absicht durch die kristalline Struktur übertragen.

Wie Sie Kristalle verwenden, um Ihre Traumstadien zu erweitern:

1. Der richtige Kristall

Suchen Sie sich einen Bergkristall, der zu Ihnen 'spricht'. Mit anderen Worten: Sie wählen intuitiv den richtigen Kristall für sich und Ihre Träume. Dieser Kristall sollte nur für die Traumarbeit und nichts anderes verwendet werden.

2. Reinigung

Am besten reinigt man einen Kristall, den man für die Traumarbeit verwenden möchte, indem man ihn in einer klaren Vollmondnacht draußen im vollen Mondlicht liegen läßt. Ist das nicht möglich, können Sie folgendes tun:
a) Reiben Sie den Kristall mit Eukalyptusöl ein.
b) Lassen Sie den Kristall in einer Mischung aus Wasser und Meersalz ruhen.
c) Legen Sie den Kristall mindestens 15 Stunden draußen ins Sonnenlicht.
d) Legen Sie ihn einen Stunde lang ins Meer oder in ein fließendes klares Wasser.

3. Weihen des Kristalls

Um Ihren Kristall zu weihen, halten Sie ihn an Ihr Drittes Auge und sagen Sie entweder leise oder laut einen Weihespruch. Programmieren Sie ihren Kristall jeweils nur auf eine einzige Sache.
Hier ein paar Weihesprüche:

"Ich weihe dich, Traumkristall, den Träumen, so daß mein Geist sich emporschwingen kann und mein Wachbewußtsein fröhlicher ist."
"Ich weihe dich, Traumkristall, Träumen, in denen ich mich selbst positiv, und mit einem starken Selbstwertgefühl gerüstet sehe."
"Ich weihe dich, Traumkristall, Träumen, mit deren Hilfe ich meine einzigartigen kreativen Kräfte entfalten kann."

"Ich weihe dich, Traumkristall, Träumen, die meine Verletzungen heilen."
"Ich weihe dich, Traumkristall, Träumen, die mir klare Einblicke in meine Zukunft geben."
"Ich weihe dich, Traumkristall, Träumen, die mir beim Heilen meiner selbst und anderer helfen."
"Ich weihe dich, Traumkristall, Träumen, die meine Beziehung zum Geist und zu Gott vertiefen."

Eine einmalige Weihe reicht. Wollen Sie das Programm ändern, reinigen Sie den Stein und weihen ihn neu.

4. Traumtür

Wenn Sie ihren Traumkristall nicht brauchen, legen Sie ihn an eine besondere Stelle. Sie können ihn in schwarze Seide hüllen, um die Energie zu halten, oder an einen besonderen Ort legen, wo Sie ihn im Laufe des Tages immer wieder anschauen und bewundern können.
Nachts sollten Sie ihn immer in der Nähe ihres Bettes haben. Halten Sie den Kristall kurz vor dem Einschlafen an ihr Drittes Auge und stellen Sie sich vor, daß Ihr Bewußtsein sich mit seiner fließenden lichten Struktur mischt. Stellen Sie sich weiterhin inmitten dieses schimmernden Kreises aus mondfarbenen Satin-Licht eine mystische Tür vor, die in das Reich ihrer Träume führt. Sehen Sie, wie sich die Tür öffnet, und machen Sie sich bewußt, daß Sie das geheimnisvolle Tor zu Ihren inneren Räumen geöffnet haben. Behalten Sie den Kristall die ganze Nacht nahe bei sich.

Amethyst

Auch der Amethyst gehört zu den Kristallen. Sein reiches violettfarbenes Licht hilft, leicht von einer Wirklichkeit in die andere zu gehen. Violett ist die Farbe, die mit dem Dritten Auge in Verbindung gebracht wird, und dieser magische Stein kann dazu verwendet werden, das Dritte Auge zu öffnen, um spirituelle Träume zu erhalten. Er beruhigt und bringt die Gefühle ins Gleichgewicht. Während er Geist und Gefühle beruhigt, kann sich unsere wahre Natur in unseren Träumen offenbaren.

Der Amethyst eignet sich auch sehr gut für Menschen, die immer wieder unter Alpträumen leiden. Um hier Abhilfe zu schaffen, legen Sie den Amethyst auf die Stirn in den Bereich des Dritten Auges und programmieren Sie ihn auf tiefen, ruhigen Schlaf. Wenn Sie 'süße Träume' haben möchten, brauchen sie den Stein nur unter Ihr Kissen zu legen.

TRAUMKISSEN

Ob es ein bestimmter Bestandteil der Kräuter ist, der die Träume beeinflußt, oder eine Reaktion Ihres Verhaltens, das Ihren Traumwunsch und das Aroma miteinander verbindet und Sie die ganze Nacht daran erinnert, wird immer ein Geheimnis bleiben. In der Aromatherapie hilft der Duft von Beifuß, das Dritte Auge (das Tor zur Welt der Träume) zu öffnen. Diesen Duft während des Schlafes einzuatmen, soll Ihnen nicht nur dabei helfen, sich an die Träume zu erinnern, sondern auch, Zukunftsträume zu wecken. Wenn wir auf einem mit Beifuß gefüllten Kissen schlafen, entsteht eine Verbindung zwischen dem Duft der Kräuter und Ihrem Wunsch nach einem besonderem Traum. Wichtig ist, daß das Traumkissen richtig verwendet wird. Auch Borretsch und Schafsgarbe eignen sich für ein Traumkissen.

Und so entsteht ein Traumkissen:

1. Sorgen Sie dafür, daß die Kräuter von höchster Qualität und frei von Pestiziden sind.

2. Verwenden Sie für die Kissenhülle eine Naturfaser. Am besten eignet sich Seide, da sie bioelektrische Energie ausgezeichnet leitet. Auch Wolle ist wunderbar.
Viele Meditierende und Yogis bevorzugen Wolle oder Schafswolle, weil ihnen dieses Material hilft, sich auf die bioelektrischen Energieflüsse unseres Planeten einzustimmen.
Wenn Sie für Ihr Traumkissen Wolle oder Seide verwenden, werden Ihre Träume viel kraftvoller sein, weil Sie bioelektrisch besser ausgeglichen sind.
Ich schlage Material in lila oder violett vor, weil dies die Farben des Tors zur Traumwelt sind, die zur Energetisierung Ihres Traumkissens beitragen werden.

3. Verwenden Sie Ihr Traumkissen nur für Ihre nächtlichen Traumabenteuer, so daß Träume das einzige sind, was Sie mit diesem Kissen verbindet. Bewahren Sie es in einem speziellen Kästchen oder einer Hülle auf und nehmen Sie es nur abends vor dem Schlafengehen heraus. Sein Duft wird dann eine vertraute Erinnerung zwischen Ihnen und Ihren Träumen wecken.

4. Legen Sie vor dem Einschlafen das Kissen nahe an die Nase und halten Sie den Wunsch an einen Traum in Ihren Gedanken ganz fest. Morgens inhalieren Sie den Duft Ihres Traumkissens ganz tief. Sehr oft aktiviert das die Erinnerung an einen Traum.

DIE CHINESISCHE UHR

Chinesen, Japaner und Inder haben seit altersher die Zeit als einen nicht-linearen, kreisförmigen Prozeß betrachtet (im Gegensatz zum westlichen Begriff der linearen Zeit). In der chinesischen Medizin wird der Tag in Stunden eingeteilt, denen die verschiedenen Organe des menschlichen Körpers zugeordnet werden.

Die Zeit der Gallenblase liegt zwischen elf Uhr abends und ein Uhr nachts. Interessanterweise sind zwei starke Traumkräuter, Beifuß und Schafgarbe, auch wertvolle Kräuter zur Stimulierung der Produktion der Gallenflüssigkeit. Es ist kein Zufall, daß dieselben Kräuter, die dazu verwendet werden, Träume zu erzeugen, auch Kräuter für die Gallenblase sind. Die meisten Menschen haben ihren ersten Traum nachts in der Gallenblasenzeit (11.00 Uhr abends bis 1.00 Uhr nachts). Wenn man diese Kräuter als Tee trinkt oder ihr Aroma einatmet, stimuliert das - zusätzlich zu den Eigenschaften, die einen dem Kraut entsprechenden Traum herbeirufen - das zu der betreffenden Zeit vorherrschende Organ (in diesem Fall die Gallenblase), so daß sich Ihr Körper auf die natürlichen Rhythmen des Kosmos einschwingen kann. Ist dies geschehen, haben Sie viel machtvollere Träume.
Wenn Sie während des Höhepunkts der Gallenblasentätigkeit einschlafen, sollten Sie vor dem Zubettgehen mit den Fingern die Schläfe oberhalb der Augen reiben, um den Meridian der Gallenblase noch weiter zu stimulieren.
Merken Sie sich, wann sie zu Bett gehen, und steigern Sie ihre Traumstadien, indem Sie Ihre entsprechenden Meridianpunkte vor dem Einschlafen stimulieren.

Einschlafzeit und die einzelnen Meridiane	**Stimulierung**
21.00 Uhr bis 23.00 Uhr .... (3-Wärme-Bereich)	Hinter den Ohren reiben
23.00 Uhr bis 1.00 Uhr .... Gallenblase	Oberhalb der Ohren reiben.
1.00 Uhr bis 3.00 Uhr .... Leber	Den Bereich oberhalb der Leber reiben.
3.00 Uhr bis 5.00 Uhr .... Lunge	Vertiefung zwischen oberen Rippen und Schultern reiben.
5.00 Uhr bis 7.00 Uhr .... Darm	Fleischigen Teil zwischen Zeigefinger und Daumen reiben.
7.00 Uhr bis 9.00 Uhr .... Magen	Leicht unter den Augen klopfen.
9.00 Uhr bis 11.00 Uhr .... Milz	Kreisförmigen Druck auf die Milz ausüben.
11.00 Uhr bis 13.00 Uhr .... Herz	Die Achselhöhle reiben.
13.00 Uhr bis 15.00 Uhr .... Dünndarm	Tiefer Druck auf die äußere Seite der kleinen Finger
15.00 Uhr bis 17.00 Uhr .... Blase	Die Stelle reiben, wo die Brille auf der Nase sitzt.
17.00 Uhr bis 19.00 Uhr .... Nieren	Das Zentrum der Fußsohle hinter dem Ballen der großen Zehe reiben.
19.00 Uhr bis 21.00 Uhr .... Kreislauf/Sex	Die Mittelfinger massieren.

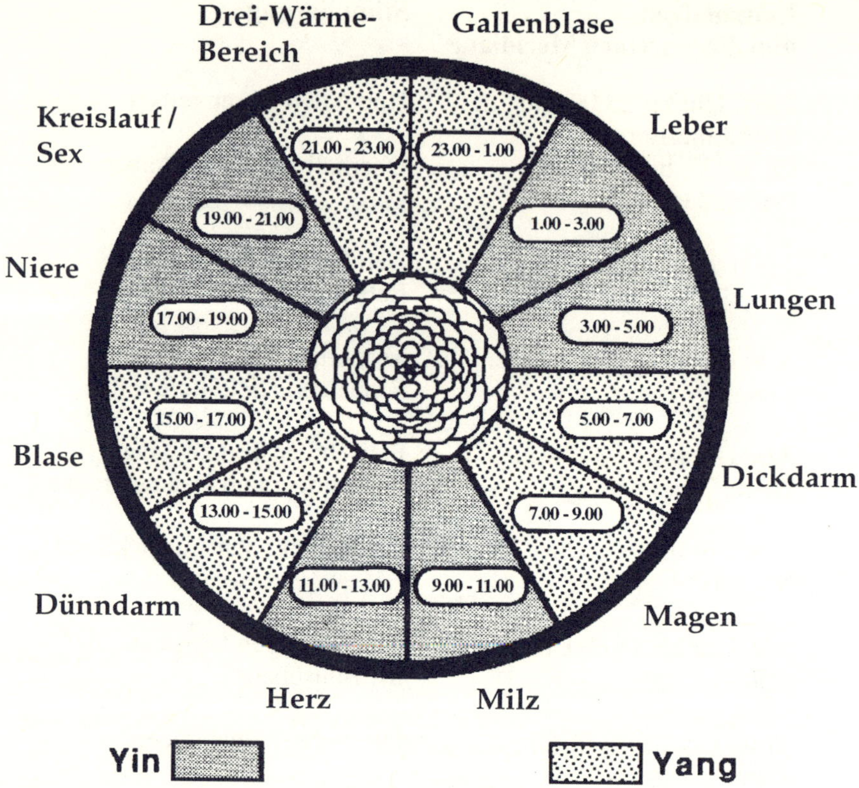

Die chinesische Uhr

Wenn Sie lernen möchten, wie Ihre Träume nach der chinesischen Uhr zu verstehen sind, lesen Sie das Kapitel *Chinesische Uhr*.

Ausrichtung des Körpers während des Schlafens

Wenn möglich, sollten Sie mit dem Kopf in Richtung des magnetischen Nordens schlafen, da dies dazu beitragen wird, ihre bioelektrischen Energieströme anzupassen und bessere Traumstadien zu erreichen.

Essen und Trinken

Ihre Nahrung kann Ihre Träume stark beeinflussen. Nehmen Sie schwer verdauliche Speisen zu sich, werden auch Ihre Träume "schwer verdaulich" sein, sie können unterbrochen sein und nicht fließend.
Moderne Forschungen haben ergeben, daß Völlegefühl zu Ruhelosigkeit führt. Werden wir dann wach, erinnern wir uns nur noch an Traumfragmente.

Wenn Sie ihre Nahrung verarbeiten und umsetzen, werden Sie Träume haben, die Sie 'umsetzen' können. Für die Traumarbeit sollten Sie am besten vor dem Zubettgehen nichts essen.

Melonen - Melonen sollen zu lebhaften Träumen führen. Ihr hoher Wassergehalt und ihre runde Form stellen eine Verbindung zum Mond und zu den inneren Traumbereichen her. Vielleicht tragen Melonen deshalb zu Träumen bei, weil sie harntreibend wirken und einen leichten Schlaf fördern, wodurch Sie dann leichter träumen können. Vielleicht haben Melonen aber auch eine natürliche Eigenschaft, die zur Traumerinnerung beiträgt. Jedenfalls scheinen Melonen manchen Menschen zu helfen, sich besser an ihre Träume zu erinnern. Aus Verdauungsgründen sollten Sie die Melonen von anderen Speisen getrennt essen. "Iß Melonen allein, oder laß Melonen sein" heißt das Sprichwort.

Vitamin B6 - Nehmen Sie kurz vor dem Zubettgehen eine Dosis Vitamin B6; dies wird nicht nur zu einem friedlichen Schlaf führen, sondern Ihnen auch helfen, sich an Ihre Träume zu erinnern.

Alkohol und Drogen - Alkohol und die meisten Drogen verhindern Träume. Wer regelmäßig 'berauscht' ins Bett geht, nimmt sich selbst einen friedlichen Schlaf, und somit auch Träume. Die alten Griechen, Meister in der Kunst der Traumdeutung, erklärten, jeder, der einen Traumtempel betrete, müsse drei Trage vorher abstinent gewesen sein. Wer stark unter Alkoholeinfluß stünde, würde nur schwierig reine Träume finden.

Mondwasser - Trinken Sie Mondwasser, das Sie draußen im Mondlicht haben stehen lassen. Sorgen Sie dafür, daß das Mondlicht direkt von oben auf das Wasser scheint, nicht durch das Glas hindurch. Trinken Sie das Mondwasser kurz vor dem Schlafengehen, es wird Ihre Träume bereichern.

8
TRAUMINKUBATION

Mutter Kranich äugt vorsichtig durch die Binsen, während die kalten kanadischen Winde über die See hinwegfegen und kabbelige Wellen erzeugen. Unter ihr liegen drei perfekt geformte Eier, warm und gut behütet, von der Mutter vor der Unbill der Elemente geschützt. Sonnenstrahlen stehlen sich durch eine dunkle Wolke, ein kühler Regen fällt hernieder ... die Eier sind sicher. Der Abend sinkt herab. Der Widerschein des Mondes bricht sich im Wasser, wieder und wieder, und immer noch ist er da. In der langen, dunklen Nacht werden die Eier ausgebrütet. Im schwachen Schimmer der Morgendämmerung nehmen die Geräusche des tropfenden Wassers zu, das an den Sumpfgräsern hinabläuft. Unter der Kranichmutter ... drei schwache und dennoch jubilierende Vögel.

So, wie die Kranichmutter ihre Eier ausbrütet, um die Jungen zu gebären, so können auch Sie ihre Träume ausbrüten. Sie können ihre Träume steuern, indem Sie bewußt eine Inkubation herbeiführen und die Saat, die in die Erde gelegt wurde, zum Reifen bringen. Heutzutage ist dieser Gedanke nichts Besonderes mehr. Wir raten jemandem, der sich 'festgefahren' hat, "die Sache zu überschlafen". Und wie durch ein Wunder ist am nächsten Morgen die lang ersehnte Antwort da.

Trauminkubation bedeutet, den Verlauf der Träume aus dem Wachzustand heraus bewußt zu steuern.
Ein Beispiel: Ein Problem, das während der Wachstunden aufgetreten ist, kann während des Schlafes gelöst werden, indem man sich bewußt entscheidet, diese Lösung zu finden.

Vielleicht haben Sie mit einem Ihrer Kinder Probleme, und Sie schlagen vor: "Träume, bitte gebt mir eine Information, mit der ich die Probleme mit meinem Sohn lösen kann." Oder: "Träume, was würde ein deutlicher Karriereschub für mich bedeuten?" Oder: "Träume, warum nehme ich so schwer ab, und was kann ich tun, damit ich in dieser Situation weiterkomme?" Oder: "Träume, ich habe mich in der letzten Zeit nicht gut gefühlt. Gibt es irgendeine Ernährungshilfe, mit der ich wieder fit werden kann?" Das alles sind Beispiele für Trauminkubation. Sie können sogar den Träumen der vergangenen Nacht Fragen stellen, um sie besser zu verstehen. "Träume, welche Bedeutung haben die Känguruhs im Traum der letzten Nacht?"

Wie schon erwähnt, gibt es den Ausdruck "eine Sache überschlafen". Manchmal reicht es schon, ein Problem beiseitezuschieben und eine Nacht lang gut zu schlafen, um die Lösung zu haben oder sie in einem Traum zu finden. Wenn Sie beginnen, mit Ihren Träumen zu kommunizieren, werden Sie auf viele Fragen des Lebens eine Antwort erhalten.

Beinahe jeder, der sich mit Träumen beschäftigt, macht die Erfahrung, daß wir dadurch mit den verborgenen Seiten unseres Selbst in Verbindung treten können, weil wir ein Wissen anzapfen, das weit größer ist als alles, dessen wir uns auf der Ebene des normalen Bewußtseins bewußt sind. Traumexperten sind sich allerdings nicht einig über die Bedeutung dieser Informationen. Manche glauben, sie stammen von Quellen außerhalb, also von unseren Geistführern oder Gott. Andere sind überzeugt, daß unser höheres Selbst der Ursprung ist. Wieder andere glauben, diese Träume seien ein Teil unserer seelischen Struktur (Verpackung), mit der wir während des normalen Wachbewußtseins nicht in Verbindung stehen. Bewiesen jedoch ist, daß wir durch Trauminkubation an Informationen gelangen, die uns während des Wachbewußtseins nicht zugänglich sind.

Unser Ziel, also das Ziel der Traum-Macher, ist es, diese nicht-physischen, nicht-materiellen Ausdrucksformen in Bilder zu verwandeln, die in unserem drei-dimensionalen, linearen Bewußtseins einen Sinn ergeben. Mit anderen Worten: Einen Traum zu schaffen, der einen möglichst klaren und verständlichen Sinn ergibt. Oder: Ein Traum, der den Wert der Trauminkubation beweist.

Man kann auch Träume erzeugen, um mögliche künftige Wahrscheinlichkeiten zu testen. Wenn man sich mögliche Schlußfolgerungen ausmalt, kann man künftige Aktionen untersuchen und die Folgen berechnen. Dadurch gelangt man zu einem Ergebnis, ohne im Wachbewußtsein, in der Realität, eine Idee tatsächlich zu Ende zu führen.

Wenn Sie Träume bewußt herbeirufen, kommt es oft zu tiefen Emotionen - im Traumstadium wie im Wachbewußtsein. Genießen Sie Ihre Emotionen, wie Sie eine Symphonie genießen würden. Seien Sie bereit, die volle Bandbreite Ihrer Emotionen zu erfahren. Lassen Sie Ihre Gefühle auf den Wogen der Gezeiten, den Wellenkämmen und -tälern, reiten. Atmen Sie tief ein und aus in der Erregung, mit der Sie dem Crescendo und Decrescendo Ihrer eigenen majestätischen Symphonie lauschen. Genießen Sie die Wut, streicheln Sie die Traurigkeit, kosten Sie die Langeweile. Zelebrieren sie jede Nuance und jede Variation. Genießen Sie alle Aspekte Ihrer Träume, auch Demütigung, Angst und Wut. Jedes Gefühl ist ein bedeutsamer Faden im Gespinst Ihres Lebens.

Man kann sogar Träume einfach nur durch die Freude an der Inkubation erzeugen, so, wie Sie einen Film, ein Video oder ihre Lieblings-Show im Fernsehen erleben. Erfinden Sie Träume, nur so aus Spaß! Sie brauchen sie nicht immer auf die Bedeutung für Ihr Leben untersuchen.

Wenn es in Ihrem Leben einen Erfahrungsbereich gibt, mit dem Sie sich näher beschäftigen, oder wenn Sie eine sensitive Wahrnehmung im bezug auf sich selbst erleben möchten, kann Trauminkubation sehr wertvoll sein. Hier ein paar Tips:

1. Wählen Sie einen Zeitpunkt, an dem Sie nicht zu müde sind. Sorgen Sie dafür, daß Sie am Morgen genügend Zeit zur Verfügung haben, um die Information, die Sie in der Nacht erhalten haben, zu verarbeiten. Und: Nehmen Sie vorher weder Drogen noch Alkohol zu sich.

2. Gibt es ein bestimmtes Problem, das Sie durch die Trauminkubation lösen möchten? Wenn ja, beginnen Sie, über dieses Problem nachzudenken. Erwägen Sie die bereits bekannten Lösungen, machen Sie sich mit den Gefühlen und Emotionen vertraut, die Sie im Zusammenhang mit diesem Problem verspüren. Machen Sie

sich bewußt, was Sie vielleicht loslassen müßten, wenn das Problem gelöst wäre. Fragen Sie sich:
“Bin ich bereit, dieses Problem lösen zu lassen?”
“Bin ich bereit, dieses Problem loszulassen?”
Überlegen Sie, wie anders das Leben aussehen wird, wenn das Problem gelöst ist. Sobald Sie das Problem aus der Sicht Ihrer Gefühle, Ihrer Gedanken, Ihres Verhaltens, vielleicht sogar Ihrer Körpergefühle beleuchtet haben, stellen Sie Ihrem Traumführer eine oder mehrer der folgenden Fragen. (Siehe Kapitel *Traumführer*).
“Lieber Traumführer, hilf mir, die Probleme, die ich mit diesen Menschen habe, zu verstehen. Zeig mir eine Lösung für dieses besondere Problem.”
Oder: “Hilf mir zu verstehen, warum ich Angst habe, vor vielen Menschen zu sprechen, und wie ich diese Angst überwinden kann.”
Oder: “Traumführer, bitte gib mir eine Idee für einen Zeitungsartikel.”

3. Legen Sie Ihr Traumjournal oder den Kassettenrecorder direkt an Ihr Bett. (Siehe Kapitel *Traumerinnerung*). Sorgen Sie dafür, daß Ihre Wirbelsäule gerade ist. Während Sie in einen tiefen Schlaf versinken, sollten Sie Ihre Bitte mehrere Male wiederholen: “Hilf mir, meine Angst vor der Dunkelheit zu verstehen”, etc..
Während Sie einschlafen, stellen Sie sich vor, daß Sie all Ihre Gedanken, Ängste und Verhaltensmuster loslassen, die Sie im Zusammenhang mit diesem Problem haben. Konzentrieren Sie sich nur auf Ihre Frage, und wiederholen Sie sie immer wieder. Sollten ablenkende Gedanken auftauchen, lassen Sie zu, daß sie in Ihr Bewußtsein eindringen, und lassen Sie sie dann gehen, indem Sie wieder zu Ihrer Frage zurückkehren. “Träume, helft mir, meine Angst vor dem Fliegen zu verstehen. Heute nacht lasse ich die Angst vor dem Fliegen los.” Halten Sie diesen Gedanken fest, bis Sie in den Schlaf gleiten.

4. Und jetzt schlafen Sie einfach ein. Inkubierte Träume tauchen gewöhnlich in derselben Nacht auf, in der sie erbeten werden, manchmal auch erst in der nächsten Nacht. Lassen Sie jede Information zu, ob sie einen Sinn ergibt oder nicht. Schreiben Sie jede Kleinigkeit unmittelbar nach dem Wachwerden auf. Warten Sie geduldig, bis Sie den Traum verstehen. Manchmal dauert es bis zum nächsten Tag, manchmal auch eine ganze Woche, bis Sie eine

Verbindung zwischen dem Traum und dem Problem, aus dem er entstanden ist, herstellen können. Aber: In diesem Traum liegt die Antwort auf das Problem oder das Dilemma, mit dem Sie sich auseinandersetzen. Selbst Inkubationsversuche, die Sie als Fehlschlag deuten, stellen sich sehr oft als wertvoll heraus. Machen Sie weiter ... Vertrauen Sie Ihrem Traumführer! Und vertrauen Sie darauf, daß es einen höheren Teil Ihres Selbst gibt, der dieses Problem bereits gelöst hat.

Trauminkubation ist oft auch ein sinnvolles Werkzeug für die Lösung von Beziehungsproblemen.
Alices Vater hat ihr ein Pferd geschenkt, und irgendwie scheint das Geschenk einen symbolischen Wert zu haben. Also hat sie einen Traum herbeigerufen, der ihr helfen soll zu verstehen, was das Pferd bedeutet. Der Traum enthüllte ein vergangenes Leben, in dem Alice mit ihrem jetzigen Vater zusammen war. (Siehe Kapitel *Erinnerungen an vergangene Leben*) In jenem vergangenen Leben hatte er sie verlassen, indem er auf einem Pferd davonritt. Alice wurde klar, daß das Pferd schmerzliches Verlassen für sie bedeutete. Als Ergebnis dieses Traums gelang es Alice auch, eine große Portion Wut, die sie immer gegen den Vater gehegt hatte, loszulassen und die Tür zu einer neuen, tieferen und liebevolleren Beziehung zu ihm aufzustoßen.
Inkubation kann auch dazu verwendet werden, eine Information, die Ihnen bisher nicht bekannt war, zu erhalten.
Ein Beispiel aus meinem Leben: Ich stand kurz vor einem Kurs über Geistererscheinungen. Es war für mich etwas Neues. Ich war die Woche zuvor unglaublich beschäftigt gewesen und hatte keine Zeit gefunden, mich auf den Workshop vorzubereiten. Eines Morgens tauchte in einem Traum das gesamte Seminar vor mir auf, und als ich wach wurde, sprang ich aus dem Bett und schrieb, noch ganz im Geschehen des Traumes gefangen, wie wild alle Einzelheiten auf. Die Informationen, die ich bekam, waren so umfangreich, daß ich sie in dem Tagesseminar nicht unterbringen konnte.

Die Idee der Trauminkubation stammt aus dem alten Griechenland, wo drei- bis vierhundert Tempel zu Ehren des Gottes Asklepios (Aesculap) gebaut und beinahe tausend Jahre aktiv genutzt wurden - vom Ende des 6. Jahrhunderts v. Chr. bis Ende des 5. Jahrhunderts n. Chr.

Träumer begaben sich damals zu einem heiligen Platz, dem Traumtempel, um dort zu schlafen und von einem Gott einen sinnvollen Traum zu erbitten. Man glaubte, an einem heiligen Ort zu schlafen und einen Gott anzurufen, würde dem Suchenden tiefgehende Antworten auf seine Fragen bescheren.

Wenn Sie heute an der heutigen Trauminkubation teilhaben möchten, brauchen Sie weder an einem heiligen Ort zu schlafen noch einen besonderen Gott anzurufen. Wenn ich jedoch meinen Schlafplatz als inneren Tempel verehre und den Geist anrufe, dann hilft mir dies sowohl bei der lebhaften Klarheit wie auch dem Inhalt meiner Trauminkubation. Suchen Sie sich also einen reizvollen Platz in der Natur, wie es früher üblich war, und schaffen Sie sich eine heilige Schlafkammer. Vielleicht möchten Sie auch ein Mondritual abhalten (Siehe Kapitel *Mondin*). Nachdem Sie Ihre eigene Form des Rituals und der Reinigung gefunden haben, rufen Sie den Großen Geist, Gott oder Ihren Traumführer an, daß er Sie durch die nächtlichen Stunden begleiten möge, und bitten Sie ihn um den Traum, den Sie sich wünschen. Die alten Inder, Chinesen, Japaner, Ägypter, Hebräer und Mohammedaner haben Trauminkubation in der Natur an Orten von besonderer Schönheit praktiziert.

Bei der Trauminkubation stelle man sich vor, daß alle Traumerwartungen bereits erfüllt sind. Früher nahm der Träumer an Reinigungsriten, Opfern, Ritualen und Zeremonien teil. Sie können denselben Effekt erzielen, wenn Sie, während Sie Ihren Traum schaffen, eine klare Absicht haben. Die Art, wie Sie die Worte ihrer Trauminkubation formulieren, ist sehr wichtig. Statt: "Ich hoffe, heute nacht werde ich verstehen, warum meine Beziehung zu meiner Tante so problembeladen ist" sagen Sie: "Heute nacht verstehe ich die Beziehung zu meiner Tante."

Ihre Träume werden klar auf Ihren Wunsch eingehen.

9
LUZIDES TRÄUMEN

Ist es ihnen schon einmal während eines Traumes plötzlich bewußt geworden, daß Sie träumten? Dann hatten Sie einen luziden Traum. Vielleicht hatten Sie einen schrecklichen Traum und dachten plötzlich: "Heh, es ist alles in Ordnung, das ist nur ein Traum!" Wenn der Träumer merkt, daß ein Teil des Traumes nur ein Traum ist, nennt man dies 'präluzides Träumen'. Von einem völlig luzidem Traum spricht man dann, wenn der Träumer endgültig merkt, daß er träumt. Diese Träume scheinen realer und lebhafter zu sein als die normale Realität des Wachzustands. Auch die Sinneswahrnehmungen - hören, sehen, schmecken, riechen - scheinen intensiver zu sein.

Obwohl das luzide Träumen in den letzten Jahren in der metaphysischen Szene viel Beachtung gefunden hat, ist es letzthin nichts Neues. In östlichen Kulturen war luzides Träumen schon immer ein esoterisches Element spiritueller Praktiken wie Taoismus, Buddhismus und Hinduismus.

Die tibetischen Buddhisten haben die Praxis des luziden Träumens zu einer wahren Kunstform entwickelt. Sie glauben, daß Träumen eine Möglichkeit ist, sich tiefer mit der eigenen Seele zu verbinden. Wenn wir träumen erfahren wir die Beschaffenheit der Essenz unserer Seele. Sterben wir während des Träumens, findet nur eine Fortsetzung des Traumes statt. Der alte Text *Das Tibetische Totenbuch* gibt Hinweise darauf, wie man durch die verschiedenen Traumdimensionen zum Tod reisen kann. Man nennt diese Dimensionen Bardo-Stadien. Wem es nicht gelingt, durch den Bardo zu gelangen, muß noch einmal inkarnieren. Gelingt es jedoch, sich durch diese Traumstadien erfolgreich hindurchzulavieren, wird man zu Gott und der völligen Einheit zurückkehren. Für einen tibetischen Buddhisten ist luzides Träumen also von größter Wichtigkeit. Es ist eine Möglichkeit, sich von dem, was die 'Welt des Leids' genannt wird, zu befreien.

Luzides Träumen ist etwas Wertvolles. Wenn Menschen zum ersten Mal diese Erfahrung machen, erweitert sich die Wahrheit darüber, wer sie wirklich sind, sowie ihre persönliche Realität. Sie fühlen sich erfüllter, so, als wenn man einen köstlichen tiefen Atemzug nimmt, und dieses Gefühl beginnt, andere Aspekte in Ihrem Leben zu beeinflussen. Persönliche Begrenzungen beginnen sich aufzulösen, und man hat das Gefühl, sein persönliches Schicksal besser in der Hand zu haben. Intuition und Vorstellungskraft während der Wachstunden sind deutlich erhöht.

Eines der Ziele des luziden Träumens ist, Ihr Wachbewußtsein in Ihre Träume und Ihr Traumbewußtsein ins Wachbewußtsein ohne das Gefühl einer Grenze zu übertragen. Sinn dieser Kontinuität des Bewußtseins ist die Erkenntnis, daß die Welt des Wachbewußtseins auch ein selbstgeschaffener Traum ist. Wenn Sie mit luziden Träumen arbeiten, sollten Sie die folgende Affirmation fest im Kopf haben:

“Alles, was ich sehe, kann ich träumen. Alles, was ich träume, kann ich sehen. Ich bin mir all meiner Träume bewußt.”

Luzides Träumen kann als spiritueller Entwicklungsprozeß angesehen werden, ein Schritt dahin, sich daran zu erinnern, wer Sie sind und was Ihr wahres Schicksal ist. Ein arabischer Mystiker hat einmal gesagt: “Ein Mensch sollte seine Gedanken im Traum kontrollieren. Das Üben dieser Wachsamkeit ... führt zu großen Vorteilen für den Menschen. Jeder sollte sich bemühen, diese Fähigkeit zu erlernen.”

Kultivieren Sie die Fähigkeit des luziden Träumens so, wie Sie es mit jeder anderen tun würden. Die Fähigkeit des luziden Träumens kann entwickelt und in die Praxis umgesetzt werden, wie Schreibmaschine schreiben, schwimmen oder malen. Zuerst ist eine gewisse Disziplin erforderlich, aber es wird immer leichter, und schließlich kann man es ohne besondere Anstrengung.

1. Techniken des luziden Träumens:

Wenn Sie schlafen gehen, sagen sie: “Heute nacht bin ich mir voll bewußt, daß ich träume.” Verwenden Sie die Techniken aus dem Kapitel *Traumerinnerung*, um sich an Ihre Träume zu erinnern, und während Sie sich nachts an einen Traum erinnern, sagen Sie, wenn Sie wieder in den Schlaf sinken: “In meinem nächsten Traum erinnere ich mich daran, daß ich träume.” Manchmal hilft es, wenn Sie während des Einschlafens den Satz “Ich träume, ... ich träume, ... ich träume”, wiederholen, um luzide Träume herbeizurufen. Wenn

Sie sich bewußt dafür entscheiden, luzid zu träumen, wenn Sie wachsam und hartnäckig bleiben, und dies über eine Reihe von Wochen, dann wird es geschehen.

2. Anwendung:
Wenn es Ihnen während des Träumens gelingt zu erkennen, daß Sie träumen, sollten Sie die Umstände Ihres Traumes ändern. Wählen Sie bewußt eine bestimmte Handlung. Beginnen Sie mit einer einfachen Übung. Der mexikanische Mystiker Don Juan riet Carlos Castaneda, während des Träumens zu versuchen, auf seine Hände zu schauen. Andere einfache Traumhandlungen könnten sein, eine Blume zu pflücken, die Arme gen Himmel zu strecken oder einen Baum zu umarmen. Werden Sie der Held oder die Heldin Ihrer Träume! Sie brauchen Ihre Visualisierung nicht unbedingt zu erzwingen, seien Sie einfach ganz bewußt in Ihrem Traum.

Der Psychologe Stephen LaBerge von der Stanford Universität, ein Verfechter luziden Träumens, hat Sensoren entwickelt, die die Augenbewegungen während lebhafter Träumens registrieren. Ein pulsierendes, rotes Licht wird aktiviert und dient dem Träumer als Signal, sich daran zu erinnern, daß er träumt. Obwohl konventionelle Schlaf- und Traumforscher im Hinblick auf diese kontroverse Technik skeptisch sein mögen, zeigt sie wieder einmal, wie groß das Interesse an einem tieferen Verstehen unseres träumenden Selbst ist.

10
WACHTRÄUMEN

“Wachträumen” ist ähnlich wie Tagträumen, mit einer zusätzlichen Dimension... Es ist Tagträumen mit Disziplin und eine Möglichkeit, Zugang zur mystischen Welt der Träume über Ihr Wachbewußtsein zu erlangen. Während Sie tiefer in die inneren Bereiche gleiten, beginnt sich die Welt der Träume allmählich mit der Welt des Alltags zu vermischen. So, wie Sie Ihr Wachleben durch Ihre Träume in den Nachtstunden verändern, können Sie auch in Ihren Wachstunden die Wachtraumtechniken des Tages als Mittel verwenden, Ihr Wachleben positiv zu beeinflussen.

In einem Interview enthüllte der Autor Richard Bach den Vorgang, den er beim Schreiben des magischen Buches *Die Möwe Jonathan* durchgemacht hatte. Bach beschrieb, er sei zwar wach, aber dennoch in einer Art Traumzustand gewesen, in dem er ein lebhaftes Bild einer kleinen Seemöwe sah, die im Sonnenlicht flog. Der blitzartige Einfall nahm sofort Form an, die Vision erweiterte sich zu wundervollen Bildern und den Worten des Textes.

Bach bezog sich auf die Fähigkeit, im Wachzustand zu träumen, die ich 'Wachträumen' nenne. Für diesen Vorgang sollten Sie sich zuerst völlig entspannen. Lassen Sie Ihre Alltagsgedanken vorbeiziehen. Während Sie dies tun, werden Ihr Geist und Körper frei und alle Spannung löst sich. Dann stellen Sie sich einen Traum vor, irgendeinen Traum, und lassen Sie ihn so unvoreingenommen zu, wie Sie jeden andere Traum während des Schlafens zulassen.

Beginnen Sie mit einem kurzen Traum von etwa einer Minute. Dann schreiben Sie den Inhalt genau auf. Das ist besonders dann sinnvoll, wenn es Ihnen noch nicht gelingt, sich an Ihre nächtlichen Träume zu erinnern. Indem Sie während der Stunden des Tages träumen, können Sie sich mit der Welt der Träume vertraut machen.

Ein anderer Vorteil des Wachträumens ist es, daß es den Umgang mit schwierigen Wach-Szenarien erleichtert. Sie können einen Traum erzeugen oder ihn sich vorstellen, indem Sie etwa sagen "Ich werde jetzt einen Traum schaffen, der mit der Situation X oder Schwierigkeit Y zu tun hat." Während Sie diesen Traum erzeugen, erlauben Sie Ihrem Geist, frei herumzuwandern. Nehmen Sie sorgfältig die Symbole und Gefühle wahr, die hochkommen. Dies wird Ihnen helfen, ihre belastenden Probleme zu lösen. (Siehe Kapitel *Traumbedeutung*).

Nehmen wir einmal hypothetisch an, daß Sie wegen einer Verletzung oder Erkrankung große Schmerzen am Ellbogen haben. Also stellen Sie sich einen Traum vor, in dem Sie durch einen Dschungel klettern. Sie sind völlig verstört, weil Ihnen ein riesiger, schwarzer Panther auf den Fersen ist. Sie springen nach vorn in den Schutz des dichten Gebüsches, und während Sie aufblicken, schauen Sie in die goldenen Augen des Panthers! Im Bruchteil einer Sekunde springt der Panther auf Sie herab und verbeißt sich in Ihren Ellenbogen. Sie hören, wie der zarte Knochen bricht, und ein entsetzlicher Schmerz rast durch Ihren Körper. Sie werden sich eines überwältigenden Gefühls der Angst und Verlassenheit bewußt, das Ihr ganzes Sein erfüllt. Sie fühlen sich ganz allein, niemand ist da, um Ihnen zu helfen. Es gibt niemanden, den Sie um Hilfe rufen können. Niemand!

Um diesen Wachtraum zu betrachten, sollten Sie alle Einzelheiten niederschreiben und die verschiedenen Aspekte anschauen.
Sie sind in einem Dschungel. Der Dschungel mag für Ihre Ur-Instinkte, Ihr ursprüngliches Selbst stehen.
Der Panther verfolgt Sie. Was bedeutet der Panther? Vielleicht symbolisiert er das Unbewußte, die dunkle Seite Ihres Selbst oder Ihren Schatten. Sie haben Angst, ihrem Schatten zu begegnen, der ursprünglichen Spiegelung Ihres Selbst. Während sich die Zähne des Panthers in Ihren Ellbogen graben, ist Ihr Ellbogen wie tot, und Sie scheinen unfähig zu sein, sich zu bewegen. Vielleicht zeigt Ihnen Ihr Wachtraum die Angst vor dem ursprünglichen Teil Ihres Selbst, der Sie daran hindert, im Leben voranzukommen. Vielleicht fühlen Sie sich aufgrund dieser Angst im Leben eingeschränkt. Während Sie sich um ihren Ellbogen kümmern, sind Sie mit einem schrecklichen Gefühl der Einsamkeit erfüllt, weil Ihnen niemand zu Hilfe kommt. Während Sie allmählich die verborgenen Ursachen Ihres Wachtraumes erkennen, verspüren Sie möglicherweise ein Gefühl der Erleichterung. Wenn Sie ihren Wachtraum genauer untersuchen und die Symbolik verstehen, entdecken Sie vielleicht, daß die Furcht im Traum Ihre Angst darstellt, sich in Bereiche hinauszuwagen, die unbekannt sind. Während Sie nun beginnen, den Glauben an sich selbst zu festigen und zu verstärken, indem Sie Sätze wiederholen wie: “Ich kann leicht und ohne jegliche Anstrengung unbekannte Bereiche betreten,” stellen Sie vielleicht fest, daß Ihr Ellenbogen größere Bewegungsfreiheit hat.
Wachträumen ist die mächtigste und sinnvollste Traumtechnik, die ich kenne. Sie ermöglicht es mir, bis in den Kern einer jeglichen Schwierigkeit vorzustoßen und schnell eine sinnvolle Lösung zu finden.

TRAUMARBEITER

Intuitionen sind Träume, deren man sich erinnert.

Walter Rathenau

11
‘SEH‘ - TRÄUME

Ich rannte am Strand entlang, Kieselsteine schnitten mir in die Füße und Tränen rannen mir übers Gesicht, während der Wind an meinen Kleidern zerrte. Ein fernes Gewitter markierte den Himmel mit gezackten Schrammen durch weinende Wolken. Schließlich stürzte ich zu Boden, während Schluchzer aus Angst und Wut meinen Körper durchschüttelten. Wie um den Tumult zu stoppen, klammerte ich mich an einen kalten, scharfen Felsen und ließ den Druck immer stärker werden, bis sich die kantige Oberfläche in meine Hand grub. Mit jedem Einatmen wollte ich sterben. Betrogen... Man hatte mich betrogen! Wenn mich doch nur der Tod auf seine feierlichen, dunklen Schwingen nehmen würde.
Ich weinte, bis es in mir keine Tränen mehr gab. Leer, völlig ausgebrannt, stand ich auf und ging nach Hause. Als ich im Bett lag, durchzog mich ein dichter Nebel äußerster Einsamkeit. Nie zuvor hatte ich mich so allein gefühlt. Schließlich ließ der Spannungsdruck nach, und widerstrebend fiel ich in einen unruhigen Schlaf.

Verschwommene, dunkle Schatten ziehen durch meine Träume und verschwinden wieder... heimatlose Geister, zielloses Wandern ... für immer in den Abgründen der Nacht gefangen. Weit hinten sehe ich ein strahlendes Licht. Während ich zu seinem sanften Glanz hingezogen werde, zerren in Leichentücher gehüllte, formlose Gestalten an meinen Armen. Mich von ihrem knochigen Griff freimachend, gleite ich behutsam zu dem Licht, sind seine Strahlen doch eine willkommende Erleichterung für mein wundes Herz. Das Gesicht oder die Form gleitet aus meiner Erinnerung, aber mein Bewußtsein hält immer noch das Gefühl fest... und eine Stimme: “Nie wieder wirst du weinen. Du hast die zweite Grenze überschritten. Nie wieder wirst du diesen Weg gehen müssen. Ich bin bei dir... Ich bin bei dir... Ich bei dir.” Der Klang der Stimme hallt wie ein Echo in mir wider, mit einer Stärke und Kraft, wie die geballte Energie eines nahenden Sturms.

Langsam verschwand das Bild, und ich fiel in einen tiefen, kühlen Schlaf, um völlig erfrischt wieder aufzuwachen. Der nächtliche

Sturm hatte den Himmel blank gefegt und goldenes Sonnenlicht stahl sich durch mein Schlafzimmerfenster. Ich reckte und streckte mich, um das Licht zu berühren ... seine flüssige Wärme streichelte zärtlich meine Finger. Ich fühlte mich wie neu geboren. Etwas hatte sich in dieser Nacht verändert. Meine Furcht hatte sich aufgelöst, und nur das Bewußtsein "Ein neuer Tag beginnt" war da. In den mitternächtlichen Stunden war etwas Mystisches geschehen. Jemand oder etwas war gekommen und hatte meine wunde Seele geheilt. An einem Kreuzpunkt meines Lebens war ein Besucher, mir kaum vertraut, aufgetaucht und hatte mir den Weg gewiesen... und nun war alles anders.

Die meisten Menschen können zumindest von einem Traum berichten, der ihnen ein neues Verständnis für das Leben gebracht oder ihnen in einer besonders wichtigen Phase des Lebens geholfen hat. Diese Träume treten jenseits der normalen Grenzen auf, die die meisten Traumanalytiker setzen, und sind gigantische Zeichen alter Weisheit und tiefer Magie. So, wie die prophetischen oder visionären Träume der Alten, aus der sprudelnden Quelle tief im Innern, wo Gott wohnt. Dies sind keine Träume, die man herbeirufen oder befehlen muß, sondern solche, die uns in Zeiten der Not erreichen. Sie bringen uns Sicherheit und Führung durch die "dunkle Nacht der Seele". Die Voraussetzung, den Pfad zu finden, der uns zu Vision und Prophezeiung bringt, ist ein offenes Herz, die Bereitschaft zu fragen... und zuzuhören.

Visionäre Träume unterscheiden sich von präkognitiven Träumen. Ein präkognitiver Traum erlaubt es Ihnen, einen Blick in die Zukunft zu erhaschen, wobei Traumforscher sogar zugeben, daß Warnträume etwas völlig Normales sind. Selbst Freud berichtete davon.

Ein präkognitiver Traum in allen Einzelheiten ist in der Geschichte von Clinton H. Elliot dokumentiert:

In die Mitte der fünfziger Jahre zurückversetzt, träumte Elliot, seine Schwester würde in sechs Wochen sterben, was tatsächlich der Fall war. Daran war nicht unbedingt etwas Besonderes, ausgenommen die Tatsache, daß er träumte, auch er würde bald sterben. Als er diese Botschaft bekam, informierte er seine Familie und Freunde und begann, seine Angelegenheiten in Ordnung zu bringen. Ruhig und gelassen machte er Pläne für seine Familie, für die Zeit, wenn er nicht mehr da sein würde. Er sagte seiner Frau sogar, wie er seine Beerdigung haben wollte. Im Alter von 66 Jahren ist

Sterben leicht möglich, ausgenommen, wenn jemand bemerkenswert gesund ist. Er sprach von seinem bevorstehenden Tod mit seinen Freunden und mit seinen Kollegen, mit denen er am Bau des Tunnels beschäftigt war, der unter dem Hafen von Boston hindurchführte. Man hätte meinen können, sein Glaube an seinen bevorstehenden Tod würde zu einem langsamen Dahinschwinden führen; das war jedoch nicht der Fall. Elliot starb bei einem Unfall - einem sehr eigenartigen Unfall. Er stand an seinem Arbeitsplatz und diskutierte mit den anderen Arbeitern, die, man muß es kaum erwähnen, ein wenig skeptisch waren, über seinen künftigen Tod. Als Elliot die Baustelle verließ, riß sich ein riesiger Kran los, der von den Sicherheitsingenieuren noch vor einer Stunde durchgecheckt worden war, stürzte in sich zusammen und begrub Elliot unter den Stahltrossen. Er war sofort tot. Es war eine völlig unvorhersehbarer Unfall - für alle außer Elliot. Er hatte seinen Tod geträumt.

Obwohl beinahe alle Träume vom Tod auf eine seelische Loslösung oder das Absterben alter Anschauungen und nicht den tatsächlichen physischen Tod hinweisen, war Elliot in diesem Fall in der Lage, durch seine Träume die Zukunft zu sehen. Träume mit prophetischer Bedeutung können oft zu historischen Folgen führen.

Der Herzog von Wellington wurde durch einen Traum, in dem er die Alhambra in Spanien verfallen sah, dazu inspiriert, den wunderbaren, maurischen Palast zu restaurieren. Der amerikanische Präsident Roosevelt erklärte, Washington D.C. brauche einen neuen Flughafen. Er habe einen schlimmen Traum von einem Unfall aufgrund des desolaten Zustands des jetzigen Flughafen gehabt.

Cornelia, die Frau Cäsars, hatte einen Warntraum vom Tod ihres Mannes und versuchte, seine Teilnahme am fatalen Treffen des römischen Senats zu verhindern.

Oft gibt uns unser persönlicher Führer im Traum eine bestimmte Information. Es gibt jedoch auch Führer, die Informationen ausstreuen und, statt mit einem einzelnen zu arbeiten, ähnlich arbeiten wie eine Satellitenstation. Taucht eine Idee auf, für die die Zeit reif ist, beginnen diese Führer, jene Information zu verbreiten. Menschen, die ihre psychische Antenne auf diese Station ausgerichtet haben, empfangen die Information. Das ist der Grund, warum Erfindungen oder Entdeckungen in mehreren, voneinander unabhängigen Teilen der Welt zur gleichen Zeit vorkommen, oft innerhalb weniger Tage. Im Schlaf ist der Geist des Menschen weniger

defensiv und offener gegenüber Informationen, die von den psychischen Bereichen großzügig verbreitet werden. Daher sind viele Entdeckungen "zufällig" während des Schlafes geschehen.
Oft sind Träume auch ein Medium für Verstorbene, über das sie mit uns Kontakt aufnehmen können. In unseren Träumen scheinen wir sie leichter zu hören. Normalerweise ist ein solcher Kontakt mehr zu unserem als zu ihrem Nutzen. Meistens handelt es sich um etwas, was im Zusammenhang mit diesem Menschen noch nicht abgeschlossen ist oder etwas, was wir diesem Menschen noch zu sagen haben und was uns im Leben blockiert. Oft beseitigt der Traum-Besuch diese Blockaden. Es gibt jedoch auch Botschaften oder Warnungen, die unsere Lieben uns zukommen lassen möchten. Aber bitte denken Sie daran: die Tatsache, daß jemand gestorben ist, bedeutet nicht unbedingt, daß er an Weisheit zugenommen hat. Wenn jemand zu Lebzeiten ein "falscher Fuffziger" war, dann wird er es wahrscheinlich auch noch als Toter sein. Selbst wenn Sie also im Traum einen echten Besuch von jemandem haben, der tot ist und den Sie kennen, vergessen Sie nicht, seinen Rat mit Ihrem gesunden Menschenverstand abzuwägen.
Wenn Sie ein Problem mit einem Verstorbenen lösen möchten oder seinen Trost oder seine Unterstützung brauchen, "rufen" Sie ihn, kurz bevor Sie in den Schlaf sinken. Auf diese Weise berühren Sie sein Wesen. Lassen Sie die Verbindung, die Sie mit ihm hatten, als er lebte, noch einmal zu. Ehe Sie zu Bett gehen, halten Sie sein Wesen fest und bitten Sie es, in der Nacht zu Ihnen zu kommen. Es kann eine Möglichkeit sein, die Einsamkeit zu ertragen, wenn ein geliebter Mensch gegangen ist.

Einige Menschen berichten über erstaunliche Begegnungen mit Außerirdischen während des Schlafes. Da sich die Schwingungsintensität unseres Planeten erhöht, wird die Anzahl der Ufo-Sichtungen dramatisch zunehmen. Schon jetzt beschäftigen sich viele Bestseller und hochkarätige Filme mit diesem Thema. Entweder sind wir für die Kontaktversuche der Außerirdischen aufnahmebereiter, oder sie werden hartnäckiger. Das Ufo-Phänomen wird uns jedenfalls erhalten bleiben und in unserem Leben immer mehr Raum einnehmen - und damit auch in unseren Träumen. Größtenteils sind es Wesen, die uns wohlgesinnt sind und wertvollen Rat und Hilfe anbieten. Aber bitte bedenken Sie: Nur, weil jemand von einem anderen Planeten kommt, muß er nicht unbedingt wissen, was für Sie gut ist. Vielleicht kommt die Hilfe mit liebevoll verpackten Botschaften, aber sorgen Sie dafür, daß Sie zuerst und vor allem Ihrer eigenen inneren Stimme folgen.

Es gibt einige besondere Methoden, mit denen Sie ihre Fähigkeit, sensitive Träume zu haben, erhöhen können. Der erste Schritt ist die Inkubation Ihrer Träume. (Siehe Kapitel *Trauminkubation*). Mit anderen Worten: Entscheiden Sie, welchen Bereich des Übersinnlichen Sie untersuchen wollen, und dann programmieren Sie sich vor dem Zubettgehen entsprechend. Sie können eine Kommunikation mit Außerirdischen steuern oder zu einer anderen "Dimension" auf Reisen gehen. Andere Dimensionen sind gleichzeitig existierende Universen, zu denen wir Zugang erhalten, indem wir am Suchlauf unseres Realitätsradios drehen. (Ein interessanter Aspekt der Reisen in andere Dimensionen ist die Ähnlichkeit der Berichte jener, die in ihren Traumstadien diese anderen Dimensionen bereits besuchen. Selbst Menschen, die in verschiedenen Ländern leben, berichten immer wieder von denselben Erlebnissen in anderen Dimensionen). Sie können auch Träume schaffen, in denen vergangene Leben eine Rolle spielen. Sie können Astralreisen unternehmen oder das Reich der Elfen, Feen, Gnome und Engel betreten.

Ob diese "wirklich" sind oder das Phantasieprodukt eines kollektiven, mythologischen Bewußtseins, spielt keine Rolle.
Wichtig ist die Erfahrung, die <u>Sie</u> in der Nacht gemacht haben. Fragen Sie sich also:

1. Sind die nächtlichen Botschaften wertvoll?
2. Sind sie in Ihrem Wachleben hilfreich?
3. Erweitern sie Ihren inneren Horizont?

Vielleicht meinte Einstein diese Erweiterung, als er sagte:
"Ein menschliches Wesen ist ein Teil des Ganzen, das wir das 'Universum' nennen, ein Teil, der in Raum und Zeit begrenzt ist. Wir erleben uns, unsere Gedanken, unsere Gefühle als etwas, was vom Rest getrennt ist, eine Art optische Täuschung unseres Bewußtseins. Diese Täuschung ist für uns eine Art Gefängnis. Indem wir uns auf unsere persönlichen Wünsche und das Gefühl für einige wenige Menschen in unserer Nähe beschränken... ist es vielleicht unsere Aufgabe, uns aus diesem Gefängnis zu befreien, indem wir den

Kreis der Zuneigung erweitern und alle Lebewesen und die ganze Natur in ihrer unendlichen und ewigen Schönheit umarmen."
Ich werde oft gefragt, woher ich weiß, ob ein Traum präkognitiv ist oder dem seelischen Ausbalancieren innerer Bereiche dient. Bei dieser Entscheidung haben mir die folgenden Kriterien sehr geholfen:

1. Der Traum ist farbig oder die Farben sind ungewöhnlich lebhaft. Ein präkognitiver Traum muß nicht immer farbig sein, aber Farbe kann einer von mehreren darauf hindeutenden Faktoren sein.

2. Sie erhalten die Botschaft im Traum auf drei verschiedene Weisen. Die Botschaft zeigt sich in drei unterschiedlichen Formen innerhalb eines Traums.

3. Normalerweise taucht im Traum ein runder oder kreisförmiger Gegenstand auf, also ein Ball, eine runde Platte, ein kreisförmiger Spiegel, etc.

Wenn ein Traum, der scheinbar präkognitiv ist, alle drei Kriterien erfüllt, können Sie sicher sein, daß es sich um einen Zukunftstraum handelt. Manchmal bekommen Sie einen präkognitiven Traum mit allen Kriterien, und dennoch deuten Sie ihn falsch.
Der folgende Brief ist ein Beispiel dafür:

"Liebe Denise,
ich glaube, der folgende Traum war ein prophetischer. Ich habe Ihre Methode der Traumdeutung benutzt, um diesen Traum zu untersuchen, und alle drei Anforderungen eines prophetischen Traums gefunden.

1. Es gab drei Abschnitte.
2. Er war in äußerst lebhaften Farben.
3. Er enthielt einen besonderen Gegenstand, der rund war.

Einige Wochen vor diesen Traum führte ich ein Gespräch wegen eines anderen Jobs innerhalb meiner Firma und wartete auf die weitere Entwicklung. Hier der Traum:

Als erstes träumte mir, ich würde eine Nachricht bezüglich des Jobs bekommen. Ich war sehr aufgeregt. Dann war da plötzlich eine Veränderung. Im zweiten Teil des Traums war ich in einem Büro. Dort sprachen einige Männer, meine neuen Chefs, miteinander. Ich schaute nach unten und bemerkte, daß ich eine scheußliche, lange Hose trug. Sie war unten weit ausladend und hatte grüne, schwarze und weiße Streifen. Ich war höchst verlegen und versuchte, mich möglichst unauffällig zu verhalten. Ich wollte in eine andere Hose schlüpfen, ohne daß die Männer es sahen. Im dritten Teil des Traums befand ich mich in einer großen Sporthalle. Ein riesiges Blatt Papier bedeckte den gesamten Boden. Es war mein neuer Job, das Papier zu verschiedenen Figuren zu falten, wie Origami, die japanische Kunst des Papierfaltens. Meine Kollegen und ich erfanden beim Falten verschiedene Formen. Eine von ihnen war ein riesiger, runder Haken oder ein Ring.

Ich wachte durch das Klingeln des Telefons auf. Es war meine Mutter, die mir mitteilte, daß mich das Büro zu einem zweiten Gespräch einlud. Sie hatte wiederholt angerufen, aber ich hatte das Telefon nicht gehört.
Als ich zu dem Gespräch fuhr, dachte ich, es ginge nur noch um Detailfragen. Ich war sicher, den Job zu bekommen, weil es so eindeutig war, daß ich einen prophetischen Traum hatte, in dem ich einen neuen Job bekam. Das Gespräch war schwierig. Der Mann fragte mich technische Dinge, die ich nicht beantworten konnte, und er schnitt mir jedesmal, wenn ich versuchte, etwas über mich zu sagen, das Wort ab. Ich weiß noch, daß ich die ganze Zeit höchst verwirrt war. Eine Woche später stellte sich heraus, daß ich den Job nicht bekommen hatte. Als ich die Nachricht erhielt, dachte ich, es sei doch kein rein prophetischer Traum gewesen, aber später wurde mir klar, daß ich ihn nur nicht richtig gedeutet hatte.
Im ersten Teil des Traums bekam ich eine Botschaft zu einem Job. Das geschah auch in der Realität; ich erhielt die Einladung zu dem zweiten Gespräch. Im zweiten Teil des Traums fühlte ich mich am falschen Platz und gehemmt; genau so habe ich mich bei dem Gespräch gefühlt, weil ich die technischen Fragen, die mir mein Gegenüber stellte, nicht beantworten konnte. Der Teil mit dem Papierfalten war noch seltsamer, aber auch dieser Teil war prophetisch. Meine Suche nach einer anderen Position ist eine große, verwickelte Aufgabe. In meinem Kopf bewege ich eine Möglichkeit

nach der anderen hin und her, schiebe sie beiseite und setze sie auf verschiedene Art neu zusammen - symbolisiert durch mein Falten und Entfalten des Papiers.
Aus diesem Traum habe ich gelernt, daß die oberflächliche Interpretation nicht immer richtig sein muß, wenn ich gefühlsmäßig zu sehr an der Deutung hänge. Ich war wegen des Gesprächs so aufgeregt, daß ich mich auf Mutmaßungen eingelassen und mir nicht die Zeit genommen habe, auf meine Gefühle zu hören oder den Traum gründlich zu untersuchen. Ich glaube, das ist für Sie interessant."

Alles Liebe Karl

Die Art und Weise, wie der Briefschreiber aus seinem Traum gelernt hat, einschließlich der Erkenntnis, daß er versuchte, den Traum seinen Wünschen und Erwartungen anzupassen anstatt anzuschauen, was der Traum ihm zu sagen versuchte, ohne etwas hinzuzufügen, war eine wertvolle Lektion.
Träume mit einem Blick in die Zukunft werden Ihnen ermöglichen, Ihre inneren Bereiche zu erweitern, und während Sie dies tun, werden sich auch Ihre äußeren Begrenzungen weiten.

12
ERINNERUNG AN FRÜHERE LEBEN

Vor der Küste Venedigs zog die Gondel majestätisch durch die Wasser der sanft plätschernden Adria. Der Gondoliere schmätterte klangvolle Arien, während wir sanft von einer Insel zur anderen glitten. Eine der Inseln schien im entfernten Dunst mehr zu glitzern als die anderen. Als ich meinen freundlichen Sänger auf diese aufmerksam machte, stupste er die Gondel sanft in jene Richtung. Dieses verführerische Kleinod in der See schien mir geheimnisvoll zuzuwinken. Mit Handzeichen machte ich dem Ruderer klar, daß ich aussteigen und auf Entdeckungsreise gehen wollte.
Als ich ans Ufer kletterte, huschte ein kahlköpfiger, rundlicher Franziskaner-Mönch herbei, um uns zu begrüßen. Er sprach ein paar Brocken Englisch und bot mir an, mich auf der Insel herumzuführen, die aus dem Franziskaner-Kloster und seinen Ländereien

bestand. Als ich seiner fröhlichen Gestalt folgte, durchströmte mich ein Gefühl des *Déjà vu*. Ich fühlte mich so geborgen auf dieser kleinen Insel - wie zu Hause. Ich hatte das Gefühl, genau zu wissen, was hinter jeder Ecke lag, bevor wir sie erreichten. Bilder und vergessene Erinnerungen huschten durch mein Bewußtsein. Wie war es möglich, daß mir alles so vertraut war? Nie zuvor hatte ich von dieser Insel gehört. Als wir wieder um eine Ecke bogen, sah ich eine Szene, die sich sehr unterschied von der, an die ich mich "erinnerte". Ohne mich bremsen zu können, stieß ich hervor: "Oh, das ist neu!" Mir einen erstaunten Blick zuwerfend, antwortete der Mönch: "Es ist neu in bezug auf die ursprüngliche Struktur... aber eigentlich ist es mehr als sechshundert Jahre alt." Zu meinem Erstaunen stiegen vergrabene Erinnerungen herauf, vor über sechshundert Jahren als Mönch auf dieser schönen Insel gelebt zu haben. So begann meine Reise in die Vergangenheit.

Haben Sie jemals das unheimliche Erlebnis gehabt, in einer fremden Stadt zu sein, in der Ihnen alles vertraut war, unbeschreiblich vertraut? Oder haben sie schon einmal einem bestimmten Musikstück gelauscht und waren plötzlich in einer anderen Zeit und an einem anderen Ort? Vielleicht sind Sie einem Fremden begegnet und spürten sofort ein Gefühl des Vertrautseins, das Sie nicht verstehen konnten, oder Sie haben jemanden kennengelernt und ihn vom ersten Augenblick an abgelehnt. Oder hatten Sie einen Traum, in dem Sie an einem fremden Ort waren oder in fremden Kleidern steckten und dennoch ein unglaubliches Gefühl des Vertrautseins spürten? Vielleicht wurden Sie an einen Menschen oder an einen Ort aus Ihrer längst vergessenen Kindheit erinnert oder haben dort früher gelebt? Waren Sie in jener fremden Stadt in einer anderen Zeit in einem anderen Körper? Ist es möglich, daß Sie jenen Fremden in einem anderen Leben... in einer anderen Inkarnation kannten? Ist dieser Traum ein Schlüssel zu Ihren vergangenen Leben?

Der Begriff der Reinkarnation existierte schon, als es noch keine Geschichtsschreibung gab. Zwei Drittel aller Menschen auf der Welt glauben an die Reinkarnation. Reinkarnation ist die Vorstellung, daß die Seele ewig lebt und als solche durch die Wiedergeburt in verschiedenen Körpern immer wieder zur Erde zurückkehrt, um zu wachsen und zu lernen. Jedes Leben bringt eine Unzahl von

Erfahrungen, die es der Seele erlauben, stärker, ausgeglichener, liebevoller zu werden und sich schließlich mit dem allumfassenden Geist namens Gott zu vereinen.

In einem Leben haben Sie vielleicht in Armut gelebt, um Demut und Einfallsreichtum zu lernen, und in einem anderen waren Sie reich, um zu lernen, mit Geld ehrlich und positiv umzugehen. Im nächsten sind Sie vielleicht blind, um zu lernen, mit den inneren Augen zu sehen, und in einer anderen Inkarnation sind Sie ein Athlet, um körperliche Stärke voll und ganz zu erfahren und zu begreifen. In einem Leben sind Sie vielleicht ein Mann, und in einem anderen eine Frau, oder in einem Kaukasier und in einem anderen Orientale. Vergangene Leben sind nicht so sehr Bauklötze, sondern eher ein Puzzlespiel, in dem jedes Leben zu unserer Entwicklung beiträgt, heiler, vollkommener und ausgeglichener zu werden.

"Was du säst, wirst du ernten"! Das ist das Gesetz des Karma. Karma ist das Schicksal, das wir uns selbst als Ergebnis unserer Taten in diesem wie auch in früheren Leben schaffen. Die Idee des Karma macht es uns leichter zu verstehen, warum ein Mensch sein ganzes Leben lang nur Unglück erfährt, während ein anderer problemlos durchs Leben schreitet.

Reinkarnation und Karma vermitteln uns ein deutlicheres Bild von unserer Aufgabe in diesem Leben, indem wir unsere früheren Leben verstehen. Sie geben uns auch ein besseres Verständnis für unser Schicksal im Kosmos. Leben ist weder eine einmalige Sache noch eine Kette bedeutungsloser Erfahrungen, die wahllos aneinandergereiht sind, sondern eine mystische fortschreitende Reise, die es uns erlaubt, zu einem bewußten liebevollen Wesen zu werden. Die Suche nach Ihrer Seele mag die wichtigste Unternehmung sein, die Sie jemals gemacht haben.

Seit Menschengedenken haben sich berühmte Philosophen mit dem Geheimnis von Leben, Geburt und Wiedergeburt beschäftigt. Die ersten Aufzeichnungen von Historikern zur Wiedergeburt wurden im alten Ägypten entdeckt, wo man glaubte, die Seele sei unsterblich; wenn der Körper stirbt, tritt die Seele in einen anderen Menschenkörper ein.

Die alten wie auch die heutigen Hindus sind ein weiteres Beispiel einer Gemeinschaft von Menschen, die glauben, daß die Seele unsterblich ist und auf der Suche nach ihrer wahren göttlichen Natur einen Körper nach dem anderen bewohnt. In den Jahrhunder-

ten vor Christums lehrte Buddha das Wissen um den Kreislauf der Reinkarnation, das große Rad von Tod und Wiedergeburt. Buddhisten, ähnlich wie die Hindus, streben danach, von dem Kreislauf Tod/Wiedergeburt erlöst zu werden, indem sie das Nirwana (die Einheit mit Gott) erreichen.
Auch die Essener, eine frühe jüdische Sekte, sollen an die Wiedergeburt geglaubt haben.
Der griechische Philosoph Pythagoras schrieb 500 v. Chr. über die Reinkarnation und seine persönlichen Erinnerungen an seine diversen Inkarnationen. Auch Plato glaubte an die Wiedergeburt und die ständige Weiterentwicklung der Seele. Napoleon Bonaparte hat einmal behauptet, in einem früheren Leben Karl der Große gewesen zu sein. Voltaire, der französische Philosoph, hat gesagt "Es ist nicht verwunderlicher, zweimal geboren zu sein als nur einmal." Und der spanische Maler Salvatore Dali hielt sich für den großen spanischen Mystiker Johannes vom Kreuz. Selbst so unterschiedliche Persönlichkeiten der Neuzeit wie Benjamin Franklin, Ralph Waldo Emerson, Henry Ford, Walt Whitman, Henry Longfellow, Henry David Thoreau, Thomas Edison und General George Patton haben an die Lehre von der Wiedergeburt geglaubt.
Benjamin Franklin hat in Anspielung auf vergangene Leben seine eigene Grabinschrift verfaßt, die seitdem als die "berühmteste amerikanische Grabinschrift" bezeichnet wird. Sie lautet:

Der Körper von B. Franklin, Drucker.
Wie der Umschlag eines alten Buches,
der Inhalt herausgerissen und seiner Buchstaben und
Vergoldung beraubt.
Liegt hier, den Würmern zur Speise.
Aber die Mühe wird nicht vergebens gewesen sein,
denn er wird wiederkommen in einer
neuen eleganten Ausgabe, vom Autor
überarbeitet und korrigiert.

Es gibt jede Menge Bücher zum Thema für alle, die einen Beweis für die Reinkarnation suchen. Meine Aufgabe hier sehe ich nicht darin, Zweifel an vergangenen Leben zu zerstreuen, obwohl ich fest an Reinkarnation glaube, sondern es ist meine Absicht, Ihnen zu zeigen, daß Ihnen Ihre Träume Zugang zu Ihrer Vergangenheit verschaffen können. Wenn Sie durch diese Tür gehen, können Sie Ihre

Lebensqualität weit über Ihre Erwartungen hinaus steigern.
Über jeglichen Zweifel hinaus zu beweisen, daß die Bilder in menschlichen Träumen, die aus der Vergangenheit zu stammen scheinen, tatsächlich Erinnerungen an vergangene Leben sind, ist für mich bei weitem nicht so wichtig wie die Wirkung, die sich zeigt, wenn jemand spontan Bilder aus der Vergangenheit sieht. Zuviel Zeit ist durch jene vertan worden, die fürchten, getäuscht zu werden von dem, was sie andernfalls als erstaunliche Fähigkeit des menschlichen Geistes akzeptieren müßten.
Ihre früheren Leben zu entdecken, hat für Sie einen unschätzbaren Wert. Vergangene Leben und andere Dimensionen auf spirituellem Weg zu erkunden ist eine Möglichkeit, sich auf die innere Führung einzustimmen. Die praktische Übung, langvergangene Leben zu untersuchen, führt zu persönlicher Vervollkommnung und schließlich zu harmonischer Vereinigung mit dem Strom des Universums. Sie finden sich viel öfter zur richtigen Zeit am richtigen Ort. Manche Menschen entwickeln eine starke Verbindung zu ihren Führern, während andere spontane, spirituelle Erlebnisse haben.
Therapeutisch gesprochen heißt das: Seelische Probleme loszulassen, ohne die Ursache hinter den oberflächlichen Symptomen zu suchen, ist genauso, wie Unkraut mit einem Rasenmäher zu schneiden. Die Probleme werden wieder an die Oberfläche gelangen, immer wieder, bis man das Unkraut, die Ursache des Übels, mit der Wurzel herausreißt. Vielleicht entdeckt jemand, der eßsüchtig ist, daß er in einem anderen Leben verhungert ist; in diesem Leben ist die Angst wieder an die Oberfläche getreten und hat einen unangemessenen Wunsch nach Nahrung geweckt. Indem Sie ein vergangenes Leben im Wach- und Traumzustand erleben, können Sie die Entscheidungen, die Sie damals getroffen haben und unter deren Einfluß Sie heute noch stehen, revidieren und somit Ihr Leben von heute ändern.

Kinder sind besonders talentiert darin, vergangene Leben im Traumstadium wiederzuerleben.
Als meine Tochter acht Jahre alt war, erzählte sie mir von einem bemerkenswertem Traum, in dem sie zur Zeit der Sklaverei ein Schwarzer in den Vereinigten Staaten gewesen war. Sie beschrieb in allen Einzelheiten die an den Rändern zerrissene Hose und wie sie mit einer klapprigen Hacke den Boden bearbeitete. Sie erzählte, einige ihrer Freunde von heute wären zu jener Zeit auch schwarze

Sklaven gewesen. Am interessantesten an diesem Erlebnis ist, daß eine ihrer Freundinnen, die sie in diesem Traum beschrieb, unabhängig von ihr, einen ähnlichen Traum hatte, in dem auch sie ein schwarzer Sklave im tiefen Süden der Vereinigten Staaten war.
Damit Sie während des Schlafens mit vergangenen Leben Verbindung aufnehmen können, ist es wichtig, die verschiedenen Techniken, die ich in den Kapiteln über Traumerinnerung beschrieben habe, zu verwenden. Bevor Sie schlafen gehen, sollten Sie jeden Abend wiederholen: "Heute nacht träume ich von einem vergangenen Leben. Heute nacht träume ich von einem vergangenen Leben. Heute nacht träume ich von einem vergangenen Leben." Wiederholen Sie diesen Satz immer wieder, bis Sie einschlafen. Zu Beginn werden Sie vielleicht nur das leichte Flüstern einer Erinnerung hören, die aus der Vergangenheit stammen könnte. Um über dieses vergangene Leben mehr Klarheit zu bekommen, sollten Sie während Ihrer Wachstunden Ihre Phantasie gebrauchen, um sich das, was Sie empfangen haben, in allen Einzelheiten auszumalen, unabhängig davon, wie bedeutend es scheinen mag.
Ein Beispiel: Sie haben in einem Ihrer Träume einen reich verzierten Helm gesehen. Wenn Sie wach werden, stellen Sie sich den Menschen vor, der diesen Helm getragen haben könnte. Malen Sie sich aus, wo er diesen Helm getragen hat und wie seine Lebensumstände waren. Bei der Ent-Wicklung Ihrer Vergangenheit ist die Vorstellungskraft eine wertvolle Hilfe.

Stellen Sie sich in Verbindung mit Ihren Traumbildern ein vergangenes Leben vor, und oft genug wird es Ihnen gelingen zu entdecken, wer Sie einst gewesen sind. Sehr oft sind Menschen, die lebhafte Träume aus vergangenen Leben hatten, zu einem oder mehreren Orten gereist, an die sie sich in ihren Träumen 'erinnerten' und haben entdeckt, daß ihre Wahrnehmungen im Traum richtig waren! Die Erinnerung an vergangene Leben kann nicht nur im Traumstadium Spaß machen, sondern auch für das Wachleben eine äußerst lohnende Erfahrung sein.

13
ASTRALREISEN

Ich schwinge mich hoch, tolle herum, galloppiere mit Begeisterung bis zur luftigen Decke meines Schlafzimmers und stürze mich dann in die tröstenden Arme meines Teddybärs. In einem Ausbruch von Ausgelassenheit, mit Purzelbäumen und Wirbeln, schwinge ich mich wieder unbekümmert zur Decke empor und schwebe einen Augenblick über meiner Puppenwiege. Meine Mutter öffnet die Schlafzimmertür: "Was machst du da, Denise?" fragt sie. Unschuldig antworte ich: "Och, nichts, Mammi." "Dann ist es ja gut!" murmelt sie und schließt die Tür. Erneut, nur für einen kurzen Augenblick gestört, springe ich wieder vom Bett hoch, mit ausgestreckten Armen, meinen Körper wie wild durch die Luft wirbelnd.

Als Kind bin ich immer von meinem Bett hochgesprungen, habe Purzelbäume gemacht und bin durch die Luft geschwebt. Ich glaubte wirklich, ich könnte fliegen. Ich wußte nicht, daß dies Astralreisen waren. Als ich älter wurde, vergaß ich die Fähigkeit des bewußten Fliegens. In meinen Träumen jedoch fanden sich Relikte dieser verlorenen Erinnerung. Manchmal entdeckte ich, wie ich im Traum über die Dachfirste flog und zu den Sternen sauste.

Mit zwanzig nahm ich an einem einwöchigen Kurs über Astralreisen teil. Da lernte ich wieder, diese Fähigkeit, die mir als Kind soviel Freude bereitet hatte, bis zu einem gewissen Grade zurückzugewinnen.

Es gibt eine Form von Traumerlebnissen, die nichts mit Träumen oder luziden Träumen zu tun haben. Es ist die sogenannte 'außerkörperliche' Erfahrung. Dabei handelt es sich um einen Zustand, in dem das Bewußtsein Ihrer Seele buchstäblich von Ihrem physischem Körper getrennt ist. Dies geschieht normalerweise während des Schlafes. Zahlreiche esoterische Lehren und Philosophien basieren auf dieser Erfahrung. Außer dem Gefühl der Trennung vom physischen Körper verleiht dieser Zustand auch ein Gefühl des Selbst-Bewußtseins, das äußerst lebhaft ist. Es ist ganz anders als im Traum, jedoch auch keineswegs außergewöhnlich. Während des Schlafes mag das Gefühl eines plötzlichen Rucks Hinweis auf eine schwierige Rückkehr in den Körper sein. Viele Menschen

haben außerkörperliche Erfahrungen, können sich jedoch später nicht daran erinnern.
Träume, in denen der Träumer fliegt oder sich in einem Flugzeug befindet, gehen oft mit außerkörperlichen Erlebnissen einher. Außerdem neigen Menschen, die tatsächlich fliegen oder in ihrem Wachbewußtsein Piloten sind, zu außerkörperlichen Erfahrungen. Untersuchungen haben ergeben, daß das auch auf Menschen zutrifft, die als Kinder glaubten, fliegen zu können, oder die gerne auf Bäume kletterten und von dort heruntersprangen.
In der Geschichte finden sich zahlreiche Aufzeichnungen von außerkörperlichen Erlebnissen. Diese Erfahrungen ähneln sich alle, ob sie in Indien, Ägypten, Südamerika oder selbst im mittleren Westen der Vereinigten Staaten stattfanden. Lebhafte, außerkörperliche Erfahrungen werden oft durch einen Unfall oder ein Nahtod-Erlebnis ausgelöst, selten durch den bewußten Versuch, den Körper zu verlassen.
Die meisten Menschen stellen fest, daß diese Erlebnisse ihren Glauben an die Natur der persönlichen Wirklichkeit dramatisch verändern. Meistens sind es für die Empfänger sehr lustige Erfahrungen. Die Authentizität derartiger außerkörperlicher Erlebnisse kann im übrigen überprüft werden, so ungewöhnlich sind sie schließlich nicht. Nach Untersuchungen erinnern sich mindestens 25% der Erwachsenen daran, in ihrem Leben zumindest einmal eine außerkörperliche Erfahrung gehabt zu haben. Vielen war jedoch nicht bewußt, daß sie ein solches Erlebnis hatten, bis jemand ihnen das Phänomen erklärte.
Offensichtlich ist bis jetzt nicht untersucht worden, ob es schädlich ist, seinen Körper bewußt zu verlassen. Eigentlich ist es ein sehr natürliches Geschehen.
Interessant in diesem Zusammenhang ist auch folgendes: Wenn Sie sich in diesem Stadium befinden, haben Sie kein Gefühl für Zeit oder Raum, wie wir es normalerweise kennen. Ein weiteres interessantes Phänomen ist, daß Sie beim erstmaligen Verlassen Ihres Körpers eigentlich durchaus glauben können, in Ihrer derzeitigen physischen Form zu sein. Je länger Sie jedoch von Ihrem physischen Körper getrennt sind, desto schwächer wird diese Erinnerung, und Ihr Wesen scheint sich in einen wolkenähnlichen Nebel oder eine andere amorphe Form zu verwandeln.
Es gibt einige Faktoren, die das außerkörperliche Erlebnis zu beeinflussen scheinen. Dazu gehört Alkohol. Er verhindert offensichtlich

das Erleben dieses Phänomens. Ein Umstand scheint die Fähigkeit, den Körper zu verlassen, zu erhöhen - nämlich die Art, wie Ihr Körper liegt, vor allem, wenn Sie in der magnetischen Nord-Süd-Richtung liegen, also mit dem Kopf nach Norden. Die Nord-Süd-Ausrichtung ist auch für einen tiefen Schlaf wichtig. Wenn Sie nachts besser schlafen wollen, sollten Sie mit dem Kopf in Richtung Norden liegen. Möchten Sie jedoch mit Energie aufgeladen werden, sollten Sie ihren Kopf nach Süden betten. Für Astralreisen sollte Ihr Kopf immer nach Norden ausgerichtet sein.
In einem von Carlos Castanedas Büchern bringt ihm Don Juan, Castanedas mystischer Lehrer, die Kunst des luziden Träumens und der Astralreise bei. Don Juan erklärt ihm, wenn er die Techniken des luziden Träumens zu beherrschen lerne, gäbe es keinen Unterschied mehr zwischen dem, was er im Schlaf und dem, was er im Wachzustand täte. Im Zustand des luziden Träumens könne man überall hinreisen.
Oliver Fox schreibt in seinem Buch *Astral Travels* ausführlich über seine ausgedehnten Astralreisen. Demnach waren die Szenen dieser Reisen schöner, strahlender und mystischer als alles andere, was er im normalen Wachzustand erlebt hatte. Er beschreibt seine Gefühle als außerordentlich angenehm und betont, dieser geistige Zustand sei von ungewöhnlicher Klarheit, Kraft und Freiheit geprägt.
Als ich mit meinen Astralreisen begann, blieb ich zuerst in der Nähe meines Hauses. Ich sah mich durch die verschiedenen Räume wandern. Seltsamerweise erfolgten meine Reisen oft in einem andere Zeitrahmen, so war es Tag anstatt Abend. Die astrale Dimension ist ein Bereich, der außerhalb des Ort-Zeit-Kontinuums liegt. Als ich mehr Erfahrung hatte und Vertrauen bekam, begann ich vorsichtig zu schweben und schließlich zu fliegen. Zuerst erhob ich mich nur ein paar Zentimeter über den Boden, weil ich immer noch Angst hatte, mein physischer Körper würde fallen. Als mein Vertrauen zunahm, breitete ich die Flügel aus und erhob mich in einer Ekstase des Fliegens über die Erde hinaus.
Meine erste Erinnerung an eine Astralreise als Erwachsener war schrecklich. Es war eine sehr feuchte, tropische Nacht in Hawaii. Ich hatte den Abend mit einer guten Freundin verbracht, und wir hatten zufällig über die Kunst der Astralreise gesprochen, ein Bereich, in dem keine von uns Erfahrung hatte. Aus Spaß verabredeten wir uns für 3.00 Uhr nachts an einem bestimmten Ort. Bevor ich ins Bett ging, sagte ich zu mir: “Heute nacht werde ich Susan

um 3.00 Uhr früh am Wasserfall im oberen Manoa Tal treffen." Es war ein guter Treffpunkt, der uns beiden vertraut war.

Gegen 3.00 Uhr in der Früh erwachte ich mit einem sehr seltsamen Gefühl. Obwohl der Raum dunkel war, spürte ich eine Art Schaukeln, eine fließende Bewegung, als ob ich in einem Schlauchboot im Swimmingpool säße. Ich war verwirrt. Die Decke, die normalerweise knapp zwei Meter oberhalb meines Bettes war, war jetzt nur wenige Zentimeter entfernt. Ich war gewichtslos ... ohne Substanz. Was war das? Was war geschehen? Ich konnte nicht begreifen, warum ich so nahe an der Decke schwebte. War es ein Traum? Nein, ich war bei vollem Bewußtsein. Es schien so real. Ich fühlte mich so leicht, so frei. Dann, wie ein nachträglicher Einfall, kam mir die Idee, mich langsam umzudrehen, und da sah ich es - unter mir das Bett, und ich darin! Das Erlebnis, meinen eigenen Körper dort unten zu sehen, war so erschreckend, daß ich unmittelbar danach mit einem heftigen Ruck in meine physische Hülle zurücksauste. Der Schock saß tief, und es dauerte lange, bis ich mich wieder hinauswagte.

Ich fühlte mich, als wäre ich in zwei verschiedene Personen gespalten. Der Teil von mir, den ich als 'Ich' identifiziere, war frei, leicht und schwebte. Das andere 'Wesen', der Teil, den ich mit meinem physischen Körper in Verbindung bringe, war zwar ich - und doch nicht ich. Er lag zwar im Bett, war aber nichts anderes als eine körperliche Hülle. Dieses Erlebnis war der Beginn vieler Erfahrungen in die Welt astraler Reisen und außerkörperlicher Abenteuer.

Die Geschichte bietet uns viele Beispiele von Astralreisen. Im 1. Jahrhundert v. Chr. schrieb Plutarch von einem Soldaten in Asien, der bewußtlos war und drei Tage in einer anderen Dimension umherstreifte.

Für die Naturvölker sind außerkörperliche Erfahrungen schon immer eine Tatsache gewesen. Alle Schamanen der amerikanischen Indianer und afrikanischen Medizinmänner haben Rituale praktiziert, die es ihnen ermöglichten, ihren physischen Körper zu verlassen. Die australischen Aborigines versetzten sich in Trance und unternahmen eine Astralreise, wenn ihr Stamm Führung brauchte. Dies wird auch in dem Film *The Right Stuff* beschrieben, wo die Aborigines einem Astronauten helfen, der Probleme mit seiner Raumkapsel hat. Mythen aus prähistorischer Zeit berichten von Geheimnissen jener Menschen, die ihre Körper verlassen und mit den Göttern kommuniziert haben.

Selbst die Kirche hat im Laufe der Zeit immer wieder diese außerkörperlichen Erfahrungen aufgezeichnet. Heilige wie Antonius von Padua und Alfonsius Liguori sind, während ihr physischer Körper in der Kirche oder im Kloster blieb, an einem anderen Ort gesehen worden. Der Wissenschaftler und Mystiker Emanuel Swedenborg hat viele Dimensionen besucht und seine Erlebnisse im Detail beschrieben. Thomas Quincy verließ, wie verlautet, seinen Körper, während er Opium rauchte.

Napoleon soll kurz vor seinem Tod astral von St.Helena nach Rom gereist sein, um seine Mutter von seinem bevorstehenden Tod zu unterrichten.

Die 1882 gegründete Britische Gesellschaft für Parapsychologische Forschungen hat sich mit Astralreisen und anderen übersinnlichen Phänomenen beschäftigt. Richard Hodgson, William James, Sir Oliver Lodge und andere haben viele solcher Fälle untersucht. Eine Reihe von Universitäten auf der ganzen Welt beschäftigt sich jetzt mit diesem Thema. Bei neueren Untersuchungen sind außerkörperliche Experimente entwickelt worden, in denen sich der Schläfer astral zu einem anderen Gebäude begibt und dann das beschreibt, was er während seines Besuches gesehen hat.

Während des Kriegs haben viele Soldaten außerkörperliche Erlebnisse gehabt, bei denen sie beschrieben, wie sie buchstäblich aus ihrem Körper sprangen, um dem Horror eines Geschützfeuers oder dem quälenden Schmerz einer Explosion zu entgehen. Gelegentlich verlassen Menschen ihren Körper auch, um einen Freund oder jemanden, den sie lieben, zu besuchen. Eine Mutter reist auf der Astralebene, um ihre Tochter zu besuchen oder ein Vater seinen Sohn. Der Heilige Augustinus erzählte die Geschichte eines Mannes, der im Bett lag und plötzlich einen befreundeten Philosophen im Zimmer stehen sah. Sie begannen über Plato zu diskutieren. Als sich die beiden Männer am nächsten Tag trafen, fragte der Mann den anderen, was er am Tag zuvor erlebt hatte. Der Philosoph antwortete nur: "Ich habe es nicht erlebt, aber ich habe davon geträumt."

Hermotimus aus Klazomenä, Philosoph des 6. Jahrhunderts n. Chr., interessierte sich, wie alle griechischen Philosophen, für das Phänomen des Todes, und so benutzte er seine Fähigkeit der Astralwanderung, um genauere Untersuchungen anzustellen. Er fiel oft in Trance und verließ seinen Körper, der starr, ja, sogar totenähnlich wurde. Bei einer dieser Gelegenheiten ließ ihn seine Frau, verärgert über diese Astralreisen, für tot erklären und seinen Körper verbrennen. Nach Cäsar de Vesme in *Eine Geschichte des experimentellen Spiritismus* berichten Medien in späteren Jahren, Hermotimus sei sehr verärgert gewesen, als er zurückkehrte und feststellen mußte, daß sein physischer Körper nicht mehr da war!

In *Über die späte Bestrafung durch die Gottheit* erzählt Plutarch von Arideus aus Asien, der k.o. geschlagen und sofort aus seinem Körper gezogen wurde. In diesem Stadium konnte er seinen Onkel sehen, der einige Jahre zuvor gestorben war. Sein Onkel grüßte ihn und versicherte ihm, er sei nicht tot, sondern seine Seele sei fest mit seinem Körper verbunden. "Der Rest seiner Seele", erklärte ihm der tote Onkel, "sei eine Schnur, die ihn mit dem Körper verbindet. Solange die Schnur noch mit dem physischen Körper verbunden sei, würde Arideus leben." Arideus konnte einen deutlichen Unterschied zwischen seinem Doppel (oder Astralkörper) und dem seines toten Onkels sehen. Sein Körper hatte einen schwachen, schattenhaften Umriß, während die Konturen des Onkel völlig transparent waren. Während er dieses Phänomen beobachtete, wurde sich Arideus plötzlich bewußt, "mit einem heftigen Luftzug durch ein Rohr gezogen zu werden". Er wachte auf und fand sich in seinem physischen Körper wieder.

Dieses Rohr ähnelt dem Tunnel, den viele Astralreisende sehen, wenn sie ihren physischen Körper verlassen und in ihn zurückkehren. Der Astralkörper hat in den einzelnen Kulturen unterschiedliche Namen: Die Hebräer nannten ihn *ruach*, die Ägypter *ka*. Die Griechen kannten ihn unter dem Namen *eidolon*. Die Römer nannten ihn *larva*. In Tibet spricht man immer noch vom *Bardo-Körper*. In Deutschland heißt er *Jüdel* oder *Doppelgänger*, manchmal auch *Fylgja*. Die alten Britannier gaben ihm mehrere Namen: *fetch, waft, tisk, fye*. In China nannte man ihn *thankhi*. Der *thankhi* verließ den Körper während des Schlafs, und in den Schriften heißt es, andere Menschen könnten diesen Astralkörper sehen. Die alten Chinesen meditierten, um Astralprojektion zu ermöglichen. Nach ihrem Glauben wird der zweite Körper im Bereich des Solarplexus durch eine geistige Handlung geformt und verläßt den Körper dann durch den Kopf. Viele dieser alten chinesischen Lehren wurden auf hölzernen Tafeln des 17. Jahrhunderts entdeckt, auf denen das Phänomen der außerkörperlichen Erfahrung beschrieben war. Die alten Hindus bezeichneten diesen zweiten Körper, den Astralkörper, als *pranamayakosha*. Buddhisten nennen ihn *rupa*.

Anthropologen haben bei ihren Untersuchungen verschiedener Eingeborenenstämme herausgefunden, daß diese Reise mit dem Astralkörper etwas ganz Alltägliches ist. Der Glaube der einzelnen Kulturen an die Astralreise bestimmt das Muster jener Erfahrung. Im östlichen Peru stellt sich der Schamane vor, daß er seinen Körper in Form eines Vogels verläßt. Asiatische Ureinwohner sehen eine Silberschnur, die von Metaphysikern heute als Band, Faden oder Regenbogen beschrieben wird. Afrikaner sehen sie als Seil und die Eingeborenen Borneos als Leiter. Wie auch immer man den Gegenstand bezeichnet, es scheint eine allgemeine Erfahrung unter Astralreisenden zu sein, daß eine Art Silberschnur als Verbindung zwischen dem astralen und physischen Körper erhalten bleibt. Wissenschaftler sehen diese Träume als Erinnerungen an jene Zeit, als nach Darwins Theorie unsere Vorfahren noch wasser- und luftgeborene Wesen waren. Psychologen interpretieren sie als eine Art Depersonalisierung oder als Mittel, eine Verwurzelung in der normalen Realität zu vermeiden.

Reisebedingungen

Um Astralreisen unternehmen zu können, sind zwei wichtige Bedingungen zu beachten. Die erste ist, daß man an die Realität eines Astralkörpers, eines zweiten Körpers, glaubt und ihn als solche anerkennt. Als zweites muß man an die eigene Fähigkeit des Astralreisens glauben und sich ganz fest auf seinen Wunsch konzentrieren, seinen physischen Körper zu verlassen. Wäre die bewußte Astralreise etwas Leichtes, wäre sie eine alltägliche Erfahrung. Ich glaube jedoch, daß jeder, der es stark genug will, die Existenz eines astralen Körpers erfahren kann. Astralreisen ist ohnehin etwas, was jeder von uns tut. Wir erinnern uns nur nicht daran. Es ist nur dann erschreckend, wenn wir uns fest mit unserem physischen Körper statt mit unserem astralen identifizieren. Das größte Hindernis dabei ist die Furcht selbst.

Angst

Selbst die 'Furchtlosesten' unter uns entdecken, wenn sie in sich gehen, daß sie manchmal einer Mauer aus Furcht gegenüberstehen.

Als erstes ist da die Furcht vor dem Tod - die Furcht, daß wir von unserem physischen Körper getrennt werden und vielleicht sterben. Unsere automatische Reaktion mag sein, bevor wir sterben ganz schnell in den physischen Körper zurückzukehren, da dieser doch unser Leben ist, das physische! Diese Reaktionen geschehen trotz unseres emotionalen Verhaltens und unseres verstandesmäßigen Denkprozesses. Nur durch ständige Wiederholung des Erlebnisses können wir hoffen, die Angst vor dem Tod zu verlieren.
Es ist ähnlich, wie wenn man schwimmen lernt und schließlich feststellt, daß das Wasser trägt und man nicht ertrinkt.
Eine andere typische Angst ist: "Wird es mir gelingen, in meinen Körper zurückzukehren?" Ich kann mit absoluter Sicherheit sagen, daß Sie immer wieder in Ihren physischen Körper zurück können. Es gibt genügend Beweise dafür, daß jeder, der Astralreisen unternimmt, stets auf dem einen oder anderen Weg sicher zurückkehren kann.
Viele 'Möchtegern-Reisende' haben Angst vor dem Unbekannten. Der gesündeste Weg, den ich kenne, ist, sich durch die Furcht hindurchzuarbeiten, indem man sie zuläßt und dennoch bereit ist, das Unbekannte zu erforschen.

Astralhilfen

Nachstehend ein paar Richtlinien, die Ihnen bei Ihren Astralreisen helfen werden.
Als erstes sollten Sie sich entspannen. Besuchen Sie Kurse zur Streßlösung oder lesen Sie etwas über kreatives Visualisieren. Dies wird Ihnen helfen, Ihren Körper völlig zu entspannen. Sie können es auch mit Selbsthypnose oder hypnose-ähnlichen Suggestionen versuchen, die Ihnen den Weg auf die Astralebene erleichtern. Der Besuch bei einem Hypnotiseur kann Ihnen helfen, in der Hypnose eine Suggestion zu setzen, die nach dem Aufwachen weiterwirkt. Auch Meditation kann dazu beitragen, einen sehr tiefen Entspannungszustand zu erreichen. Den Kopf nach Norden zu lagern und das Rückgrat gerade zu halten, ist außerdem wichtig, wie bereits erklärt.
Als nächstes begeben Sie sich in das Reich zwischen Wachen und Schlafen. Dies ist ein sehr delikater Schwebezustand, in dem Sie noch nicht schlafen, aber auch nicht mehr wach sind. Sie sollten

sich auf ein Bild oder ein Symbol konzentrieren, das für Sie einzigartig und etwas Besonderes ist. Während Sie in einen immer tieferen Entspannungszustand geraten, beginnen Sie, die Gedanken, Bilder oder Lichtmuster zu beobachten, die zufällig auftauchen. Diese sind häufig nichts anderes als Neuronenentladungen des Gehirn. Sie brauchen sie nicht zu ermutigen, aber auch nicht zu leugnen. Lassen Sie sie einfach zu und akzeptieren Sie sie als tieferen Entspannungszustand, während Sie weiterhin Ihre bewußte Wahrnehmung beibehalten. Vielleicht werden Sie bemerken, daß Ihr Bewußtsein tiefer wird, weil sich Ihr Körper entweder sehr schwer oder sehr leicht anzufühlen beginnt. Ihr Tast-, Geruch- und Geschmacksinn werden verschwinden; möglicherweise nehmen Sie Geräusche nur noch ganz schwach wahr.

Während Sie sich mit geschlossenen Augen in diesem sehr ruhigen, entspannten Zustand befinden, führen Sie Ihr Bewußtsein von Ihrem Körper weg. Beginnen Sie sich vorzustellen, Sie wären jetzt an einem Ort außerhalb Ihres Körpers. Wenn es die andere Ecke des Raumes ist, stellen Sie sich vor, daß Sie die Wand berühren. Werden Sie sich des Fußbodens bewußt und aller Gegenstände, die Sie umgeben. Malen Sie sich aus, an diesem Ort zu sein. Oft, wenn man den Körper zu verlassen beginnt, spürt man eine Art Prickeln oder eine Vibration. In diesem Augenblick ist es wichtig zuzulassen, daß die Vibrationen ihre Frequenz erhöhen. Dies wird so lange geschehen, bis die Frequenz so hoch ist, daß Sie nicht mehr in der Lage sind, sie weiter anzuheben. Für manchen wird sich sein Körper etwas wärmer anfühlen.

Der nächste Schritt ist, sich vorzustellen, die rechte oder linke Hand zu bewegen. Stellen Sie sich vor, wie Sie die Hand ausstrecken und irgendeinen Gegenstand in der Nähe berühren. Dabei sollten Sie sich daran erinnern, daß dies nicht Ihr physischer, sondern Ihr astraler Körper ist.

Eine weitere Möglichkeit, das Erlebnis zu verstärken, ist, sich auszumalen, die Wand zu berühren und dann sanft dagegenzudrücken. Dann beginnen Sie, den Druck bis zu einem harten Stoßen zu verstärken. In diesem Augenblick wird es Ihnen so vorkommen, als ob Ihre Hand oder Ihr Arm tatsächlich durch die Wand ginge. Dann ziehen Sie die Hand vorsichtig zurück.

Die alten Etrusker verwendeten eine Art Rolltechnik, mit der sie in einen sehr tiefen Zustand der Entspannung gerieten. Sie stellten sich buchstäblich vor, aus ihrem Körper herauszurollen und diesen für eine Astralreise zu verlassen. Andere Reisende ziehen die Methode vor, sich praktisch aus dem Körper herauszuziehen. Wichtig ist, daß Sie die verschiedenen Techniken ausprobieren, um herauszufinden, welche Methode für Sie die beste ist. Gehen Sie sanft mit sich um. Manchmal geschieht es erst nach langen Zeiten der Übung ohne jegliche Ergebnisse und in dem Augenblick, wo Sie es am wenigsten erwarten: Ihr erstes außerkörperliches Erlebnis.

Rückkehr in den Körper

Sobald Sie gelernt haben, Ihren Körper zu verlassen, können Sie überall hinreisen und alles, was Sie möchten, untersuchen und erforschen. Wenn Sie in den Körper zurück möchten, brauchen Sie sich nur vorzustellen, Sie würden entweder die Finger oder Zehen Ihres physischen Körpers bewegen. Auf diese Weise holen Sie Ihre Seele unverzüglich in den Körper zurück. Sie können auch schlucken oder Ihren Kiefer bewegen. Oder Sie aktivieren einen Ihrer fünf Sinne.
Sobald Sie sich daran gewöhnt haben, in Ihrer Umgebung herumzuwandern, können Sie als nächstes den Versuch machen, einen Menschen, der Ihnen nahesteht, zu besuchen. Sehr oft besteht zwischen dem eigenen Selbst und jenen, die wir lieben, eine sehr hohe Energie und seelische Verbindung. Stellen Sie sich einfach vor, Sie wären bei dieser Person, und schauen Sie zu, was passiert.

Viel Glück!

Tränen im Traum,
auf den Wellenkämmen
lang verlorener Gedanken reitend,
heile ich mein wundes Herz.

Denise Linn

14 TRAUMHEILUNG

Mein dünnes, baumwollenes Sommerkleid kräuselt sich im warmen Wind, während ich hoch oben über der weiten, blauen See stehe. Als ich die Arme dem Himmel entgegenstrecke, durchrinnt mich ein Gefühl der Heiterkeit. Ich kehre meinem Aussichtspunkt auf den kalkfarbenen Kliffs, die sich in die See hinaus strecken, den Rücken und gehe barfuß über den goldenen Teppich wogenden Grases. Eine einsame Seemöwe zieht träge über meinem Kopf ihre Kreise. Ihr langsam kreisender Schatten huscht über das sich wiegende Gras, das in gleichbleibender Antwort den Anordnungen der Meeresbrise antwortet. Weit hinten entdecke ich eine schwarze Hütte, fensterlos, türenlos. Sie ist völlig schwarz. Wie in der Hitze, die über einer glühenden Landstraße wabert, scheint sich ihr Bild wie eine Fata Morgana in der Entfernung zu spiegeln. Als ich mich der schwarzen Hütte nähere, entdecke ich, daß jemand drinnen ist. Sue! Es ist Sue! "Sue, komm heraus! Es ist so schön hier draußen!" Aus dem Innern vernehme ich eine ängstliche, schwache Stimme. "Ich kann nicht herauskommen".
"Bitte, Sue," dränge ich, "es ist dort so dunkel. Du mußt heraus ins Licht kommen." Keine Antwort, nur der entfernte Ton der Wellen, die unter den kalk-weißen ausgewaschenen Felsen ihre Antwort donnern.

Ich erwachte. War es ein Traum? Er schien so real. Und er ließ mich ein wenig müde, ja erschöpft, zurück. Es war nun das zehnte Mal in zehn Tagen, daß ich denselben Traum gehabt hatte.
Sue war eine lebhafte Frau von Anfang dreißig, und dennoch starb sie an Krebs. Als ich gerufen wurde, um Sue bei der Heilung zu helfen, war ich erstaunt, die einst kräftige Frau auf knapp hundert Pfund abgemagert zu sehen. Sie war völlig ausgezehrt, die Haut spannte

sich über den Knochen, Augen und Wangen waren tief eingesunken. Jeden Tag besuchte ich Sue in ihrem Krankenzimmer, um am Heilungsprozeß teilzunehmen, und jede Nacht traf ich Sue in meinen Träumen. Ich vermutete meine Aufgabe bei diesen nächtlichen Heilsitzungen darin, Sue zu ermuntern, ihre Heilung anzugehen.

Ich stehe außerhalb der schwarzen Hütte. Wie immer baden die Strahlen des Sonnenlichts das Sommergras im fließenden, goldenen Licht. Ich lege meine Hände auf die schwarze Farbe der Hütte, die bereits abblättert. "Sue. Bitte, Sue, komm heraus." Eine feierliche, hohle Stimme von innen antwortet. "Ich kann nicht herauskommen. Mein Mann ist hier."

Ich vermutete, daß sie mir durch die innere Dimension des Traumes zu sagen versuchte, daß eine verdrängte Emotion ihrem Ehemann gegenüber sie am Gesundwerden hinderte. Mir wurde klar, daß ich möglicherweise die Quelle ihrer gefühlsmäßiger Schwierigkeiten entdeckt hatte, vielleicht sogar die Ursache für den Krebs. Ich begann, mit Sue zu arbeiten und versuchte, alles, was ihrem Mann gegenüber unausgesprochen geblieben war, zur Sprache zu bringen, in dem festen Glauben, dies sei der Weg zu ihrer Heilung. Wir arbeiteten intensiv mit allen Schwierigkeiten, von denen sie glaubte, sie seien im Hinblick auf ihren Ehemann ungelöst.
Sue wurde immer schwächer. Das war schwer für mich zu akzeptieren, denn bis dahin war es jedem, mit dem ich gearbeitet hatte, wieder besser gegangen, und er war gesund geworden. Sehr oft hatte ich zur Heilung jener beigetragen, die von der Schulmedizin als unheilbar aufgegeben worden waren, oft mit wunderbaren Ergebnissen. Was machte ich falsch?

Ich stehe auf den kalkweißen Felsen. Tief atme ich den Duft der schläfrigen See unter mir. Als ich durch das goldenfarbene Gras gehe, fühle ich die Wärme der Erde, die durch meine bloßen Fußsohlen strahlt. Wie das Bild einer Oase in der Wüste scheint die schwarze Hütte im Sonnenlicht zu schimmern. Erneut beginne ich, Sue zu überreden, in das Licht herauszukommen. Sie antwortet: "Ich bin noch nicht ganz fertig, mein Mann hält mich hier noch fest."
Sues Mann war ständig an ihrer Seite. Niemals schien er sie allein zu lassen, nicht einen Augenblick. Sue begann, die Tage bis Weih-

nachten zu zählen. Sie hatte zwei wunderbare Kinder im frühen Teenageralter und wollte mit ihnen Weihnachten feiern ... sie mußte Weihnachten noch erleben. Am Tag nach Weihnachten bat die Krankenschwester Sues Mann, den Raum zu verlassen, weil sie das Bett neu beziehen wollte.
In dem Augenblick, als er den Raum verließ, erhob sich Sues Seele ... und ihr Körper starb.
In jener Nacht träumte ich wieder von ihr.

Barfuß stehe ich fest auf den majestätischen, wie Türme anmutenden, weißen Felsen. Nie zuvor ist der Ozean so strahlend gewesen ... so magisch. Er scheint die Essenz des Lebens schlechthin zu sein ... der Schoß allen Seins. Schimmernde Diamanten aus Licht tanzen auf seiner Oberfläche. Die Luft ist schwer vom Duft der See und dem Schaum. Plötzlich spüre ich eine ernste Gegenwart neben mir. Ich drehe mich um und werde begrüßt von einer sanft wirbelnden Göttin des Lichts. "Sue?" Ich schaue in Richtung der schwarzen Hütte, sehe jedoch nur den weiten Horizont. Ich kannte Sue nur, als sie krank und abgemagert war. Die Frau, die jetzt hier neben mir steht, ist ganz heil und strahlt in einzigartiger Schönheit. Sie sagt: "Sie glauben, ich sei tot. Dabei fühle ich mich so lebendig. Wenn sie es doch nur wüßten. Siehst du, Denise, auch tot zu sein kann Heilung bedeuten. Ich bin geheilt, und es geht mir gut."
In jenem Augenblick wurde mir klar, daß Heilung beides bedeutet: Jemand beim Sterben helfen oder beim Leben. In meiner nächtlichen Bitte an Sue, ins Licht zu gehen, machte ich es ihr leichter, ihre physische Form zu verlassen. Sie hatte ihre irdische Inkarnation beendet und war für den nächsten Schritt bereit. Die Zuneigung ihres Mannes hatte sie daran gehindert. In dem Augenblick, als er den Raum verließ, ging sie ins Licht und ließ ihren Körper zurück.
Durch Sue erkannte ich einen tiefergehenden Aspekt der Traumheilung ... einen Aspekt, der auch meine Heilungspraxis während des Tages gefördert hat. Viele Menschen heilen jede Nacht im Traum, aber die meisten sind sich dessen nicht bewußt. Sehr oft begeben sich Menschen, die inkarniert sind, um Traumheilung zu praktizieren, zu Schlachtfeldern oder Orten, wo ein großer Bedarf an Heilungskraft ist. Diese Wesen helfen Soldaten in der Schlacht beim Sterben und erleichtern den Übergang vom Leben in die Welt des Geistes. In den von Krieg zerrissenen Gebieten Europas gab es eine große Anzahl von Traumarbeitern, die während des Ersten und

Zweiten Weltkriegs inkarniert waren und aus der Tiefe ihres Schlafes den Verwundeten und Sterbenden auf dem Weg ins Licht halfen. Sie machten den Übergang leichter.
Traumheilung ist nicht nur ein Mittel, den Sterbenden zu helfen, sie kann auch den Lebenden helfen. Sehr oft liegt das Wissen der Heilung tief in unserem Innern verborgen ... zu tief, als daß wir während der Tagesstunden den Zugang fänden. Ein Traumheiler kann zur Heilung eines anderen beitragen, indem er dessen Seele im Schlaf berührt. Die gleichen Regeln, die für die Heilung bei Tag gelten, haben auch für die Heilung bei Nacht Bedeutung. Diese Mechanismen des Heilens zu verstehen, macht es Ihnen leichter, den Scharen der nächtlichen Heiler zu folgen.
Auch Äskulap, der Vater der Medizin, soll einst während des Schlafes geheilt haben. Er erschien seinen Patienten im Traum, mischte Tränke, brachte Verbände an und rief manchmal sogar Schlangen herbei, um die Wunden oder infizierte Bereiche zu lecken. Das Symbol der modernen Medizin schlechthin ist das Bild der beiden ineinander verschlungenen Schlangen. Traumheilung ist eine sehr wirkungsvolle Methode, sich selbst und die, die wir lieben, zu heilen. Bevor Sie jedoch die Techniken der Traumheilung lernen, gibt es ein paar grundlegende Dinge, die Sie wissen sollten.

1. Wir sind alle Heiler.

Jeder von uns trägt die Fähigkeit zu heilen in sich. Wenn wir unsere Zweifel und Vorbehalte beiseitelegen, kann jeder von uns diese Begabung anzapfen. Zu den Vorbehalten, die die meisten haben, die sich zum ersten Mal mit Heilung und Traumheilung beschäftigen, gehört die Frage, ob ihr Wissen oder ihre Erfahrung ausreicht, einen anderen zu heilen. Mein alter chinesischer Lehrer hat mir in seiner Weisheit gesagt, daß ein Mensch diejenigen anzieht, die das suchen, was er zu bieten hat. Also - wie auch immer Ihre Fähigkeiten sein mögen - wer zu Ihnen kommt, weiß durch sein Höheres Selbst, was Sie zu bieten haben. Und Sie haben genau das zu geben, was dieser Mensch in diesem Augenblick braucht. Zweifeln Sie nicht an der Wahrheit dieser Aussage. Sie tragen alles in sich, was Sie zum Heilen brauchen! Mehr ist nicht nötig.

2. Wir sind nicht unser Körper.

Obwohl dies für die meisten klar ist, gibt es genügend, denen nicht bewußt ist, daß Heilung nur auf dieser Basis geschehen kann. Körper ist eine Illusion. Denken Sie daran, Sie arbeiten nicht mit dem Körper oder dem astralen Netzwerk oder den Emotionen. Sie arbeiten mit der wahren Essenz des betreffenden Menschen.
Sie können zwar heilen, indem Sie entscheiden, was falsch ist und es 'fixieren', aber es ist viel sinnvoller, sich klarzumachen, daß wir nicht aus Körper bestehen. Machen Sie sich bewußt, daß jeder Mensch unendlich, unsterblich, ewig und universell ist! Finden Sie jenen Bereich in dem Menschen, mit dem Sie arbeiten. Gehen Sie über die Vorstellung der Trennung hinaus, finden Sie jenen Ort der Einheit und verbinden Sie sich mit ihm. Denken Sie daran, wer Sie beide wirklich in diesem Augenblick sind. Dann ist Heilung möglich. Die Essenz der Heilung ist Einheit.

3. Unser Glaube vollbringt die Heilung.

Es ist nicht die Methode oder die Technik, die heilt. Jede Technik funktioniert. Es ist Ihr Glaube an die Technik, mit der Sie arbeiten, die heilt.
In westlichen Kulturen ist es heutzutage gang und gäbe, an die Praxis der Schulmedizin zu 'glauben'. Viele Menschen vertrauen 'ihrem Doktor' und haben so den Ort gefunden, wo sie sich am besten selbst heilen können.

4. Es gibt zwei Heilungsmöglichkeiten - Ursachen- und Symptombehandlung.

Bei der Symptomheilung kann der Heiler helfen, die Symptome zu beseitigen. Ist die tatsächliche Ursache jedoch nicht angesprochen, werden die Probleme des Menschen, mit dem Sie arbeiten, wiederkehren, oder andere Schwierigkeiten auslösen.
Ein Beispiel: Ein junger Mann hat in der rechten Hand Arthritis. Vielleicht läßt sich die Ursache in frühkindlichen Erlebnissen mit dem Vater finden. Als der Junge noch klein war, schlug der Vater mit dem Handrücken nach dem Sohn, wenn dieser unartig war.

Denken Sie also an die Emotionen, die hier im Spiel sind. Der Junge, wenn auch wütend, liebte seinen Vater und fürchtete ihn zugleich. Im Umgang mit diesen Emotionen begann das Kind, hilflos und ohnmächtig, diese Gefühle zu verdrängen. Vielleicht hatte der Junge das Gefühl, keinerlei 'Handhabe' gegen das, was mit ihm geschah, zu haben. Jetzt, als Erwachsener, sind seine Hände betroffen, wenn er in einer Situation ist, in der er sich hilflos oder ohnmächtig fühlt, also keine Handhabe hat.
Ein Symptomheiler kann durch die Verwendung des Traumzustands und Einsatz verschiedener Traumtechniken dazu beitragen, die Hand dieses Mannes zu heilen. Aber erst, wenn der junge Mann das Gefühl der Hilflosigkeit verliert, das dem Problem zugrundeliegt, wird die Arthritis zurückgehen. Andernfalls kommt es zu neuen Schwierigkeiten, die sich in einem anderen Bereich des Körpers manifestieren.
Mit anderen Worten: Es ist wichtig, nicht zu glauben, bei jemandem wäre etwas 'falsch' und zu versuchen, es zu fixieren. Viel erfolgversprechender ist, die Göttlichkeit in jenem Menschen zu sehen, seine Einzigartigkeit. Der Heiler, der aus der Überzeugung arbeitet, daß er den Menschen so sehen kann, wie er wirklich ist, beseitigt die Ursache der Schwierigkeit und erleichtert den Heilungsprozeß.

5. Der Körper ist der Spiegel des Bewußtseins.

Jedes Gefühl oder jeder Gedanke, den ein Mensch je gehabt hat, bleibt im Körper gespeichert, und alle Emotionen, die verdrängt oder verleugnet worden sind, werden ebenfalls gespeichert und beeinflussen somit Gesundheit und Wohlbefinden des Körpers.
Im Laufe seines Lebens trifft der Mensch immer wieder auf Situationen, die ihm Ärger, Trauer, Freude, etc. bereiten. Entschließt er sich zu der Überzeugung, daß es unangemessen ist, diese gefühlsmäßige Reaktion zu haben (die er bereits erlebt), kann er 'taub' werden, also verleugnen, was mit seinem Körper geschieht. Er kann irgendeinen Weg finden, das, was in ihm vorgeht, nicht zu fühlen. Jede dieser unausgelebten Emotionen führt zu körperlichen Schwierigkeiten. Diese Probleme (oder Symptome) sind die Möglichkeit des Körpers, die Aufmerksamkeit auf das zu lenken, was zu klären ist.
Besteht ein gesundheitliches Problem, so sind die Emotionen und Situationen, die zu der Krankheit geführt haben, normalerweise nicht

jene, die erlebt oder gefühlt worden sind, sondern jene, die nicht erlebt worden sind - jene Situationen, in denen ein Mensch taub wurde oder es sich nicht erlaubte, den Kummer, den Schmerz oder die Wut zu spüren. Der Mensch tendiert dann dazu, ähnliche Umstände wieder und wieder zu schaffen, Leben für Leben, bis er schließlich das, was er vermeiden wollte, voll erlebt.

6. Heilen ist Selbst-Heilung.

Der Körper heilt sich immer selbst. Keine Technik, keine Methode hat jemals irgend jemanden geheilt. Es ist die Reaktion des Körpers auf jene Technik, jene Methode, die zur Gesundung führt. Zwei Menschen mit dem selben Problem können mit dem selben Verfahren behandelt werden; der eine wird geheilt, der andere nicht - weil alles Heilen grundsätzlich Selbst-Heilung ist. Der Mensch, mit dem Sie arbeiten, heilt sich selbst. Sie sind nur das Hilfsmittel.

7. Der einzige Mensch, den Sie heilen können, sind Sie selbst.

Als Heiler müssen Sie sich auf sich selbst konzentrieren. Die wahre Essenz des Heilens ist Einheit, und die größten Heiler wissen im Innersten, daß Sie nur sich selbst heilen können. Jeder Mensch, mit dem Sie arbeiten, ist ein Teil Ihres Selbst. Es sind Sie 'in einem anderen Körper'. Das ist ein kosmisches Gesetz. Jeder, den Sie angezogen haben, um ihn zu heilen, ist ein anderer Aspekt Ihres eigenen Selbst.
Ein Beispiel: In Ihrem Leben gibt es jemanden mit Krebs. Es ist sehr sinnvoll, mit dem Heilungsprozeß zu beginnen, indem Sie zuerst sich selbst anschauen und fragen: "Gibt es etwas, was an mir 'frißt'?"
Wenn Sie beginnen, die Emotionen zu heilen, die an Ihnen 'fressen', dann berührt dies den Menschen, den Sie heilen möchten. Der Heilungsprozeß in ihm wird beginnen. Es ist wichtig, daran zu denken, daß nicht Sie diesen Menschen heilen. Jeder Mensch, mit dem Sie arbeiten, ermöglicht es Ihnen, geheilt zu werden, indem die Aufmerksamkeit auf gewisse Aspekte Ihres Selbst gelenkt wird.
Mein Kahuna-Lehrer auf Hawaii sagte, es sei heilig und eine große Ehre, an der Heilung eines anderen Menschen teilhaben zu dürfen. Die Ehre gebührt Ihnen. Es ist Ihre. Wenn Sie zur Heilung eines

anderen beitragen möchten und stellen fest, daß dieser Schwierigkeiten hat, diese zuzulassen, schauen Sie in sich selbst. Als erstes lassen Sie die Tatsache zu, daß Sie Liebe verdienen. Öffnen Sie sich und nehmen Sie dieses Bewußtsein tief in sich hinein. Während Sie dieses Umfeld für die Heilung eines anderen schaffen, heilen Sie sich selbst.
Als Heiler, und vor allem als Traum-Heiler, ist es unerläßlich, daß Sie nicht glauben, Sie würden sich opfern. Sie müssen sich klar machen, daß Sie nicht besser sind als der Mensch, den Sie heilen. Bei jeder Art des Heilens ist es wichtig, über den Dualismus und das Gefühl der Trennung hinauszugehen. Dabei begeben Sie sich auf die höchste Ebene der Einheit. Reißen Sie die Mauer herunter, die Sie vielleicht zwischen sich und dem anderen spüren, bis Sie die Einheit zwischen Ihnen beiden spüren.

8. Krankheiten und/oder physische Probleme können ein Geschenk sein.

Physische Probleme können eine Möglichkeit des Lernens sein. Beseitigt der Heiler vorzeitig Blockaden, bevor das höhere Selbst des kranken Menschen gelernt hat, was es lernen muß, entsteht die Krankheit neu. Beim Heilen ist es wichtig, einen sicheren Platz für den anderen Menschen zu schaffen, damit dieser seinen eigenen Weg gehen kann. Es ist nicht Ihre Aufgabe, diesem Menschen die Wahl zu nehmen. Schließlich wissen Sie als Heiler nicht, was für einen anderen das Beste ist. Es ist nicht an Ihnen zu entscheiden, was bei anderen falsch ist und es dann zu fixieren. Das entspräche dem Glauben an die Illusion, daß der Mensch nur Körper ist. Wir sind nicht unsere Krankheiten.

9. Nur die Liebe heilt.

Ein Aspekt der Definition von Liebe ist die bedingungslose Annahme der Realität des anderen. Diese Annahme geschieht auf einer Ebene, die tiefer liegt als die der Persönlichkeit oder Person des anderen. Es ist die Annahme der Essenz des anderen schlechthin. Weiter brauchen Sie nichts zu tun, um zu heilen. Ihre Gegenwart genügt.

10. Gesundheit ist eine Funktion des Dienens.

Dienen heißt nicht: sehen, daß jemand in schlechter Verfassung ist, und beschließen, ihm zu 'helfen'. Diese Idee der 'Fixierung' tritt auf, wenn man vergißt, daß der andere göttlich ist und seine eigene Realität wählt. Es bedeutet, daß Sie sich selbst höher einstufen und als besser ansehen als den anderen, und schließt mit ein, daß Sie jemandem helfen wollen, aber nicht weiter, als sie selbst sind. Wenn Sie anderen erlauben, über Sie hinauszugehen, wachsen Sie mit.
Mein chinesischer Lehrer pflegte zu sagen: "Es ist ein armseliger Schüler, der seinen Lehrer nicht überflügelt." Und Hanuman, der Affengott der Inder, spricht: "Wenn ich nicht weiß, wer ich bin, diene ich dir. Wenn ich weiß, wer ich bin, bin ich du."
Tun Sie alles, um der Welt zu helfen, damit die Welt ein besserer Ort wird - nicht zum Wohl der Welt, denn die Welt ist von Grund auf gut - sondern für Ihr eigenes Wohl. Und somit tun Sie das, was Sie für einen anderen tun, zu Ihrem eigenen Wohl. Denken Sie daran, der Mensch ist so, wie er ist, perfekt. Opfern Sie sich nicht - niemals! Dienen heißt nicht opfern.

11. Ein Heiler hat Mitleid.

Als Heiler ist es wichtig, das Gleichgewicht zu bewahren, indem Sie einen Fuß in jeder Realität haben - einen Fuß in der Realität der physischen Welt und den anderen im Bereich des Geistes. Im letzteren ist, wie Sie wissen, die Welt perfekt. Dort gibt es, wie Sie wissen, keine Unfälle. Jeder Mensch hat seine eigene Krankheit geschaffen und ist voll und ganz für sein Leben verantwortlich. Während Sie jedoch in einem intensiven 'geistigen' Bereich bleiben, werden Sie vielleicht kühl und es fehlt Ihnen an Mitgefühl für das Leiden der anderen. Bleiben Sie jedoch bewußt nur auf die physische Ebene konzentriert, werden Sie zum Spieler in einem großen Drama. In dieser Realität werden die meisten Menschen vom Leid der Welt 'aufgesogen' und beginnen, die Menschen zu bedauern. Wir vergessen, daß andere nicht ihr Körper oder ihr Problem sind, und so geschieht es leicht, daß man sich in diesen Bereich des Geistes begibt und nicht über das Leiden hinausschaut. Wenn Sie dies tun, haben Sie vergessen, wer Sie wirklich sind.

Es ist wichtig, Mitleid zu empfinden und mit dem Leid eines Menschen mitzufühlen. Dennoch sollten Sie seine wahre Essenz nicht vergessen. Er ist nicht krank; es ist sein Körper, der krank ist. Finden Sie dieses Gleichgewicht, und Sie werden ein ausgezeichneter Heiler sein.

Intention

Nachdem Sie den Hintergrund des Heilens verstanden haben, dürfen Sie das Reich der Traum-Heiler betreten. Der wichtigste Aspekt der nächtlichen Heilung oder Traumheilung ist Ihre Intention. Während Sie sich auf den Schlaf vorbereiten, sollten Sie entspannt und bequem liegen. Verwenden Sie Ihren Traumführer oder Ihre Traum-Schild-Technik. Nehmen Sie sich fest vor, an der Heilung des Menschen, an den Sie denken, teilzunehmen. Dazu stellen Sie sich ihn (oder sie) sehr deutlich vor. Wenn Sie kein visueller Mensch sind, versuchen Sie, ein Gespür für ihn zu bekommen. Jeder Mensch hat eine eigene Aura. Nehmen Sie mit der Aura jener Person Verbindung auf. Bleiben Sie bei ihrer Essenz. Nennen Sie den Namen dieses Menschen. Sie können sich ihn sogar in sehr glücklicher Stimmung vorstellen, also wie er rennt, springt, übermütig ist. Dann schlafen Sie ein. Wo Intention ist, fließt Energie. Sie erinnern sich vielleicht nicht daran, was Sie in der Nacht Gutes getan haben; dennoch haben Sie das Reich der nächtlichen Heiler betreten.

Sehr oft erzählen mir meine Klienten, sie hätten gespürt, wie ich mit ihnen in ihren Träumen gearbeitet hätte. Beim Wachwerden wären ihre Symptome dann verschwunden gewesen. Gelegentlich erinnere ich mich überhaupt nicht daran, daß ich sie in der Nacht besucht habe, oder ich habe nur den schwachen Schimmer einer Erinnerung. Ich habe sogar Menschen gesagt, ich würde mit ihnen nachts arbeiten, und dann vor dem Zubettgehen vergessen, mich entsprechend zu programmieren, um dann am nächsten Tag zu erfahren, wie effektiv die nächtliche Heilung gewesen war. Lassen Sie sich also nicht entmutigen. Vielleicht sind Sie ja schon seit langem ein nächtlicher Heiler.

Wenn Sie zu Ihrer eigenen Heilung beitragen möchten, sagen Sie sich kurz vor dem Einschlafen: “Heute nacht werde ich geheilt. Heute nacht werde ich geheilt.” Ihr Körper wird Ihre Träume spiegeln, und Ihre Träume werden Ihren Körper spiegeln. Ihr Körper wird sich durch Ihre Träume selbst heilen, und Ihre Affirmationen tragen dazu bei. Es muß nicht unbedingt so sein, daß Sie eine Krankheit ausbrüten; vielleicht will Ihre Seele Ihnen durch diese Krankheit oder Erkrankung nur eine sehr wichtige Botschaft übermitteln. Nutzen Sie Ihre Traumstadien als Work-Shop, um diese Botschaften in Empfang zu nehmen.

15
TRÄUME VON LIEBE UND SEX

Seine Hüften, fest und reif wie Mangos, bewegen sich mit selbstbewußter Grazie, während er den Strand hinunterschlendert. Seine Rückenmuskeln spielen mit katzenartiger Sicherheit, während er große, lässige Schritte macht. Er zögert ... und dreht sich zu mir um. Wir sind keine Fremden mehr, die zufällig auf einem einsamen Strand in dieselbe Richtung gehen. Wie magisch fühlen wir uns voneinander angezogen. Ein kurzer Blick! Eigentlich nur die Andeutung eines Blicks. Dennoch erfüllt mich jener stille Augenblick mit einem zitternden Strom seiner Seele. Ich gehe weiter ... und lächele.

Ich erwachte mit dem Gefühl eines geheimnisvollen inneren Glühens. Die Begegnung mit meinem *Dream Lover* war so kurz und dennoch so erfüllend. Den ganzen Tag habe ich gesungen.

Träume können ein Weg zur Ekstase sein, ein Weg, die Liebe für andere und für sich selbst zu erweitern und sexuelle Probleme innerhalb unseres Wachbewußtseins aufzuarbeiten. Manchmal sind sie sogar eine phantastische Art der nächtlichen Unterhaltung.

Sexualität ist im Traum ein ständiger Gast. Physiologisch gesehen haben Männer häufig während der REM-Traumstadien Erektionen und bei Frauen werden die Vaginalbereiche feucht. Das ist ein ganz normaler, natürlicher Prozeß. In alten Kulturen wußte man von diesem natürlichen Geschehen. Damals war das Verständnis für Sexualität und Sinnlichkeit Grundlage für den Ausdruck des Lebens schlechthin. Im Osten war es ein Mittel, die Einheit mit dem Geistigen zum Ausdruck zu bringen. Sexualität war ein Pfad zur mystischen Erfahrung. In einem alten, indischen Text heißt es: “Die sexuelle Vereinigung ist verheißungsvolles Yoga, das die Freude sämtlicher Wonnen der Sinne vereinigt und Entspannung bringt. Sie ist ein Pfad der Befreiung."

Nach dem östlichen Glauben besteht die Realität hinter allem Leben aus zwei dynamischen Energien - Yin und Yang. Yin ist das empfangende, weibliche Prinzip und Yang das männliche Prinzip der ausströmenden oder projizierenden Energie. Beides ist für die Harmonisierung im Leben notwendig. Yin wird der empfangenden Energie des Mondes zugeschrieben, Yang der aktiven Energie der Sonne. Alles ist entweder Yin oder Yang, und alles Leben ist ein Wechselspiel, ein Tanz dieser beiden Kräfte.

Mann und Frau gelten als der jeweils höchste Ausdruck dieser beiden kraftvollen Energien. Eine gesunde, sexuelle Vereinigung ist ein Weg, die Illusion der Dualität zu zerstören - eine Möglichkeit, Freiheit zu erlangen und Gesundheit und Wohlbefinden zu vergrößern. Die sexuelle Vereinigung ist auch ein Weg, Gott näherzukommen. Es gibt keine größere Kraft als die göttliche Vereinigung eines Mannes und einer Frau, die sich dem Ausdruck ihres Höheren Selbst weihen. In Ihren Träumen können auch Sie Zugang zu dieser Kraft finden.

Schuld

Viele Menschen, die im Traum Sex haben, empfinden ein Gefühl der Schuld ihren nächtlichen erotischen Erlebnissen gegenüber. Es ist wichtig, sich bewußt zu machen, daß Schuldgefühle wegen einer Traumbeziehung völlig fehl am Platz sind. In allen alten Kulturen mit metaphysischer Basis widersprach Sex weder der Spiritualität noch der Religion. Sex war eine Kunstform, die anderen Kunstformen ebenbürtig war und zur normalen Erziehung eines jeden Menschen gehörte. Es war wichtig, die Essenz der Sexualität nicht mit Schuldgefühlen zu verschleiern. Hören Sie also auf, Ihr eigener Richter zu sein. Im Traum gibt es weder Inzest noch Promiskuität. Ihre *Dream Lover* sind nichts anderes als unterschiedliche Aspekte Ihres Selbst in erotischer Form. Je mehr *Dream Lover* Sie haben, desto besser!

Sie sollten also nicht nur Schuldgefühle gegenüber Ihrem Traumsex loslassen, sondern auch jegliche Schuldgefühle gegenüber früheren sexuellen Aktivitäten. Diese Schuld kann jedesmal, wenn Sie Sex haben, im Unterbewußtsein aktiviert werden. Schuld ist immer zerstörend. Um in der Gegenwart vollkommene sexuelle

Vereinigungen erleben zu können, ist es wichtig, daß Sie sich Ihre Vergangenheit verzeihen. Wenn Sie den Gedanken aufrechterhalten, daß Sie schuldig sind und die Quelle der Schuld in der Vergangenheit liegt, sehen Sie nicht nach innen. Nach innen zu sehen bedeutet nämlich zu wissen, daß alles, was Sie je erfahren haben, für Ihr Wachsen und Verstehen notwendig war. Nur Ihre Vergangenheit macht Sie zu dem, was Sie heute sind. Selbst die Gedanken und Handlungen, derer Sie sich heute schämen, haben zu dem Wesen beigetragen, das Sie jetzt sind. So unangenehm diese Erinnerungen auch sein mögen, es ist wichtig, sie anzuschauen und dann loszulassen. Vergeben Sie sich. Jeglicher Rest an Schuld, mit dem Sie sich noch herumplagen, baut Schranken. Diese Schuld können Sie in Ihren Träumen verarbeiten und loslassen.

Wann immer der Schmerz der Schuld Sie zu treffen scheint, denken Sie an diese Worte. Wenn Sie ihn zulassen anstatt sich zu vergeben, entscheiden Sie sich gegen Ihren inneren Frieden. Daher sagen Sie sich sanft, aber voller Überzeugung:

"Ich akzeptiere, wer ich bin und was ich getan habe, und auch, was andere mir angetan haben. Ich akzeptiere es und vergebe mir und den anderen."

Eine sinnvolle Technik ist, alle Gefühle sexueller Schuld aufzuschreiben. Nachdem Sie sie zu Papier gebracht haben, verbrennen Sie das Blatt und sprechen Sie dabei die Worte: "Ich lasse meine Bindungen an diese Schuld los - jetzt und für alle Zeit! So soll es sein!" Ihre Träume werden die Loslösung verstärken, die sich in Ihrem Wachleben als Ergebnis dieses Prozesses bemerkbar machen wird.

Öffnen des Sex-Kanals im Traum

Ein anderer wichtiger Aspekt der Sexualität ist zu verstehen, wie Energie durch den Körper fließt. Innerhalb des Körpers gibt es gewisse Energiezentren, die wir Chakren nennen. Damit Sie gesund bleiben, ist es unerläßlich, daß Ihre Lebenskraftenergien harmonisch in Ihrem Körper zirkulieren. Wenn diese Energien blockiert sind, geht Ihre Selbstachtung zurück, Krankheiten treten auf und die Lebenskraft schwindet. Grundlage dieses Energieflusses ist der Fluß unserer Sexualenergie, die sich mit unserer schöpferischen Energie vergleichen läßt. Sehr oft leugnen oder blockieren

Menschen, die spirituell arbeiten, diese Lebensenergie. Manchmal werden sie so ‘himmlisch’, daß sie in ihren irdischen Zielen uneffektiv werden.
Um mit unserem Alltag fertigwerden zu können, muß in all unseren Chakren (Energiezentren) Gleichgewicht herrschen. Das erste Chakra, das Sexualzentrum, ist für das Gleichgewicht aller anderen Chakren ausschlaggebend. Es ist unsere Verbindung zur Erde. Es ist das Heim der Kundalini, jener geheimnisvollen Kraft, die am unteren Ende des Rückgrats sitzt und von Yogis angeblich erweckt werden kann. Es ist das, was der Osten den ‘kämpferischen Geist’ nennt. Das bedeutet nicht, daß man einen Kampf beginnen muß, sondern nur Lust am Leben und Vitalität. Ist dieser Bereich geöffnet, bemerken Frauen, daß ihr Menstruationsfluß leichter wird, ihre Hormone kräftiger, die Haut weicher, klarer, und sie selbst jünger. Sicher kennen Sie Frauen, die wie von innen heraus zu glühen scheinen. Normalerweise sind es Frauen, deren erstes Chakra offen und klar ist. Ist bei einem Mann das erste Chakra geöffnet, dann fühlt er sich, als hätte er mehr Gewalt über sein Leben und wird daher aus einer Perspektive größerer Wahrheit und Sicherheit handeln.
Ich betone: Jedes unserer Chakren stellt eine andere Facette unseres Lebens dar, und jede Facette verdient es, entwickelt und geöffnet zu werden, allerdings nicht unter Ausschluß der anderen. Das erste Chakra jedoch wird von denen, die auf dem spirituellen Pfad sind, aus einem Gefühl der Schuld oder Ablehnung heraus gerne ignoriert. Dieser Bereich ist Teil Ihres von Gott gegebenen Erbes. Nutzen Sie es. Lassen Sie zu, daß dieser Bereich geöffnet wird, und Ihre Sexualität und Ihre Lust am Leben werden wachsen.
Eine Methode, sich auf Sex im Traum vorzubereiten, besteht darin, die sexuelle Energie durch die Chakren hinauf bis zum Scheitel zu lenken, den die Inder die Öffnung *brahma* nennen. Dies kann mit dem Atem geschehen. Mystische Lehrer aus dem Osten betonen die Bedeutung des Atems als eine Möglichkeit, die schöpferische Sexualenergie zu harmonisieren und zu steuern. Ihr Atem sollte langsam und tief sein; bei jedem Einatmen sollte sich Ihr unterer Bauchbereich ausdehnen und beim Ausatmen zusammenziehen. Das ist der natürliche Weg zu atmen. So atmen wir, wenn wir schlafen. Die meisten Menschen atmen jedoch genau umgekehrt und dehnen die Brust beim Einatmen aus. Sobald Sie diese tiefe Art des Atmens beherrschen, stellen Sie sich vor, wie eine glänzende Ener-

gie-Welle durch Ihre Füße in Ihren Körper tritt, den Körper hinaufsteigt bis zum Scheitel und den Körper wieder verläßt. Mit dieser Übung öffnen Sie Ihre Chakren, was oft zu Erlebnissen der Erleuchtung und Transformation während des Schlafes führt. Sexuelle Träume können manchmal das Öffnen der Kundalini bewirken, und viele große Erleuchtungen geschehen während des Schlafes, wenn das Sexual-Chakra geöffnet ist.

Sobald Sie erleben, wie diese Energie durch Ihr ganzes Sein strömt, möchten Sie vielleicht die Dream-Lover-Meditation machen, die Sie in diesem Buch finden. Versuchen Sie einzuschlafen, während Sie die Worte wiederholen:

"Zeigt mir heute nacht die höchste Macht der Sexualität! Laßt mich heute nacht von der göttlichen Intimität mit meinem Partner träumen." Sie sollten wissen, daß jeder *Dream Lover*, den Sie treffen, Sie zu einem vollkommeneren, schöpferischen Menschen macht.

Sex im Traum und Kreativität

Ein aktives Sexleben im Traum trägt nicht nur zu einem sinnlichen Leben im Alltag bei, sondern auch zu Selbstverwirklichung und Vertrauen. Abraham Maslow, der bekannte, amerikanische humanistische Psychologe, der die Idee der Selbstverwirklichung vertrat, sagte, Menschen mit einem starken Traumleben wären selbstsicherer, unabhängiger, gelassener und tüchtiger. Auch die Träume eines weniger selbstsicheren Menschen sind wahrscheinlich stärker symbolhaltig als die eindeutig sexuellen Träume eines Menschen mit hoher Selbsteinschätzung.

Ein anderer Forscher hat eine enge Verbindung zwischen sexuellen Träumen und Kreativität entdeckt. In einer Schreibwerkstatt teilte der Lehrer die Schüler auf der Basis ihrer Schreibaufgaben in zwei Gruppen ein - kreative und weniger kreative Menschen. Dann wurden die Daten der beiden Studiengruppen gesammelt. Die nichtkreativen Studenten hatten sexuell passive Träume oder gar keine. Die kreativeren Studenten hatten alle offenkundig sexuelle Träume. Die Forscher schlossen daraus, daß die Freiheit der sexuellen Aktivität im Traum mit der Freiheit des schöpferischen Denkens in allen Bereichen verbunden ist.

Deutung von Sex im Traum

Gelegentlich träumen Frauen davon, einen Penis zu haben. Freudsche Psychologen nennen dies 'Penis-Neid' und halten diese Träume für Symbole für den geheimen Wunsch der Frau nach einem Penis. Viel eher als auf Penis-Neid deuten diese Träume jedoch auf den Wunsch der Träumerin nach Verstärkung der traditionellen männlichen Eigenschaften in sich hin, die sie durch den Penis symbolisiert sieht.
Gewisse Sex-Träume sind Traumerfüllungs-Träume, vor allem jene, in denen der Träumer, wenn er zu lange keinen Sex gehabt hat, äußerst erfüllende sexuelle Begegnungen hat. Gelegentlich mag einer dieser Träume buchstäblich das Sexleben eines Menschen revolutionieren. Manchmal träumt man vielleicht von Sex mit einem Menschen gleichen Geschlechts. Das bedeutet nicht unbedingt latente Homosexualität, sondern ist viel wahrscheinlicher der Wunsch nach jenen Qualitäten, die der andere repräsentiert. Träumt eine Frau zum Beispiel davon, mit einer anderen Frau zu schlafen, die eine sehr starke Persönlichkeit hat, dann mag das ihren Wunsch symbolisieren, die Qualitäten der Stärke in ihrem eigenen Charakter zu verkörpern.
Bei der Analyse Ihres Traums achten Sie bitte darauf, wo die sexuelle Begegnung stattfindet. Es ist bei Sex-Träumen nicht ungewöhnlich, daß, wenn sie in einem viktorianischen Haus stattfinden, für viktorianische Verhaltensweisen stehen. Haben Sie Sex im Erdgeschoß, erleben Sie vielleicht unterdrückte oder unbewußte Gefühle in bezug auf Sex, oder Ihr Traum ist ein Hinweis auf einen Bereich in der Sexualität, den Sie als niedrig (=schmutzig) ansehen. Wenn Ihre Traumbegegnung mitten in einem Hurrikan stattfindet, deutet dies im allgemeinen darauf hin, daß Sie starke Emotionen hinsichtlich Ihrer eigenen Sexualität erleben.

Gemeinsam Träumen

Ein spezieller Aspekt von Traum-Sex ist gemeinsames Träumen. Sie können buchstäblich mit einem geliebten Menschen einen Traum teilen. Diese Erfahrung verstärkt sich, wenn Sie in einem Raum schlafen, weil sich so Ihre Auren miteinander vermischen. Dann ist es leichter, zum Traum des anderen Zugang zu finden.

Gemeinsam Träumen kann auch über eine Entfernung hinweg geschehen. Wenn Sie von dem anderen getrennt sind, kann es ein Weg sein, Ihre Intimität fortzusetzen. Damit das gemeinsame Träumen möglichst effektiv ist, sollten Sie es vorher miteinander absprechen. Vereinbaren Sie, das Reich der Träume des anderen zu betreten. Während Sie einschlafen, bekräftigen Sie bewußt, daß Sie und Ihr Partner in Ihren Träumen zusammensein werden. Sehr oft geschieht gemeinsames Träumen spontan, ohne vorherige Absprache. Vielleicht haben Sie schon solch ein Erlebnis mit Ihrem Geliebte/Ihrer Geliebten gehabt, indem Sie am nächsten Morgen entdeckten, daß Sie beide einen ähnlichen Traum hatten. Gemeinsames Träumen kann eine ausgezeichnete Möglichkeit sein, die Intimität in Beziehungen zu erhöhen und größeres Verständnis füreinander zu entwickeln.

Bevor Sie damit beginnen, sollten Sie eine einfache Meditation machen. Diese Meditation basiert auf einer tantrischen Technik des Buddhismus.

Als erstes setzen Sie sich in bequemer Haltung Ihrem Partner gegenüber. Sorgen Sie dafür, daß Ihre Wirbelsäule gerade ist. Das ist für diese Meditation besonders wichtig. Jetzt beginnen Sie mit der zuvor beschriebenen natürlichen Art des Atmens. Denken Sie daran, während des Einatmens Ihren Bauch auszudehnen und während des Ausatmens Ihren Bauch zusammenzuziehen. Wenn Sie spüren, daß sich Ihr Brustkorb und nicht der Bauch ausdehnt und zusammenzieht, brauchen Sie sich nur vorzustellen, daß sich in der Mitte Ihres Bauches ein Ballon befindet. Mit jedem Atemzug dehnt sich der Ballon beziehungsweise zieht sich zusammen. Vielleicht dauert es eine Weile, bis Sie sich an diese Art des Atmens gewöhnt haben, aber die Ergebnisse machen die Mühe wert! Es ist eine ganz natürlich Art des Atmens. So atmen Sie, während Sie schlafen. Fühlen Sie sich ganz entspannt. Dann stellen Sie sich vor, wie ein Energiestrom aus dem Zentrum der Erde sich durch Ihr Rückgrat hinauf bewegt, durch Ihren ganzen Körper hindurch. Das ist Ihre Erdungsleitung. Stellen Sie sich weiter vor, wie diese Energie aus dem Scheitel Ihres Kopfes hervorspringt wie ein Geysir und an Ihnen hinunterläuft wie ein Wasserfall. Schauen Sie in das linke Auge Ihres Partners und stellen Sie sich einen Energiestrom vor, der aus Ihrem Herz-Chakra (das Energiezentrum in der Mitte der Brust) in das Herz-Chakra Ihres Partners/Ihrer Partnerin fließt. Dann stellen Sie sich vor, wie diesel-

be Energie seinen/ihr Rückgrat hinunterfließt und in das Sex-Chakra eindringt. Diese äußerst starke Energie bewegt sich dann vom Sexualbereich Ihres Partners in Ihren eigenen und von dort wieder in Ihr Herz-Chakra. Das nennt man die 'Technik des goldenen Kreises'. Sie können auch den Energiefluß umgekehrt kreisen lassen. Während Sie dies tun, lassen Sie die sehr tiefgehende Verbindung mit Ihrem Partner zu. Nach Beendigung dieser Übung behalten Sie das Schweigen bei. Gehen Sie sofort schlafen und programmieren Sie sich auf eine noch tiefere Verbindung während der Nacht.

16
KINDER UND TRÄUME

Ein goldener Fluß dessen, was einst Butter war, fließt in meine Morgenschüssel mit Hafermehl. Mein Finger findet einen Splitter in der tönernen Schüssel und spielt mit seinen rauhen Kanten. Meine zehnjährige Tochter erzählt gerade anschaulich von ihren Abenteuern der vergangenen Nacht. Ich genieße unser Familienfrühstück und diesen Austausch unserer Traumerlebnisse. Wenn Meadow von ihren Träumen erzählt, tut sie das lebhaft und in allen Einzelheiten, und dabei spiegeln sich ihre Empfindungen auf ihrem Gesicht. Normalerweise bestehen ihre Träume aus langen verschlungenen Erzählungen komplizierter Einzelheiten. Manchmal gehen sie über Generationen. Auch im Wachbewußtsein schenkt sie Einzelheiten große Aufmerksamkeit. Davids Träume sind gewöhnlich kurz und knapp - wie seine ganze Persönlichkeit - meine Träume hingegen lebendig und skurril.

Wenn wir uns die Zeit nehmen, einander unsere Träume zu erzählen und dem anderen bei der Entschlüsselung der geheimen Botschaften zu helfen, ist die Qualität des Tages ausgeglichener, da der Austausch von Träumen für die Festigung unserer familiären Energie äußerst wichtig ist, für jeden von uns. Es gibt Meadow ein Gefühl des Angenommenseins und ein tieferes Verständnis ihrer selbst. Sie behauptet, sie könne ihre Träume besser zurückholen und die Botschaften auswerten, wenn wir uns die Zeit nehmen, während des Frühstücks über unsere Träume zu sprechen.

Es ist nicht ungewöhnlich, daß, während ein Kind einen Traum erzählt, ein Erwachsener non-verbal die Meinung zum Ausdruck

bringt, Träume brauchten nicht ernstgenommen werden. Wenn ein Kind einen Alptraum hat, eilen wir herbei und versichern ihm: "Es ist nur ein Traum. Mach dir keine Sorgen. Es hat keine Bedeutung."
Sich den Traum Ihres Kindes anzuhören, selbst mitten in der Nacht, wenn Sie sich nach der Wärme Ihres Bettes zurücksehnen, ist ein Akt, der auf das Leben Ihres Kindes eine höchst inspirierende und transformative Wirkung haben kann.

Die Bedeutung kindlicher Träume

Als erstes sollten Sie, wenn Sie mit Ihren Kindern und ihren Träumen arbeiten möchten, ihr Kind wissen zu lassen, daß seine Träume eine Bedeutung haben und etwas Wertvolles sind. Das wird das Interesse Ihres Kindes an seinen Träumen wecken. Niemals sollten Sie das Verhalten des Kindes in dem Traum korrigieren oder kritisieren oder die Gefühle verharmlosen, die Ihr Kind in Verbindung mit dem Traum hat. Lassen Sie Ihr Kind wissen, daß Sie es genießen, von seinem Traum genauso und in allen Einzelheiten zu hören, wie er geschehen ist. Ermutigen Sie Ihr Kind, sich den schrecklichen Tieren oder anderen scheußlichen Dingen zu stellen, die im Traum auftauchen. Helfen Sie ihm zu verstehen, daß es völlig in Ordnung ist, nach dem Traum-Führer oder dem Schutzengel zu rufen, der ihm in der unglücklichen Situation zur Seite steht.
Savanna, eine Freundin meiner Tochter, erzählte mir, sie habe Angst schlafenzugehen, weil sie sich vor schrecklichen Monstern in der Dunkelheit fürchte. Ich gab ihr einen spitzen Quarzkristall, den ich zuvor als Traumkristall programmiert hatte, und sagte ihr, sie solle beim Schlafengehen den Kristall in der Hand halten und laut sagen: "Ich wünsche, daß alle Traum-Monster hier und jetzt verschwinden!"
Es ist sinnvoll, daß sich ein Kind durch Träume bestärkt fühlt. Machen Sie Ihrem Kind daher klar, daß es über seine Träume Kontrolle gewinnen kann. Wenn es dabei Probleme hat, und wenn Sie bereits erfolglos versucht haben, seine Träume zu ändern, ist es sehr wichtig, Ihr Kind weiter darin zu bestärken. Ihre Kinder fühlen sich vielleicht schlecht, weil es ihnen nicht gelungen ist, einen Traum zu ändern. Wenn dies geschieht, lassen Sie die Kinder sich entweder darauf konzentrieren, den Traum auszuagieren oder ein Bild mit einem überzeugenden Ende zu malen. Sie sollten die Flexibilität und

Änderbarkeit des Traumes betonen. Nutzen Sie die Zeit sinnvoll, um sorgfältig zuzuhören und sich auf das einzustimmen, was Ihr Kind im Augenblick braucht.
Lassen Sie Ihr Kind auch wissen, daß es Träume dazu verwenden kann, ein Talent oder eine Fähigkeit zu entwickeln, die dann vielleicht Eingang in sein normales Alltagsleben findet. Sie können vor dem Schlafen sagen: "Ich möchte ein besserer Schwimmer, Schlittschuhfahrer oder Künstler werden. Schenkt mir den Traum, mit dem ich dieses Ziel erreichen kann."

Traumbuch

Wenn Sie beginnen, mit den Träumen Ihrer Kinder zu arbeiten, sollten Sie zuerst ein 'Traumbuch' besorgen, um die Träume aufzuschreiben. Ein Traumbuch kann ein Notizbuch, eine Kladde, ein Tagebuch oder ein Block aus selbstgemachten Seiten sein. Lassen Sie Ihr Kind das Buch wählen, das ihm gefällt. Lassen Sie es gleichzeitig wissen, daß dies ein besonderes Buch ist, das nur diesem Zweck dient. Es kann den Traum selbst aufschreiben oder, wenn es noch zu klein ist, können Sie ihn für das Kind notieren. Dann lassen Sie das Kind den Traum malen. Das Kind gibt also mit Farben das Bild wieder, das es im Traum gesehen hat, oder wie es sich das Ende des Traumes gewünscht hat.
Das Traumbuch kann auch für weitere Geschichten des Kindes von dem Traum verwendet werden; es kann diese Geschichten in das Buch schreiben oder sie illustrieren. Wenn der Traum das Kind durcheinandergebracht hat, kann es in den Traum zurückgehen und die Geschichte neu schreiben und sich selbst zum Helden oder zur Heldin machen. Geben Sie Ihrem Kind zu verstehen, daß es völlig in Ordnung ist, in den Traum zurückzugehen und ihn genauso enden zu lassen, wie es sich ihn gewünscht hätte. Machen Sie Ihrem Kind klar, daß selbst schreckliche Dinge im Traum geändert werden können.

Traumdeutung

Es ist für Erwachsene äußerst wichtig, ihren Kindern die Zeit und den Platz zu widmen, der für die Deutung ihrer Träume notwendig ist. Es mag für Kinder zuerst schwierig sein herauszufinden, was ihre Träume bedeuten. Lassen Sie Ihr Kind einfach den Traum erzählen, und schon dies allein wird sein Wachleben mit Energie erfüllen. Wenn Erwachsene über die Deutung ihrer eigenen Träume diskutieren, fühlt sich das Kind oft bestärkt, darüber zu sprechen, wie es seinen Traum versteht. Die Traumführung sollte ganz sanft sein, und die Kinder sollten sich nie bedrängt fühlen.

Alpträume

Kindern, die immer wieder unter Alpträumen leiden, hilft man, indem man ihnen Stift und Papier gibt und sie ermuntert, das Tier, das sie so erschreckt hat, zu zeichnen. Wenn ein Kind das Monster oder das schreckliche Tier malt, kann es das Schreckgespenst ins Gefängnis stecken, ihm ein albernes Aussehen geben oder einen Traumführer zeichnen, der größer und mächtiger ist. Mit dieser einfachen Übung verschwinden die meisten Alpträume.

Traum-Kämpfer

Wenn Ihr Kind Probleme dabei hat, die Monster loszuwerden oder zu glauben, daß es seinen Traum in allen Punkten ändern kann, möchten Sie vielleicht für Ihr Kind die Rolle des Traum-Kämpfers spielen. Dabei führen Sie für Ihr Kind den Kampf, bis es sich entweder sicher oder stark genug fühlt, allein für sich zu kämpfen. Zum Beispiel kann sich der Erwachsene vorstellen, er halte das Schwert in der Hand, und laut sagen: "Jetzt halte ich das Schwert in der Hand; das haarige Monster tritt den Rückzug an. Schau mal, welche Angst es vor dem glänzenden Schwert hat! Ich bin so stark, daß das Monster wegzulaufen beginnt, aber ich lasse es nicht zu, weil das magische Silber im Schwert es zerstören wird, so daß es nie mehr zurückkommen und dich erschrecken kann!"
Wenn Sie an irgendeiner Stelle im Drama Ihrem Kind das Schwert geben können, tun Sie es. In dem Augenblick, in dem sich das Kind sicher fühlt und ein Gefühl der Kontrolle hat, wird es das Schwert haben wollen und die Arbeit selbst 'beenden'.

Gemeinsames Träumen

Eine wunderbare Möglichkeit, Kindern den Umgang mit ihren Träumen zu erleichtern, ist eine Traum-Besuchsnacht.
Vor kurzem hat meine Tochter Meadow ihre Freundinnen Savanna und Roslyn eingeladen, bei ihr die Nacht zu verbringen. Die Mädchen hatten sich zuvor noch nie mit Traumarbeit beschäftigt. Kurz vor dem Zubettgehen sagte ich zu ihnen: "Warum teilt ihr heute nacht nicht eure Träume miteinander?"
Nachstehend das, was geschehen ist - mit den Worten der Mädchen:

Roslyns Traum

Savanna, Meadow und ich gingen zu einem Stein-Laden. Savanna hatte ihren schönsten Kristall mitgebracht, ich einen orangefarbenen, den ich unterwegs gefunden hatte, und Meadow einen Kristall, den sie in der Nähe ihres Hauses entdeckt hatte. Als wir zu der Werkstatt kamen, waren dort alle dabei, Steine in Würfel zu schneiden. Wir setzten uns hin und begannen, auch unsere Steine in Würfel (Anm. d. Ü. engl.: quarter) zu schneiden. Savanna war sehr wütend, weil sie ihren schönsten Kristall mitgebracht hatte, aber sie machte mit. Wir schnitten die Steine also auseinander und mußten sie dann wieder zusammenkleben. Kleine Splitter fielen heraus. Auch diese sollten wir wieder ankleben. Als wir fertig waren, wickelten wir unsere Kristalle in Papier ein und nahmen sie mit nach Hause. Savanna hatte immer noch ihren schönsten Kristall, aber er war nicht mehr wie vorher. Es fehlten immer noch kleine Splitter, die sie vergessen hatte, wieder anzukleben.

Savannas Traum

Meadow und ich waren Schwestern. Und dann war da noch ein Mann, der ein Kind entführt hatte. Ich erzählte Meadow davon. Meadow wurde so wütend, daß sie ihn in den Swimmingpool warf. Roslyn schaute zu. Meadow war so erbost, weil sie den Mann mochte und er vorgegeben hatte, nett zu ihr zu sein.

Meadows Traum
(In Kurzfassung ... Meadows Träume sind epische Romane).

Ich war mit meiner Freundin Savanna zusammen und aß in der Cafeteria ihrer Schule, und sie begann, auf den Computer des Schulleiters einzuhämmern. Dann sah ich, wie ich und sie im Büro alle diese Dinge in den Computer des Schulleiters einhämmerten. Savanna erinnerte sich daran, daß der Schulleiter so Regeln hatte wie: 'Du mußt sterben, wenn du den Computer des Schulleiters durcheinanderbringst.' Dann erinnerte sie sich auch, daß wir unsere Hände in eine Art Fenster stecken mußten. Also steckten wir unsere Hände in dieses Fenster, aber als Savanna versuchte, die Hand wieder herauszuziehen, grapschte etwas nach der Hand mit all ihren Knochen und zog Savanna herein. Ich schnappte sie am Fuß und zog sie wieder heraus. Der Schulleiter begann, uns zu jagen. Wir rannten durch sämtliche Räume der Schule. Wir mußten dies alles tun oder sterben. Und schließlich gelangten wir hinaus.
Draußen stand Roslyn, und wir alle drei rannten zum Marktplatz. Ich fragte sie: 'Hat einer von euch einen Viertel (Anm. d. Ü. engl.: quarter) Dollar?' Sie antworteten: 'Nein.' Savanna sagte: '25 Cent ist viel Geld!' Ich rannte den Hügel hinauf in die Stadt und rief ihre Mutter Sandra an, um zu sehen, ob sie uns holen könnte. Und aus irgendeinem Grund war ich während all dessen ohne den Viertel Dollar. Schließlich kam meine Mama, und ich erzählte ihr die Geschichte von dem Schulleiter, der uns verfolgt hatte. Sie begann, von ihm ein Video-Band zu machen und sich mit ihm anzufreunden. Sie war die Heldin meiner Träume, weil sie den Schulleiter glücklich machte und er vergaß, uns zu verfolgen. Dann hat mich meine Mama abgeholt und mich gefragt, wie mein Tag war, und ich habe gesagt: 'Och, nichts Besonderes.' Und dann wurden Savanna und Roslyn von Sandra abgeholt. Alle waren am Ende meines Traums in Sicherheit und glücklich.

(Meadows Bemerkung: "Ich glaube, die Bedeutung dieses Traumes ist: Mach voran, nimm die Gelegenheiten wahr! Dann wird alles ein gutes Ende haben. Nutze deine Chancen im Leben!")

Es war interessant - nicht nur, daß sich die Mädchen an ihre Träume erinnerten, sondern in jedem Traum kamen alle drei Mädchen vor. Ohne in einer allzu tiefe Traum-Deutung zu gehen, ist es auch faszinierend festzustellen, daß in zwei der Träume (Roslyns und Meado-

ws) *quarter* vorkommt. Und in zwei Träumen taucht ein männlicher Held auf, der schließlich besiegt wird.
Meadows fragte, ob sie einen Traum erzählen dürfe, der, wie sie glaubte, für sie sehr wichtig sei. Ich habe ihn hier mit berücksichtigt, weil er zeigt, wie man mit den Alpträumen eines Kindes positiv umgehen kann.

Meadows Alptraum

Vor ein oder zwei Monaten träumte ich von Räubern, und dieser Mann, Mamas Freund, war einer der Räuber. Ich war völlig entsetzt. Davor habe ich am meisten Angst - vor Räubern, die hereinkommen, Dinge wegnehmen und einfach da sind. Es war wahrscheinlich der schrecklichste Traum, den ich je gehabt habe, und ich war völlig durcheinander.
Nachdem ich meiner Mama den Traum erzählt hatte, wurde ich schon beim Erzählen von Angst gepackt. Also strich sie ein Kissen glatt und sagte, ich solle dies als den Räuber nehmen, auf ihn einschlagen und ihn mit meinen Händen und Fäusten bearbeiten.
In der nächsten Nacht träumte ich einen anderen Traum von Räubern im Haus. Dieses Mal jedoch hatte ich einen Plan. Wenn wir die Räuber an die Tür klopfen hörten, würden wir beim dritten Klopfen beide Türen öffnen - die Vorder- und Hintertür. Wir hatten uns alles ganz genau ausgedacht. Ich wachte auf und war ein wenig verschreckt. Doch dann dachte ich daran, die Räuber zu töten, und hatte keine Angst mehr. Ich glaube, das war eine wirkliche Verbesserung, nicht wahr?
Kurz danach hatte ich einen Traum, daß ich und meine Mama dort waren, wo der Mann lebte, der in meinem ersten Traum der Räuber gewesen war, und wir sahen dieses wunderschöne Haus. Und das war der Ort, wo er lebte. Und meine Mama sagte: 'Oh, es ist so schön, zurück zu sein.' Und ich war nicht mehr böse auf diesen Mann, und er war kein 'Blödmann' mehr. Ich glaube, ich habe meine Träume wirklich geändert."

Indem ich Meadow zeigte, daß sie über ihre Träume Kontrolle gewinnen könne (indem sie auf das 'Räuber-Kissen' einschlug), fühlte sie sich ihrem Traumfeind überlegen, und dieses Gefühl übertrug sich auf ihr Wachleben. Meadow hat jetzt keine Angst mehr vor Räubern.

TRAUMMEDITATION

Nichts Ewiges kann das Glück uns geben,
denn flüchtiger Traum ist Menschenleben,
und selbst die Träume sind ein Traum

Pedro Calderón de la Barca

17
TRAUMFÜHRER

Die drei Meditationen in diesem Buch sind Reisen nach innen, die Sie entweder einem Ihrer Lieben vorlesen oder mit dem Kassettenrecorder aufzeichnen, und sich dann vor dem Einschlafen vorspielen können.

Die erste Meditation erlaubt Ihnen den Zugang zu der mächtigsten Unterstützung überhaupt, nämlich der eines Traumführers.

Für die amerikanischen Indianer war der Traumführer äußerst wichtig, da er die Menschen durch die Nacht geleitete und ihnen half, Gaben der Weisheit von der 'anderen Seite' herüberzuholen.

Ein Traumführer ist ein Wesen, das Sie sicher durch die Nacht führt und Ihnen größeres Verständnis für sich und die inneren Dimensionen vermittelt. Ihr Führer ist vielleicht jemand, den Sie aus einem früheren Leben kennen, oder jemand aus diesem Leben, der bereits in die andere Dimension hinübergewechselt ist. Es kann das höhere Bewußtsein eines Menschen sein, der noch lebt - etwa eines Gurus oder Meisters, der Ihnen bewußt hilft - oder die unbewußte Hilfe durch das Höhere Selbst eines anderen, der gar nicht bewußt wahrnimmt, daß er für diese Führung sorgt.

Traumführer-Meditation

Wir stehen vor einer aufregenden Reise zu einem Ort in Ihrem Inneren. Sobald Sie dort angekommen sind, werden Sie Zugang zu einer inneren Quelle großer Kraft, großer Energie und großen Friedens finden. Sie machen sich auf eine Reise, auf der Sie Ihrem Traumführer begegnen werden.

Um sich auf diese Reise vorzubereiten, sollten Sie sich hinlegen oder in einer bequemen Stellung hinsetzen. Achten Sie darauf, daß Ihre Arme und Beine nicht gekreuzt sind. Machen Sie es sich so bequem wie möglich.

Sobald Sie sich so richtig wohlfühlen, schließen Sie die Augen. Jetzt einatmen. Füllen Sie ihre Lungen ganz tief mit Luft ... halten Sie drei Sekunden an ... und während Sie ausatmen, fühlen Sie sich entspannt und wohl.

Jetzt wieder einatmen ... tiefer als eben ... festhalten ... ausatmen ... spüren Sie, wie sich Ihr ganzer Körper entspannt. Und jetzt ein letzter, tiefer Atemzug. Drei Sekunden anhalten und ... e n t s p a n n e n .

Jetzt richten Sie ihre Aufmerksamkeit auf den linken Fuß. Spüren Sie, wie sich Ihr linker Fuß entspannt. Er ist jetzt völlig entspannt. Nun richten Sie Ihre Aufmerksamkeit auf den rechten Fuß. Fühlen Sie, wie Ihr rechter Fuß sich entspannt. Ihr rechter Fuß ist jetzt ganz entspannt. Mit jedem Atemzug fühlen Sie, wie Sie sich immer mehr entspannen.

Jetzt richten Sie Ihr Bewußtsein auf Ihr linkes Bein. Spüren Sie, wie sich Ihr linkes Bein entspannt. Fühlen Sie, wie es ganz entspannt ist. Jetzt stellen Sie sich eine warme Welle der Entspannung vor, die von Ihrem Fuß über Ihre Beine, Ihren Bauch, Ihre Brust bis hoch hinauf zu den Schultern, die Arme hinunter und bis zu den Fingerspitzen läuft. Eine warme Welle folgt der nächsten.

Stellen Sie sich nun Ihren Bauch als einen Ballon vor. Während Sie einatmen, bläht sich der Ballon auf, während des Ausatmens stellen Sie sich vor, wie Sie die Luft aus dem Ballon herauslassen. Während der Ballon ganz langsam immer schlaffer wird, werden Sie noch entspannter. Ihr ganzer Körper ist jetzt vom Nacken abwärts entspannt, warm und angenehm. Nun konzentrieren Sie Ihre Aufmerksamkeit auf Ihre Halsmuskeln und lassen Sie zu, daß sich Ihr Hals entspannt. Spüren Sie, wie sich Kiefer und Gesicht entspannen, völlig entspannen.

Jetzt stellen Sie sich vor, wie Sie sich in einer sternenklaren Nacht an einem schönen Ort in der Natur befinden - vielleicht am Meeresstrand oder zwischen schweigenden Bäumen in einem üppigen, grünen Wald oder auf dem Gipfel eines erhabenen Berges, während das Mondlicht auf dem Schnee wie funkelnder Kristall glitzert. Oder aber Sie stellen sich eine verzauberte Wiese mit Kitzen, Feen und Einhörnern vor. Vielleicht ein Ort, den Sie kennen, oder ein Ort, der nur in Ihrer Phantasie existiert. Alles was für Sie schön ist ... was Sie glücklich macht, und wo Sie sich wohlfühlen.

Stellen Sie sich diesen Ort, vom Mondlicht übergossen und von Sternen übersät, so deutlich wie möglich vor. Nehmen Sie sich Zeit, sich diesen Platz in der Natur auszumalen und die Umgebung mit all Ihren Sinnen zu erfahren. Lauschen Sie den friedlichen Tönen der Nacht. Stellen Sie sich vor, wie Sie dort spazierengehen, laufen, tanzen und diese mondhelle Kathetrale der Nacht erleben. Machen

Sie dieses Erlebnis so wirklich wie nur möglich, indem Sie alle Ihre Sinne einsetzen und die Stimmung geradezu fühlen. Nutzen Sie ihre Sinne - Tasten, Riechen und Sehen. Stellen Sie sich an diesem Ort der Natur einen stillen, kleinen See vor - ruhig ... tief ... heiter ... klar. Ein friedlicher Teich, der in seinen Tiefen die Geheimnisse des Mondlichts hütet ... ein Teich, von einer Quelle gespeist, in dem Sie Ihr eigenes Spiegelbild sehen, verändert wie in einem Traum. Seine Oberfläche ist wie Satin, glasklares Wasser ... stilles Wasser. Dieses Wasser ist Ihrer Intuition, Ihrer Klarheit, Ihren Träumen gewidmet. Nehmen Sie sich Muße, sich das Wasser wirklich vorzustellen.
Während Sie in diesen stillen Teich hineinschauen, sehen Sie, wie sich allmählich auf der Oberfläche ein Nebel bildet. Dieser Nebel wird größer, beginnt sich zu drehen und zu tanzen, als ob er ein eigenes Leben hätte. Wirbelnd, drehend und tanzend dehnt sich der Nebel immer mehr aus, bis die gesamte Umgebung in diesen mystischen Dunst eingehüllt ist. Sie fühlen sich wohl, sicher und heiter.
Während Sie in dem vom Mondlicht übergossenen Wohlgefühl dieses Nebels stehen, vermittelt Ihnen Ihre Intuition allmählich, daß von weit hinten langsam etwas näher kommt. Sie spüren, wie sich dieses 'Etwas' nähert und werden sich einer immensen Kraft, großer Energie und strahlender Helligkeit bewußt. Und während es näherkommt, geht von diesem Wesen eine ruhige Heiterkeit aus. Es kommt näher ... immer näher. Sie erwarten seine Ankunft mit Freude. Es ist Ihr Traumführer. Während er Ihnen entgegenkommt, erleben Sie eine tiefe Verbindung zu diesem Wesen. Durch den Nebel spüren Sie in jeder Zelle Ihres Seins die durchdringende Liebe und absolute, bedingungslose Annahme dieses Wesens.
Ihr Traumführer kommt zu Ihnen aus dem Reich der Ewigkeit, um Ihnen Einsicht zu schenken, Sie durch die Nacht zu geleiten und Ihnen in den Wachstunden Zugang zu Ihrer Quelle der Kraft und Vollkommenheit zu verschaffen. Und jetzt kommt Ihr Führer noch näher, immer näher, jeder Schritt bringt ihn näher an Ihre Seite. Nun spüren Sie ihn ganz nahe. Welch ein strahlendes Wesen! Welch eine göttliche Kraft! Dieses Wesen kennt Sie in- und auswendig und hat Äonen der Zeit auf Ihren Ruf gewartet. Jetzt strecken Sie ihm Ihre Hände entgegen, und während Sie dies tun, spüren und erleben Sie, wie die Hand Ihres Führers sanft in Ihre gleitet. In diesem Augenblick, während Sie in die tiefe Ruhe der Nacht geleitet werden, fühlen Sie eine Entspannung, die so tief ist, daß sie jede Zelle Ihres Seins erfüllt.

Von jetzt an stellen Sie sich jeden Abend, wenn Sie ins Bett gehen, vor, wie die Hand Ihres Führes in Ihrer eigenen liegt. Sie wissen, dieses Wesen ist bei Ihnen, jetzt und alle Zeit, um Sie durch die Geheimnisse der Nacht zu führen und zu leiten.
Allmählich werden die Nebel lichter, und jetzt erkennen Sie Form und Züge Ihres Traumführers. Wenn Sie ihn nicht visualisieren können, dann versuchen Sie, ein Gespür für Ihren Traumführer zu bekommen.
Ein Vergleich: Vielleicht können Sie keinen Wasserfall sehen, aber Sie können ein Gefühl für die Frische des Wasserfalls bekommen.
Nun nehmen Sie sich ein wenig Zeit, um mit Ihrem Traumführer zusammenzusein. Vielleicht möchten Sie ihn nach seinem Namen fragen oder ihm andere Fragen stellen, oder Sie ziehen es vor, einfach neben ihm zu sitzen, um das sanfte Schweigen der vom Mondlicht erhellten Nacht zu genießen.
Wenn Sie möchten, wird Ihr Traumführer von nun an Nacht für Nacht während des Schlafes zu Ihnen kommen und Ihnen tagsüber durch die Schwierigkeiten des Alltags helfen. Ihr Führer kann Ihnen auch helfen, für die Zukunft oder aus der Vergangenheit größeres Wissen zu erlangen und andere Dimensionen zu erforschen.
Nun verabschieden Sie sich von Ihrem Traumführer.
Jetzt können Sie einschlafen. Möchten Sie jedoch zum normalen Tagesbewußtsein zurückkehren, brauchen Sie nur einen tiefen Atemzug zu nehmen ... und, wenn Sie bereit sind, öffnen Sie langsam die Augen ...

18
TRAUMSCHILD

Ein Traumschild ist ein persönlicher Kraftgegenstand. Es ist eine Möglichkeit, innere Kraft und Stärke zu entwickeln und tieferes Verständnis für die alten Mysterien zu erlangen. Er wird Sie und Ihre Lieben schützen. Die Symbole, die Sie auf Ihrem Schild anbringen, sind Rudimente Ihrer eigenen individuellen Mythologie, mit denen Sie dem Sinn Ihres Lebens näher kommen.
Hier ist ein Brief, den ich von einer Seminarteilnehmerin erhalten habe, die zu der Kraft eines Traumschilds Zugang gefunden hat.

Liebe Denise,
ich möchte Dich wissen lassen, was nach meiner Teilnahme an Deinem 'Past Life Seminar' geschehen ist, wo wir die Traumschild-Technik erlernt haben. Samstag nacht, nach dem Seminar, bekam ich einen Anruf, daß mein Bruder an jenem Morgen nach einer Herzattacke am Abend zuvor gestorben war. Aufgrund vieler Probleme mit seiner Frau hatte ich in den letzten zwanzig Jahren den Kontakt zu ihm verloren.
Nach dem Telefonat sprach ich mit meiner Freundin Gina und erzählte ihr, daß ich wahrscheinlich an dem Begräbnis nicht teilnehmen würde, weil ich Angst vor einer Auseinandersetzung in der Familie hatte. Einige Jahre zuvor hatte es bei der Beerdigung meines Vaters zwischen diesem Bruder, seiner Frau und mir einen heftigen Streit gegeben. Gina gab zu bedenken, daß die Beerdigung möglicherweise für mich eine tiefgehende Heilung bringen würde - eine Gelegenheit, die ich vielleicht nicht so bald wieder haben würde. Ich versprach Gina, im Traum um Führung zu bitten und dieser Führung zu folgen. Wir schwatzten noch eine Weile, und schließlich ging ich schlafen.
Als ich das Licht löschte, schuf ich meinen Traumschild nicht bewußt. Jetzt weiß ich, daß mein Unterbewußtsein durch den Traumschildprozeß, den wir am selben Tag in Deinem Seminar gelernt hatten, bereits vorprogrammiert war. Ich ging zu Bett und schlief tief und fest. Gegen 4.30 Uhr in der Früh erwachte ich, sehr überrascht. Die Erinnerung an einen Traum ist, genauso wie visuelle Bilder, für mich etwas völlig Neues. Mein Kissen war durchnäßt, offensichtlich hatte ich geweint. Ich erinnerte mich an einen lebhaften Traum, in dem ich auf dem Friedhof unter einem Baldachin stand und einen Abschiedsbrief las. Ich fühlte mich ruhig, geheilt und voller Frieden. Alles war in Ordnung. Ich zweifelte nicht daran, daß ich mich wieder an den Brief erinnern würde, denn ich 'wußte', daß ich ihn mir später im Büro würde zurückrufen können. Alles war vollkommen und heiter.
An jenem Abend erhielt ich die Einzelheiten zu der Beerdigung und fragte Carol, die Witwe meines Bruders, ob ich Gelegenheit haben würde, meinen Brief vorzulesen. Meine Bitte wurde kommentarlos gewährt, obwohl ich einen Versuch, mich zu manipulieren, spürte. Es war jedoch, als wäre ich 'geschützt'.
Während der Beerdigung am Donnerstag verlas ich meinen Brief und spürte sofort ein Gefühl tiefen, tiefen Friedens mit meinem

Bruder Fred, der soeben gestorben war, und meinen anderen Brüdern. Als ich mit dem Vorlesen fertig war, legte ich ein Bouquet regenbogenfarbener Nelken auf den Sarg. Als wir nach dem Gottesdienst einander trösteten, schien zwischen uns ein Gefühl tiefer Zuneigung und echter Zusammengehörigkeit zu herrschen. Freds Witwe dankte mir für die Rede und bat mich um eine Kopie. Das anschließende Beisammensein war eine sehr innige und gute Zeit für uns alle - Freunde und Familie.
Es war ein außerordentlicher Heilprozeß, und ich spürte ein echtes Gefühl der Erfüllung. Es war viel mehr, als ich mir je zu erträumen gewagt hätte.

Alles Liebe,
Vi Randall

P.S. Ich habe die Rede, die ich für meinen Bruder geschrieben habe, beigefügt, weil sie von einem Traum inspiriert war.

Eulogie für Frederic

Am 8. November 1987 ist die Seele Frederics heimgekehrt. Es ist Herbst, die Zeit der Ernte, die Zeit des Sterbens, die Zeit, in der wir das heimbringen, was uns durch die Ruhezeit des Winters oder die Zeit des `Feuers' trägt und die Dunkelheit erhellt. Das war Freds Zeit, und er lebte ihrem Wesen gemäß. Er ernährte seine Familie, arbeitete mit der Kraft seiner Hände und genoß, wenn er mit seiner Familie zusammen war, das Leben in vollen Zügen.
Heute, am 12. November, ehre ich den Geist meines Bruders mit Worten der Liebe und schicke ihm viele Regenbogen, die ihm helfen, zum Großen Geist, der Quelle allen Seins, zurückzukehren. Vater Himmel und Mutter Erde sind am heutigen Tag im Einklang, um ihm eine sichere Reise zu bescheren. Im vergangenen Jahr beendeten seine Mutter und seine ältere Schwester ihre Reise. Jetzt folgt er ihnen. Wir werden ihn vermissen, wie wir Elisa und Rondalyn vermissen, aber für alles gibt es eine Zeit. Eine Zeit zu trauern. Eine Zeit zu weinen. Eine Zeit, geboren zu werden. Eine Zeit zu sterben. Jetzt ist unsere Zeit, unseren Bruder, unseren Freund, unseren Seelenpartner auf die uns eigene Art und Weise zu ehren. Es ist die Zeit für eigene Reflexionen, eine Zeit, unsere Furcht los-

zulassen, unsere Eifersucht, unseren Ärger, unseren Haß und unsere Mißgunst. Eine Zeit zu erkennen, daß wir alle auf diesem Planeten Erde eine Familie sind. Eine Zeit, zusammenzukommen im Geist des Friedens und in Harmonie, um jedem anderen dieselbe Liebe und denselben Frieden zu wünschen und zu gewähren, wie wir sie Frederic wünschen. Seiner Witwe schicke ich Verständnis und Liebe, die sie durch diese Zeit des Übergangs tragen sollen. Seinen Kindern schicke ich das Wissen, daß ihr Vater Weisheit und Vertrauen lehrte. Seinen Geschwistern Stärke und Heiterkeit. All seinen Freunden und seiner Familie bedingungslose Liebe.
Während wir Frederic nun neben seinem Vater zur Ruhe betten, möge ein jeder von uns Frederic auf seine Weise ehren. Seine physische Reise ist vollendet, seine spirituelle Reise beginnt. Vater Himmel bitte ich um den Wind, seinen Geist sanft nach Hause zu wehen. Mutter Erde bitte ich, ihn zu Hause zu empfangen. Möge der Geist des Feuers alle Gedanken reinigen, möge der Geist des Wassers alle Verletzungen, allen Ärger und alle Enttäuschungen reinigen und wegwaschen.
Ich schließe mit der Bitte um Vergebung für alles, womit ich dich verletzt habe. Ich liebe dich, Frederic, mein älterer Bruder und treuer Ratgeber. Danke, daß du mein Lehrer warst. Ich werde dich vermissen.

Traumschild-Meditation

Die Traumschild-Meditation basiert auf alten Traumtechniken. Diese einfache Technik läßt sich am besten vor dem Schlafen anwenden. Sie können diese Meditation auf einem Recorder aufzeichnen und sie dann vor dem Zubettgehen abspielen. Sprechen Sie mit ruhiger, entspannter Stimme. Vielleicht möchten Sie etwas Hintergrundmusik. Sie können diese Meditation auch Freunden vorlesen oder für Klienten verwenden.

Wir wollen beginnen. Legen Sie sich bitte zuerst ganz entspannt hin, und achten Sie darauf, daß Ihre Wirbelsäule gerade ist.
Jetzt beginnen Sie leicht, aber tief zu atmen ... schöne, leichte, tiefe Atemzüge. Einatmen und ausatmen. Es ist beinahe so, als wenn es Sie atmen würde. Nichts anderes existiert, außer Ihrem Atem. Ein und aus. Alle Ihre Gedanken und Sorgen verschwinden, während Sie

weiter ein- und ausatmen. Mit jedem Atemzug fühlen Sie sich entspannter. Und immer tiefer und tiefer wird Ihre Entspannung. Stellen Sie sich vor, wie Sie mit dem Sauerstoff, während er in Ihre Lungen gelangt, in Ihren Körper hineinfließen. Und während Sie den Sauerstoff ausatmen, fließen Sie aus Ihrem Körper hinaus. Ein und aus. Jeder Atemzug bringt Sie tiefer. Es ist, als würden Sie sich mit der sanften Ebbe und Flut der Luft, die Sie atmen, hin und her bewegen. Wie sie vielleicht wissen, gibt es im Kosmos einen Rhythmus, eine innere Harmonie, und ihr Atem verbindet Sie mit jenem Rhythmus, mit jener Harmonie. Und während Sie Ihre Reise in einem völlig entspannten und dennoch völlig bewußten Zustand fortsetzen, atmen Sie weiter sanft ein und aus. Lassen Sie zu, daß Ihre Wahrnehmung sacht in Ihren Körper gezogen wird, und nehmen Sie jede Spannung wahr. Nehmen Sie sie nur zur Kenntnis. Sonst nichts.
Spüren Sie, wie jene Spannung wegschmilzt, so wie Eis an einem warmen Sommernachmittag schmilzt. Gut so. Treiben und fließen lassen.
Und jetzt stellen Sie sich im Geist eine vom Mondlicht erhellte Nacht vor. Allein wandern Sie an einem warmen, samtdunklen Abend am Ufer des Meeres. Ihr Körper ist entspannt, und Sie bewegen sich mit Grazie und Leichtigkeit. Die sanften, sinnlichen Töne des Ozeans wiegen Sie wohlig ein und bringen Sie zu einem strahlenden, tiefen, ruhigen Ort in Ihrem Selbst. Weit hinten am Strand entdecken Sie einen großen, schimmernden, funkelnden, glitzernden Fleck. Während Sie sich ihm nähern, erkennen Sie Tausende und Abertausende von Kristallen auf dem Sand. Ihre strahlende Schönheit wird durch das Licht des Mondes reflektiert. Jeder Kristall scheint seinen eigenen inneren Glanz zu haben, der so magisch ... so geheimnisvoll ist! Sie wandern durch die Myriaden von Kristallen, und jeder funkelt und glitzert ... jeder scheint aus einem inneren Licht zu glühen. In der Ferne sehen Sie einen besonderen Kristall ... einen ganz besonderen Kristall, der Sie anzuziehen scheint. Strecken Sie die Hand aus und nehmen Sie ihn in die Hand. In dem Augenblick, in dem Ihre Hand den Kristall berührt, scheint es, als ob Tausende von ruhigen, elektrischen Strömen aufwallen und durch Ihren Körper hindurchfließen. Atmen Sie tief ein und fühlen Sie die Kraft, die Sie einhüllt. Das ist Ihre Kraft, die in den Traumkristall fließt.
Während Sie den Traumkristall in Ihre Tasche stecken, hören Sie einen tiefen, widerhallenden Ton. Die Berührung des Kristalls hat

in Ihnen eine kräftige Resonanz ausgelöst. Es ist, als ob Ihr ganzes Sein zu schwingen scheint. In der vom Mondlicht erhellten Nacht taucht vor Ihnen ein Schild auf. Er scheint durchsichtig zu sein, nur ein Schleier aus Licht und Tönen, aber während Sie still stehenbleiben und ihn anschauen, wird der Schild fester. Während Sie ihn weiter anschauen, diesen Traumschild, sehen Sie, daß auf seiner Oberfläche ein Symbol eingraviert ist - ein Symbol, das nur Sie sehen können. Niemand wird jemals wissen, was dieses Symbol ist. Es ist einzig und allein für Sie bestimmt. Jetzt strecken Sie die Hand aus und nehmen den Schild. Fühlen Sie das große Gefühl der Sicherheit, das Sie überkommt, während Sie diesen Traumschild in der Hand halten. Und in diesem Augenblick werden Sie sich voller Ehrfurcht bewußt, wie sich die Umgebung zu verändern beginnt. Wenn Sie den Kristall mit dem Traumschild in Berührung bringen, aktivieren Sie ein uraltes, mächtiges Kraftfeld ... ein Kraftfeld, das schon seit Generationen aktiviert werden wollte ... ein Kraftfeld, das es Ihnen erlaubt, Zugang zu denselben Traumkräften zu finden, die die Alten besaßen.

Und jetzt beginnt die Erde unter Ihren Füßen zu beben. Sie spüren große, mächtige Bewegungen. Während Sie weitergehen und dabei den Schild festhalten, beobachten Sie das prächtige Schauspiel, wie die Erde geschaffen wird. Hügel und neue Täler werden gebildet. Berge schieben sich zu riesigen, gezackten Linien zusammen, die dem Himmel entgegenragen. Beobachten Sie, wie sich die Erd-Substanz bewegt, während sie gestaltet wird. Während Sie dastehen und das Wunder beobachten, ist es, als wären Sie eins mit der Schöpfung ... Sie sind eins mit den Elementen der Erde. Erde ist physische Stärke. Es ist, als wären Sie Teil der physischen Dimension. Bringen Sie Ihren Schild mit der Erde in Berührung und lassen Sie die Erde Ihren Schild mit Kraft füllen. Jetzt ist Ihr Schild mit der Kraft des Elements Erde aktiviert.

Während Sie weiterwandern, kommt Wind auf, wird stärker, braust um Sie herum und pustet Sie durch. Halten Sie ihren Schild in den Wind, und lassen Sie ihn durch das Element der Luft mit Energie füllen und aktivieren. Das Element der Luft schließt unsere hohen Ideale auf. Es stellt den göttlichen Gedankenprozeß dar. Und während Sie mit dem Element der Luft eins werden, fühlen Sie, wie Sie gestärkt werden.

Allmählich wird die Luft ruhig ... kein Windhauch regt sich mehr. Dann spüren Sie Feuchtigkeit, erst einen Tropfen, dann noch einen

und noch einen. Es ist der Beginn des Großen Regens. Während Ströme von Regen auf Sie und Ihren Schild stürzen, halten Sie Ihren Schild über den Kopf.
Machen Sie sich bewußt, wie das Element des Wassers Ihren Schild aktiviert. Fühlen Sie die Stärke des Elements Wasser. Wasser ist Symbol für die Intuition. Es ist spirituell, es fließt. Lassen Sie zu, mit dem Element des Wassers einszuwerden. Spüren Sie, wie die große Macht des Wassers Ihren Schild aktiviert.
Und während der Regen allmählich nachläßt, beginnen gewaltige Blitze den Himmel zu erhellen. Wieder und wieder zucken Blitze über den Himmel, und die Natur um Sie herum wird vom Donner erfüllt. Heben Sie Ihren Schild über den Kopf, und setzen Sie beide Füße fest auf Mutter Erde. Spüren Sie, wie ein Blitz durch Ihren Traumschild hindurchfährt. Und während der Blitz durch Ihre Füße in die Erde schießt, spüren Sie, wie die Kraft und die Stärke durch Ihren Schild jagt, Ihre Arme hinunter, durch Ihre Venen, und Ihren Schild mit der Energie des Elements Feuer auflädt. Feuer bedeutet inneres Wachstum.
Ihr Traumschild ist vollendet. Er wurde von den Elementen Erde, Luft, Wasser und Feuer aktiviert. Jetzt sind Sie bereit für Traumbesuche und Traumabenteuer.
Plötzlich bemerken Sie neben sich eine Tür. Nehmen Sie sich einen Augenblick Zeit, sich diese Tür bewußt anzuschauen. Ist sie groß, ist sie klein? Ist sie alt oder neu, verziert oder einfach? Es ist die mystische Tür zu Ihren Träumen. Nehmen Sie sich noch mehr Zeit, sie noch genauer anzuschauen. Ihr Traumkristall und Ihr Traumschild sind die Schlüssel, um diese Tür zu öffnen. Entscheiden Sie sich, welchen Bereich Sie in Ihren Träumen untersuchen wollen. Wollen Sie die Lösung für ein Problem finden, das Ihnen im Wachbewußtsein Kummer macht? Wollen Sie ein Abenteuer? Oder eine Romanze? Wollen Sie das Reich des Übersinnlichen erforschen? Oder Heilung für sich und andere? Entscheiden Sie sich, was sie in Ihrem Traum-Reich erforschen wollen.
Nun stellen Sie sich bitte vor, wie Sie Ihren Traum-Kristall an Ihr Drittes Auge halten (der Bereich zwischen Ihren Augen). Weihen Sie ihren Traum-Kristall für Ihre Traumsuche. Halten Sie Ihren Schild in der einen und Ihren Traum-Kristall in der anderen Hand, und berühren Sie mit dem Traum-Kristall ganz leicht die Tür. Die Tür beginnt sich zu öffnen. Währenddessen werden Ihr Schild und Ihr Kristall unsichtbar, bleiben aber Teil Ihres Energiefeldes. Sie

sind jetzt herzlich eingeladen, die Welt der Träume zu betreten. Bitte denken Sie daran, alles, was Ihnen während dieses Traumstadiums begegnet, bedingungslos anzunehmen. Wenn Sie bemerken, daß Ihr Verstand zu urteilen beginnt, danken Sie ihrem Verstand für seine Sorge und machen Sie weiter. Wenn Sie Traum-Feinde sehen, stellen Sie sich ihnen. Bitten Sie sie um ein Geschenk. Suchen Sie in Ihren Träumen immer etwas Positives!

Und jetzt betreten Sie das Reich der Träume. Nehmen Sie sich Zeit, die Dimension der Träume zu erforschen. Setzen Sie ihre Phantasie ein, um Ihre Träume zu erkunden. Sie haben Zeit dafür. Soviel Zeit, wie Sie möchten.

...

Nun bereiten Sie sich darauf vor, das Reich der Träume zu verlassen. Es ist ein Reich, in das Sie Nacht für Nacht zurückkehren können. Beginnen Sie Ihre Rückreise mit einem tiefen Atemzug. Ich zähle jetzt von eins bis zehn, und während ich dies tue, kehren Sie allmählich in das normale Wachbewußtsein zurück. Oder wenn Sie es wünschen, gleiten Sie in einen tiefen, erquickenden Schlaf.

Eins - jede Zahl die Sie hören, vertieft Ihre Fähigkeit, sich an Ihre Träume zu erinnern.

Zwei - Ihre Träume sind lebendig, und Sie verstehen die Botschaft Ihrer Träume.
Drei - Jeder Ihrer Träume, ob Sie sich an ihn erinnern oder nicht, steigert die Qualität Ihrer Wachstunden enorm.

Vier - Sie fühlen sich erholt und verjüngt.

Fünf - Sie sind ausgeruht und erfrischt, und Ihr Körper strotzt vor Gesundheit.

Sechs - Ihre Fähigkeit, zur richtigen Zeit am richtigen Ort zu sein, wird durch Ihre Träume deutlich verstärkt.

Sieben - Sie sind einer der Lichtarbeiter der Nacht und tragen während Ihres Schlafes zum Wohlbefinden anderer bei, selbst wenn Sie sich dessen nicht bewußt sind.

Acht - Wenn Sie sich entschließen zu schlafen, kommt der Schlaf schnell. Er ist tief und fest.

Neun - Sie werden immer wacher ... immer wacher.

Zehn - Wenn Sie möchten, können Sie jetzt in Ihr normales Wachbewußtsein zurückkehren.

Süße Träume!

19
DREAM LOVER

I want a dream lover,
so I don't have to dream alone ...
Bobby Darin

Die *Dream Lover*-Meditation wird Ihr Bewußtsein, Ihre Sinnlichkeit und Ihre Sexualität erhöhen. Wenn Ihre sexuelle/sinnliche Energie offen und klar ist, werden Sie das Leben natürlicher und vollkommener erleben und genießen. Sie können diese Meditation in den Wachstunden oder kurz vor dem Einschlafen einsetzen. Nächtliche Stunden sinnlicher Rendezvous werden nicht lange auf sich warten lassen.
Meine ersten Versuche, mir einen Traumpartner an Land zu ziehen, scheiterten kläglich und hatten mit den glühendheißen Rendezvous, die ich erwartet hatte, nicht das Geringste zu tun. Mein erster *Dream Lover* war ein blasser, zurückhaltender, fader Jüngling mit dem Aussehen eines Fünfzehnjährigen (obwohl er immer wieder versuchte, mich davon zu überzeugen, er sei älter). Das war mit Sicherheit nicht der, den ich mir erträumt hatte. Ich beendete den Traum abrupt.
Mein Versuch am nächsten Abend konzentrierte sich auf einen robusten, stämmigen Mann (zwar nicht mein Typ, aber schon eine deutliche Verbesserung gegenüber einem spindeldürren Teenager), bei dem das, was sich in der Hose abzeichnete, einiges erhoffen ließ. Glücklicherweise konnte ich mit meinen Röntgenaugen im

Traum sehen, daß er eine übergroße Kartoffel in die Hose gesteckt hatte, in der Hoffnung, mich in sein Bett zu zerren. Erneut machte ich einen hastigen Rückzug.
Mein nächster Versuch brachte mir den dunklen, drohenden Schatten einer Präsenz, die versuchte, mir ihre Erwartungen aufzuzwingen. Wieder ein Fehlschlag!
Mein vierter *Dream Lover* schließlich kam meinen Vorstellungen schon näher. Der Traum spielte in Italien im 18. Jahrhundert. Dieser Lover war weder zu jung noch zu alt, war stark, nett, romantisch, und er besaß die richtige körperliche Ausstattung, ... er war perfekt! Ich traf sogar seine vielköpfige, leidenschaftliche, katholische Familie. Dann sagte er mir, wir könnten uns erst lieben, wenn wir verheiratet seien, und das erst, nachdem sein älterer Bruder geheiratet hätte. Donnerwetter!!!
Zumindest gab mir dieser Traum einen Hinweis, warum es für mich so schwierig war, einen begehrenswerten *Dream Lover* zu bekommen. Meine puritanische Erziehung verhinderte auf der Ebene des Unterbewußtseins, mir einen Liebhaber zu nehmen (jeden Liebhaber, auch einen *Dream Lover*), da ich bereits verheiratet war. Als ich mit meinem Mann David darüber sprach, sagte er, er habe schon lange Traumpartnerinnen. Sie seien für sein Wohlbefinden notwendig. Kurz gesagt, er ermutigte mich zu meinen nächtlichen Abenteuern.
Da ich wußte, daß Menschen mit einem aktiven Traum-Sexleben im Wachbewußtsein kreativer sind, verstärkte ich meine Anstrengungen! Nach einigen weiteren Flops wurde meine Mühe reichlich belohnt. Ich kann Ihnen nur empfehlen: Versuchen Sie es! Für mich hat es sich doppelt gelohnt, denn schon bald intensivierte sich durch meine 'traumhaften' Eskapaden die sexuelle Beziehung mit meinem Mann.
Sehr oft wünscht sich ein Mann oder eine Frau im Stillen ein Abenteuer, nicht, weil er oder sie in einer bestehenden Beziehung Defizite hat, sondern aus dem Wunsch nach Veränderung oder ein wenig Abwechslung. Sich einen (oder viele) Dream Lover zu nehmen, ist eine konstruktive Möglichkeit, sich diesen Wunsch vielfältig zu erfüllen, während die derzeitige Liebesbeziehung intakt bleibt. Auch für einen Single ist dies eine ausgezeichnete Möglichkeit, da ein *Dream Lover* das zwanghafte Bedürfnis nach einem Partner nimmt und Sie sich bei der Wahl Ihres Lebensgefährten mehr Zeit lassen können.

Vorbereitung für die Meditation

Ob Sie mit der folgenden Meditation eine Kassette besprechen oder sie einem anderen vorlesen ... schaffen Sie zuerst eine friedliche Umgebung ... stellen Sie das Telefon ab, dimmen Sie das Licht. Sorgen Sie für eine Atmosphäre, in der Sie nicht gestört werden. Wenn Sie den Text sprechen, tun Sie es mit tiefer, sinnlicher Stimme. Wenn Sie eine Kassette machen, können Sie im Hintergrund etwas Musik laufen lassen. Suchen Sie Musik aus, die sehr sinnlich ist und Sie anspricht.

Dream Lover-Meditation

Bevor Sie mit dieser Dream Lover- Meditation beginnen, sorgen Sie dafür, daß Sie sich wohlfühlen und Ihr Körper völlig entspannt ist. Jetzt achten Sie darauf, daß Ihr Rückgrat gerade und Ihre Arme und Beine nicht in gekreuzter Haltung sind. Während Ihr Körper allmählich in eine tiefe Entspannung gleitet, achten Sie bitte darauf, daß jeder Atemzug Sie tiefer und tiefer zu sich selbst bringt. Beobachten Sie einfach nur Ihren Atem. Ermutigen Sie ihn nicht, entmutigen Sie ihn nicht, beobachten Sie ihn nur. Ein und aus ... Tag und Nacht ... Hell und Dunkel ... Schwarz und Weiß ... Mann und Frau ... Yin und Yang.
Im Kosmos existieren zwei gegensätzliche und sich dennoch ergänzende Kräfte. Stimmen Sie sich auf diese Kräfte ein und werden Sie eins mit ihnen. Ein und aus ... beobachten Sie weiterhin Ihren Atem. Jetzt lassen Sie zu, wie jeder Atemzug tiefer und voller, tiefer und voller wird. Schöne, tiefe, volle Atemzüge.
Jetzt verleihen Sie Ihrer Phantasie Flügel und sehen sich auf einer verzauberten, vom Mondlicht übergossenen Wiese. Der Mond wird in glänzenden Kaskaden aus Licht vom Himmel geschüttet. Ein Hauch duftenden Jasmins streichelt die schlummernden Farne, die sich bereits zur Nacht zusammengerollt haben. Eine Traum-Eule schwebt über Ihnen, ihren silbrigen Widerschein im Strom unten sehen nur die Sterne. Am Rand der Wiese geben die Bäume flüsternd zarte Geheimnisse in ihren sanftfüßigen Schatten preis. Die Luft ist voller Geheimnis und voller Magie.

Nehmen Sie sich Zeit und stellen Sie sich vor, wie Sie sich in diesem geheimnisvollen Garten der Nacht laben. Lassen Sie das Erlebnis so real wie möglich werden. Malen Sie sich aus, wie Sie alle Ihre Sinne nutzen, um diesen Ort ruhiger Schönheit zu erleben. Sehen Sie sich durch die Wiese wandern. Wenn Ihnen Visualisieren nicht liegt, versuchen Sie, ein Gespür oder ein Gefühl dafür zu entwickeln, wie es in der Wiese ist. Ihr Körper fühlt sich sehr sanft, sehr sinnlich und sehr leicht.

Plötzlich entdecken Sie mitten in der Wiese ein Bett. Ein prächtiges Bett. Es ist so wohlig und wollüstig. Die Kissen sind weich und rund. Nehmen Sie sich Zeit und malen Sie sich dieses Bild in allen Einzelheiten aus. Lassen Sie es so wirklich wie möglich werden. Schaffen Sie Ihr perfektes Bett. Es kann ein großes Bett auf vier Füßen sein, das Federbett Ihrer Großmutter oder eine Art Canapé, mit hauchdünnem glänzenden Stoff drapiert, von der warmen Brise sanft gestreichelt. Was für ein Bett ist es? Stellen Sie sich dieses Bett ganz genau in allen Einzelheiten vor.

Und jetzt klettern Sie langsam und mit sinnlichen Bewegungen in dieses Bett. Machen Sie sich bewußt, wie weich, wie prall die Kissen sind. Während Sie leicht unter die Decke schlüpfen, fühlen Sie die seidige Glätte des Bettzeugs. Es ist so schön in diesem Bett! Von den sanften Düften der Nacht eingehüllt, gleiten Sie allmählich in einen tiefen, tiefen, tiefen Schlaf. Tief ... tief ... ganz tief ... schlaaaaafen.

Irgendwann in der Magie der Nacht drehen Sie sich um und strecken sich. Dabei stößt Ihre Hand auf einen warmen Körper. Ihre Augen sind geschlossen, und doch wissen Sie intuitiv - es ist Ihr Dream Lover. Während Sie vorsichtig die feinen Kurven der Hügel und Täler des fremden Körpers ertasten, tanzt Zwielicht auf ihren Silhouetten, und das ganze Firmament ist ein Teil von Ihnen. Köstlich warme Wellen von Intimität baden Ihr Sein. Sie streicheln und besitzen, und Sie spüren den schwachen, sich bewegenden Atem Ihres Dream Lovers in Ihrem Haar. Nehmen Sie sich einige Augenblicke Zeit und stellen Sie sich vor, wie Sie sich lieben - anders ... neu ... köstlich! Fühlen Sie, wie Ihr Geist, Ihr ganzes Sein, sich in grenzenlose Höhen emporschwingt.

Die Morgendämmerung bricht herein. Während Sie sich in die Arme Ihres Liebsten kuscheln, fühlen Sie eine derartig tiefe Erfüllung, daß Sie in einen zufriedenen Schlaf wegdriften.

Sie öffnen die Augen, das Sonnenlicht schickt dünne, gelbe Strahlen durch die fröhlich wippenden Baumwipfel. Ihr Dream Lover ist im geheimnisvollen Flüstern der Nacht verschwunden. Eine wunderschöne Rose ziert Ihr Kissen.

Am Ende dieser Meditation können Sie entweder schlafen oder ins normale Wachbewußtsein zurückkehren. Wenn Sie sich für die zweite Möglichkeit entscheiden, zählen Sie langsam von eins bis zehn und sagen Sie sich, daß Sie mit jeder Zahl wach und wacher werden.

TRAUMDEUTUNG

Wenn auch ein Tag uns klar vernünftig lacht,
in Traumgespinst verwickelt uns die Nacht.

Johann Wolfgang von Goethe

20
TRAUMSYMBOLE IM ALLTAG

Goldenes Sonnenlicht strömte am Morgen durch mein zugefrorenes Fenster. Ich saß am Tisch und beobachtete, wie der Dampf aus meiner Tasse mit Pfefferminztee emporstieg, voller Bewunderung für seinen Tanz nebelhafter Wirbel, ätherischer, langsam verschwindender Elfen. Abby, meine bernsteinfarbene Katze, reckte und streckte sich träge und rollte sich wieder zusammen, ihr Näschen in die samtfarbenen Pfoten geschmiegt. Ich fuhr mit meinen Fingern durch ihren gelbfarbenen, warmen Pelz, streckte mich aus und schaltete den Fernseher ein. Während ich vorsichtig meine ersten Schlucke aus der heißen Teetasse schlürfte, sah ich einen Teil einer Show, bei der es um einen blinden Jungen und die Schwierigkeiten ging, mit denen er ein Leben lang zu kämpfen haben würde. Später am Abend entschloß ich mich, mir die Spätnachrichten anzusehen und geriet zufällig in das Ende einer Show, bei der es um ein blindes Mädchen ging und darüber, wie es mit seinem Leben fertig wurde. *(Wenn du auf das Wispern achtest, brauchst du die Schreie nicht zu hören.)*
Am nächsten Tag setzte ich meine Tochter an der Schule ab und fuhr nach Hause. Dabei kam ich an einer Bushaltestelle vorbei. Seltsamerweise standen dort zwei blinde Männer, die sich lässig auf ihre weißen Stöcke stützten. *(Wenn du auf das Wispern achtest, brauchst du die Schreie nicht zu hören.)*
Als ich später zum Supermarkt fuhr, rannte mir ein Blinder ins Auto. Ich trat auf die Bremse, umklammerte krampfhaft das Lenkrad und hielt an, kurz bevor ich den armen Kerl erwischte. Ich hatte nicht auf das Wispern geachtet und beinahe die Schreie gehört!

Jeden Tag versucht der Kosmos auf vielfältige Weise, Ihnen etwas zu sagen, so wie auch Ihre Träume versuchen, Ihnen in der Nacht Botschaften zu schicken. Wenn Sie im Traum einen Blinden sehen, sollten Sie dieses Symbol als Hinweis auf etwas deuten, was Sie im Leben nicht sehen wollen. Die Symbole im Wachzustand sind nicht weniger bedeutsam. Damals, als ich auf die 'Blindheit' gestoßen wurde, gab es etwas, das ich nicht 'sah'. Über die Wachsymbole hat mein Höheres Selbst mir etwas mitzuteilen versucht. Leider muß man mir manchmal etwas um die Ohren hauen, bevor ich langsam von meinen Höhenflügen auf den Teppich komme und mich dem widme, was die Realität fordert. Als ich innehielt und meine symbolischen Erlebnisse näher betrachtete, trat ich ihnen mutig gegenüber und erkannte, was ich nicht hatte sehen wollen, und wovor ich die Augen geschlossen hatte.

Wachleben ist nicht weniger eine Illusion als Traumleben. In meiner ZEN-Ausbildung wurden die Wach- und Schlafbilder als Illusion angesehen. Wir wurden dazu gebracht, zu einer tieferen Realität vorzudringen. Verwenden Sie die Symbole, die Ihnen im Wachleben begegnen, in derselben Weise wie die Traum-Symbole. Wie ein Auto ein Symbol für Sie und Ihren Körper in Ihren Träumen sein kann, so können Erlebnisse mit Autos auch während Ihrer Wacherlebnisse symbolhafte Aussagen sein.

An einem kühlen Morgen im September fuhren Meadow, meine zehnjährige Tochter, und ich von unserem Wochenendhaus zurück in die Stadt. David war mit unserem anderen Auto vorgefahren. Stattliche, hochgewachsene Fichten streichelten die tiefhängenden Wolken, während wir über den Gebirgspaß fuhren und unseren Weg über ehemalige, jetzt leere Ski-Hänge ins Tal suchten. Plötzlich geriet der Motor meines Wagens unkontrolliert auf Touren. Ich legte mein ganzes Gewicht auf die Bremse, aber das Fahrzeug nahm an Geschwindigkeit zu und raste die steile Gebirgsstraße hinunter. Ich griff nach der Handbremse und zerrte wie wahnsinnig an ihr, um den Motor abzuwürgen. Schließlich blieb das Auto stehen.

Als es mir schließlich gelang, einen Abschleppwagen herbeizuholen, sprang der Mechaniker heraus, überprüfte mein Auto und brachte es problemlos zum Starten. "Junge Frau, das Auto ist völlig in Ordnung." Ich startete den Motor, und er heulte, als wenn ich das Gaspedal voll durchgetreten hätte. Wir mußten den Wagen fünfundsiebzig Meilen bis in die Stadt abschleppen.

Der Mechaniker in der Stadt gab seine Diagnose: "Junge Frau, das Auto ist völlig in Ordnung." Als ich hineinkletterte und die Zündung betätigte, jagte der Wagen beinahe durch die Hinterwand der Werkstatt. *(Wenn du auf das Wispern achtest, brauchst du die Schreie nicht zu hören.)* Schließlich fand ich einen Mechaniker, der einen Defekt am Temporegler fand.

Was wollte mir mein Auto symbolisch mitteilen? Was versuchte es mir zu sagen?

Für mich symbolisiert das Auto meinen Körper, also mein physisches Sein (siehe 'Auto' in dem Kapitel *Traumsymbole*). Mein Auto geriet außer Kontrolle. Es schien sich nicht mehr bremsen zu können. Die einzige Möglichkeit, überhaupt zu funktionieren, war, durchzudrehen. Zu jener Zeit war ich völlig überdreht. Ich hatte einen sehr intensiven Seminarplan und verbrachte die meiste Zeit damit, über die Zukunft nachzudenken (oder mir darüber den Kopf zu zerbrechen), statt in der Gegenwart zu leben. Die Schwierigkeiten mit meinem Auto wollten mich auffordern, mich zu drosseln, mein Lebensruder wieder unter Kontrolle zu bekommen und das Leben und die Natur zu genießen.

Jeden Tag versucht der Kosmos auf vielfältige Weise, dir etwas zu sagen.

Ein weiteres Beispiel ist die Rohrleitung in meinem Haus. Für mich symbolisiert die Rohrleitung meine Emotionen. Ist die Rohrleitung verstopft oder frieren die Rohre ein, ist das normalerweise ein Hinweis darauf, daß meine Gefühle blockiert oder eingefroren sind. Wenn ich mir Zeit nehme herauszufinden, was los ist, was ich emotional blockiere, und meinen Emotionen freien Lauf lasse, löst sich im allgemeinen die Verstopfung meiner Rohre von allein. Desgleichen habe ich herausgefunden, daß das Erdgeschoß normalerweise dann überflutet wird, wenn meine Emotionen Amok laufen und ich mir nicht die Zeit nehme, meine Mitte zu suchen und still zu werden.

Es ist auch sinnvoll, auf die Gesprächsfetzen zu achten, die man *zufällig* im Vorbeigehen aufschnappt. Als ich eines Tages in einem chinesischen Restaurant zu einem Tisch geführt wurde, hörte ich Bruchstücke eines Gesprächs, " *... mach mit dem Projekt nicht weiter.*" Als ich das Restaurant verlassen hatte, stellte ich das Radio an, und hörte ein Lied: " *... geh nicht, Baby, geh nicht.*" In den Nachrichten anschließend hieß es: " *... die Ingenieure erhielten die Anordnung, mit dem Projekt nicht weiterzumachen.*" Versuchte der Kosmos mich zu warnen? Ich hatte eigentlich in Washington, D.C., an einem Projekt arbeiten wollen, aber nachdem ich die subtilen Stimmen des Kosmos gehört hatte, entschloß ich mich, die Reise abzusagen. Es war eine glückliche Entscheidung. Das Flugzeug, das ich gebucht hatte, mußte wegen eines Blizzards in Chicago landen, und Washington, D.C., war per Flugzeug nicht erreichbar. Wäre ich geflogen, hätte ich meinen Termin verpaßt und eine Menge unnötige Kosten gehabt.

Auch die Menschen in Ihrem Leben können Symbole für Ihr inneres Wachsen sein.
Ich war in eine neue Stadt gezogen, wo ich eine Praxis eröffnet hatte. Meine erste Klientin erzählte, sie hätte eine Agoraphobie. Ich kannte den Ausdruck nicht und fand heraus, daß er "Angst vor Plätzen" bedeutet und ein Ausdruck für Menschen ist, die sich nicht trauen, in die Welt hinauszugehen. Seltsamerweise war mein nächster Patient ebenfalls einer mit Agoraphobie, und der dritte ebenfalls! Drei hintereinander!
Wenn ein Symbol dreimal in meinem Leben (oder in meinen Träumen) auftaucht, werde ich hellwach. Ich wußte, daß die klassische Definition eines Menschen mit Agoraphobie nicht auf mich zutraf. Normalerweise fühlte ich mich in einer Menschenmenge wohl und verließ mein Haus ohne irgendwelche Ängste. Als ich mich jedoch stärker auf mich besann, entdeckte ich einige Wahrheiten, die mich empfindlich berührten. Durch unseren Umzug hatte ich viele liebe Freunde zurückgelassen, und meine neue Umgebung erschien mir kalt und feindlich. Ich verspürte keinerlei Bedürfnis, etwas Neues zu wagen. Die Agoraphobie waren Wachsymbole meines Selbst, das sich nicht in die neue Umgebung wagen wollte. Als mir diese Gedanken und Gefühle bewußt geworden waren und ich begann, emotionale Risiken einzugehen, hatte ich nicht nur mehr Freude an meiner neuen Umgebung, sondern begann auch, Klienten anzuziehen, die mehr aus sich herausgingen. *Zufälligerweise* ging es meinen Agoraphobie-Klienten ebenfalls besser. (Siehe Kapitel *Traum-Heilung*).
Es gab auch eine Zeit, in der der größte Teil meiner Klienten Frauen waren, die nicht schwanger werden konnten und empfangen wollten. Da ich selbst keine weiteren Kinder haben wollte, war ich von diesem Symbol verunsichert. Als ich jedoch begann, ein neues Selbstverständnis zu entwickeln, wurden die Frauen, mit denen ich arbeitete, schwanger - eine nach der anderen.
Alles und jedes in Ihrem Leben, einschließlich Ihre Träume, versucht, Ihnen etwas zu sagen ... von den Werbetafeln bis zu den Informationen, die Sie von der Formation der Wolken ablesen - von einfachen Dingen wie Schlüsselverlieren bis zu den Geschenken, die Sie erhalten. Sie können daher die Symbole in diesem Buch als Traum-Symbole, aber auch als Wach-Symbole behandeln.

21
METHODEN DER TRAUM-DEUTUNG

Jeden Morgen wachen Sie mit einem leichten Nebel der Erinnerung auf. Vage Traumfragmente zerfließen und die dunstigen Wolken klaren auf, bis Ihnen bewußt wird, daß Sie im Hier und Jetzt sind ... wach. Gelegentlich ist ein Traum so lebendig, daß Sie meinen, Sie könnten problemlos in ihn zurückgehen. Manchmal zerren diese Träume an Ihrem Bewußtsein und Sie fragen sich, was sie für Ihr Leben heute, oder gestern, oder morgen bedeuten.

Es gibt viele Methoden, mit denen Sie Ihre Träume deuten können. Jede von ihnen mag Sie auf einen einzigartigen Weg bringen, sich und Ihre Seele zu verstehen. Wie Sie Ihren Traum deuten, ist nicht so wichtig wie die Bedeutung, die Sie daraus ableiten. Sie mögen jeden Traum als losgelöst von den anderen und als neue Enthüllung ansehen oder die Träume einer bestimmten Phase als ein konstruktives Ganzes.

Hier einige traditionelle Methoden der Traumdeutung. Sie arbeiten vielleicht mit mehreren von ihnen gleichzeitig oder jeweils einer zur Zeit. Es gibt keine 'richtige' oder 'falsche' Methode. Denken Sie daran, das Ganze soll Spaß machen, und Sie sollen die Methode finden, die für Sie die beste ist.

Methode 1: Führen Sie ein Traum-Journal.

Schreiben Sie mindestens drei Monate lang jeden Traum auf, an den Sie sich erinnern. Achten Sie auf wiederkehrende Themen, Menschen, Orte, Gefühle oder Situationen. Wichtige Botschaften aus dem Unterbewußtsein lassen sich oft mit dieser Methode entdecken. (Siehe Kapitel *Traum-Erinnerung*)

Methode 2: Legen Sie ein Traum-Lexikon an.

Legen Sie ein Traum-Lexikon an, und schaffen Sie jene Symbolik, die für Sie einzigartig ist. Wann immer Sie einen Traum haben, notieren Sie die unterschiedlichen Symbole, die in dem Traum auftauchen. Dann listen Sie die Bedeutungen auf, die Sie persönlich in diesen Symbolen sehen. Während Sie Ihre persönlichen Traum-Symbole sammeln, schreiben Sie sie in Form eines Lexikons auf. Verwenden Sie dieses Lexikon jedesmal, wenn Sie träumen. Je öfter Sie Ihr persönliches Traumlexikon verwenden, desto mehr Einblick werden Sie in die Symbole erlangen, die Sie aufgeschrieben haben. Das ist ein wirkungsvoller Weg, Selbstbewußtsein zu erlangen.

Methode 3: Beobachten Sie ihre Traum-Gefühle.
Machen Sie sich das Gefühl oder die Emotion bewußt, die Sie nach einem Traum haben. Jetzt schauen Sie zurück auf Ihr Leben und erinnern Sie sich an das letzte Mal, als Sie jenes Gefühl hatten. Versetzen Sie sich in die Situation, die ein ähnliches Gefühl geweckt hat. Meistens ist es jene besondere Situation, die diesen Traum hervorgerufen hat, oder es sind die Probleme, die sich hinter dieser Situation verbergen. Dies kann ein guter Schlüssel sein, die Bedeutung Ihres Traumes zu finden.

Methode 4: Sprechen Sie mit Ihrem Traumführer.
Bitten Sie ihren Traumführer um Hilfe beim Verstehen und Deuten Ihrer Träume. Diese Methode scheint mir die beste zu sein. (Siehe Kapitel *Traumführer*).

Methode 5: Gestalten Sie den Traum.
Gehen Sie in ihren Traum zurück und nehmen Sie den Part einer jeder der Figuren ein.
Also: Sie haben von einem 'Mann', einem 'Kind' und einem 'Kamin' geträumt. Nach dieser Methode würden Sie sagen: "Ich bin der Kamin, und ich stehe für ... ." (Hier würden Sie sagen, was 'Kamin' für Sie bedeutet - "gespeicherte Wärme" oder "Familie und Freunde".) Dann würden Sie sagen: "Ich bin das Kind, und ich stehe für ... ." Fahren Sie entsprechend fort und übernehmen Sie die unterschiedlichen Parts Ihres Traums, bis jeder einzelne klar definiert ist. Nachdem Sie auf diese Weise die unterschiedlichen Rollen Ihres Traums definiert haben, lassen Sie die einzelnen Parts miteinander sprechen. Sie können zum Beispiel drei Stühle nehmen. Ein Stuhl steht für den Kamin, ein anderer für das Kind und der dritte für den Mann. Setzen Sie sich auf den 'Kamin-Stuhl' und sprechen Sie mit den zwei anderen Stühlen, indem Sie etwa sagen: "Ich stelle Familie und Freunde und ihre Wärme dar, und ich finde, Familien sollten immer zusammen sein, so wie am Kamin." Dann setzen Sie sich auf den 'Kind-Stuhl', und ein Szenario könnte sein: "Ich bin das Kind, und ich will nicht bei der Familie sein und am Kamin sitzen. Ich will draußen rennen und spielen. Ich will nicht so angebunden sein.

Wenn ich mit der Familie herumsitze, fühle ich mich eingeschränkt und unterdrückt." Machen Sie weiter, bis Sie ein klares Gefühl für die wirkliche Bedeutung Ihres Traumes haben.

Methode 6: Zeichnen Sie Ihren Traum.

Zeichnen Sie Bilder, die das Gefühl oder die Bilder veranschaulichen, die Sie in Ihrem Traum gehabt haben. Verwenden Sie Farben, die die Farben des Traums wiedergeben. Sie brauchen nicht immer die Bilder im einzelnen zu zeichnen. So braucht ein schwarzes Pferd in Ihren Träumen auf Ihrer Zeichnung nicht auszusehen wie ein schwarzes Pferd. Sie können das Gefühl von 'schwarz', der 'Bewegung' oder der 'Kraft' zeichnen. Diese Übung macht Sie vielleicht frei, so daß eines Ihrer unbewußten Gefühle an die Oberfläche gelangen kann.

Methode 7: Verwenden Sie freie Assoziation.

Diese Methode basiert auf Freuds hochgelobter Theorie, Assoziationen oder den ersten Gedanken aufzuschreiben, der dem Träumer für jeden Teil des Traumes in den Sinn kommt. Dies kann Ihnen einen Hinweis auf die größeren Themen geben, mit denen Sie sich im Traum beschäftigen.

Als Beispiel stellen Sie sich vor, Sie träumen von einer Mondnacht. Eine freie Assoziation würde sein: Mond —-Mondschein —-Peterchens Mondfahrt —- mein Bruder Peter, der mich gewöhnlich schlug —- "Stop! Ich fühle mich in diesen Tagen wirklich wie zerschlagen!!"

Methode 8: Tun Sie so, als ob Sie einen Marsmenschen treffen.

Tun Sie so, als ob Sie Ihren Traum einem Wesen von einem anderen Planeten erzählen. Der Außerirdische weiß nichts von unserer Erde.

In Ihrem Taum spielt zum Beispiel ein Besen eine Rolle. Wie würden Sie Ihrem Freund vom Mars diesen Besen beschreiben? Sie könnten sagen: "Ein Besen ist ein langer Gegenstand, den Sie nahe an sich halten und dann wegstoßen. Damit können Sie Dinge, die Sie nicht mehr wollen, entfernen." Nachdem Sie Ihrem imaginären, außerirdischen Freund den Besen beschrieben haben, schauen Sie sich Ihr Leben an und suchen nach etwas, das Sie loswerden wollen. Vielleicht ist es etwas, das Sie an sich ziehen und dann wegstoßen. Während Sie die Teile Ihres Traums dem Außerirdischen in möglichst einfacher Sprache schildern, wird die Bedeutung Ihres Traumes klar.

Methode 9: Schreiben Sie das Drehbuch zu Ende.
Gehen Sie in Ihren Wachstunden in den Traum zurück und bearbeiten Sie den Traum so, daß Sie als Sieger daraus hervorgehen. Sie können jeden Teil ändern! Sie können der Held sein! Besiegen Sie Ihre Traumfeinde! Lassen Sie Ihren Traum glücklich enden!

Methode 10: Agieren Sie ihren Traum aus!
Die Irokesen agierten ihre Träume regelmäßig in einem Drama oder in einer Spielversion aus. Auch Sie können das in einer Gruppe oder allein tun. Die Idee dabei ist, Ihrem Körper zu erlauben, die unterschiedlichen Aspekte Ihres Traumes physisch auszuagieren. Dadurch integrieren Sie allmählich die Bedeutung ihrer Träume intensiver in Ihre physische Realität.

Methode 11: Verwenden Sie Symbole.
Schauen Sie sich die Symbole des Lexikons in diesem Buch an. Suchen Sie die Symbole Ihres Traumes heraus. Gehen Sie die Farben, die Zahlen und alle anderen Symbole durch. Schreiben Sie diejenigen auf, bei denen Sie das Gefühl haben, sie seien passend für Sie.

Methode 12: Verwenden Sie die Chinesische-Uhr-Methode.
Siehe Kapitel *Die Chinesische Uhr*.

Methode 13: Versuchen Sie die Kelly-Methode.
Richten Sie das Bewußtsein Ihres Traums auf die rechte Seite ihres Gehirn. Spielen Sie den Traum durch und bleiben Sie auf der rechten Seite des Gehirns. (Das ist die intuitive Seite). Dann lenken Sie Ihr Bewußtsein auf die linke Seite des Gehirns. (Das ist die Seite des analytischen Verstandes). Spielen Sie Ihren Taum nun noch einmal durch. Achten Sie auf die unterschiedlichen Gefühle Ihres Körpers, wenn Sie den Traum mit der einen Seite des Gehirns und dann mit der anderen nacherleben. Achten Sie darauf, daß das erneute Erleben des Traums unterschiedliche Emotionen hervorruft, je nachdem, auf welcher Seite des Gehirns Sie den Traum nachspielen. Vielleicht stellen Sie auch fest, daß sich Ihre Deutung des Traums mit der Seitenwahl ändert.

22
JAHRESZEITEN

Unsere Dimension, die Erde, ist von den Jahreszeiten abhängig. Alles auf diesem Planeten wird durch sie beeinflußt. Früher glaubte man, die Kraft der Jahreszeiten zu verstehen sei unerläßlich, um die Mysterien des Lebens zu begreifen.
250 v. Chr. wurde in China eine geheimnisvolle Mysterien-Schule gegründet; ihre Lehre rankte sich um das esoterische Verständnis der Jahreszeiten, wurde durch Geheimgesellschaften des Mittelalters bewahrt und kam schließlich in astrologischen Studien wieder zur Blüte.
Jede Jahreszeit übt eine tiefgehende Wirkung auf unsere Psyche aus und repräsentiert einen vollständigen Teil dessen, was wir sind. So, wie wir Phasen des Lernens und Phasen der Ruhe haben, gibt es auch monatliche Zyklen und jährliche Zyklen. Auch Träume folgen den Zyklen der Natur.
Träume in den Wintermonaten sind am machtvollsten und klarsten. Sie sprechen direkt unser spirituelles Bewußtsein an. Es ist Ihre Zeit des inneren Wachstums, Ihre Zeit der Selbstbesinnung, der Innenschau. Diese Träume pflanzen die Saat für das kommende Jahr. Es ist die Zeit, in der Traumvisionen von Krieg, Religion und Politik am ehesten auftreten. Im Winter sind Sie auch eher in der Lage, sich an Ihre Träume zu erinnern. Auch Sie bereiten sich auf die Blüte im Frühling vor. Eine Winter-Szene in einem Traum bedeutet eine Verdichtung der Energie in Ihrem Innern.

Träume im Frühling haben etwas mit Neuorientierung zu tun. Sie beschäftigen sich mit Ihrem emotionalen Selbst, Ihren Gefühlen in bezug auf sich und andere. In dieser Zeit haben Sie am ehesten visionäre Träume bezüglich Mutterschaft, Ihrem Lebensweg und Krankheit. Eine Frühlings-Szene in einem Traum steht für Wachstum und Neubeginn.
Träume im Sommer haben etwas mit Ihrem intellektuellen Selbst, Ihren gedanklichen Prozessen und Ihren gesellschaftlichen Beziehungen zu tun. Visionäre Träume von Forschung und Wissenschaft treten eher jetzt auf als in den anderen Jahreszeiten. Sommer im Traum kann Symbol für unbeschwerte Freude sein.

Träume im Herbst beschäftigen sich oft mit dem Thema Vollendung. Sie können Ihren physischen Körper betreffen und haben Sexualität, Erfüllung und Kreativität zum Inhalt. Es ist die Zeit, in der Sie in Ihren Träumen am ehesten schöpferische Inspiration erhalten. Vom Herbst zu träumen, hat oft etwas mit Ernte und Überfluß von Ideen, Vorstellungen und materiellen Dingen zu tun.

23
DIE CHINESISCHE UHR

Der Schleier aus Nebel und Mystik über der chinesischen Medizin hat sich in den letzten Jahren gelichtet, und Ärzte im Westen beginnen, dieser alten Kunst Vertrauen zu schenken. Vor Tausenden von Jahren waren die Chinesen Hüter eines ausgeklügelten und praktikablen medizinischen Systems, lange bevor die Ärzte im Westen Methoden wie Aderlaß mit Blutegeln einsetzten. Wundersame Erfindungen wie der Blutkreislauf sind bereits im *Gelben Buch des Kaisers über die Innere Medizin* erwähnt, das vor viertausend Jahren geschrieben wurde.

In der chinesischen Kosmologie ist die Quelle allen Seins das tao, das als das Gesetz des Kosmos gilt. Aus dem *tao* fließt die eine Energie. Die zwei gegensetzlichen, sich dennoch ergänzenden Kräfte des Kosmos, die miteinander zu der einen Form verschmelzen, werden *yin* und *yang* genannt. Yin repräsentiert die weibliche Energie - sie entspricht dem, was dunkel, weich, empfangend, feucht, kühl und absteigend ist. Yang stellt die männliche Energie dar - alles, was hell, trocken, heiß, aktiv und aufsteigend ist. Der Tanz, das dynamische Wechselspiel zwischen diesen beiden Kräften schafft die Lebensenergie *chi*. Chi ist die Lebenskraft, die in allem existiert, vom ätherischen Zustand, dem Licht, bis zum dichtesten Zustand, dem Granit. Alles Materielle ist von *chi* erfüllt, und *chi* wird in die verschiedene Aspekte eingeteilt, die sich im Kosmos manifestieren. Diese unterschiedlichen Aspekte entsprechen den einzelnen Jahreszeiten, den einzelnen Organen und den einzelnen Stunden des Tages. Sie alle sind in der menschlichen Natur erkennbar und verbinden uns mit unserer Umwelt. Jede Stunde des Tages entspricht einem anderen Organ und einer entsprechenden Emotion.

Die chinesische Uhr, die auf der chinesischen Philosophie basiert, teilt den Tag in verschiedene Zeitperioden. Jede dieser Perioden bezieht sich auf ein anderes Organ im Körper. Und so, wie man jedem Organ entsprechende Emotionen und Charakteristika zuordnet, deuten auch die Träume, die Sie in jeder Zeitperiode haben, auf bestimmte Eigenschaften hin. Es ist daher wichtig, die Zeit Ihres Traums festzuhalten, wenn Sie diese Methode verwenden und voll nutzen möchten.
Auf den nächsten Seiten finden Sie eine Einteilung, die Ihnen helfen wird, Ihre Träume der Stunde entsprechend, in der sie auftreten, zu deuten.

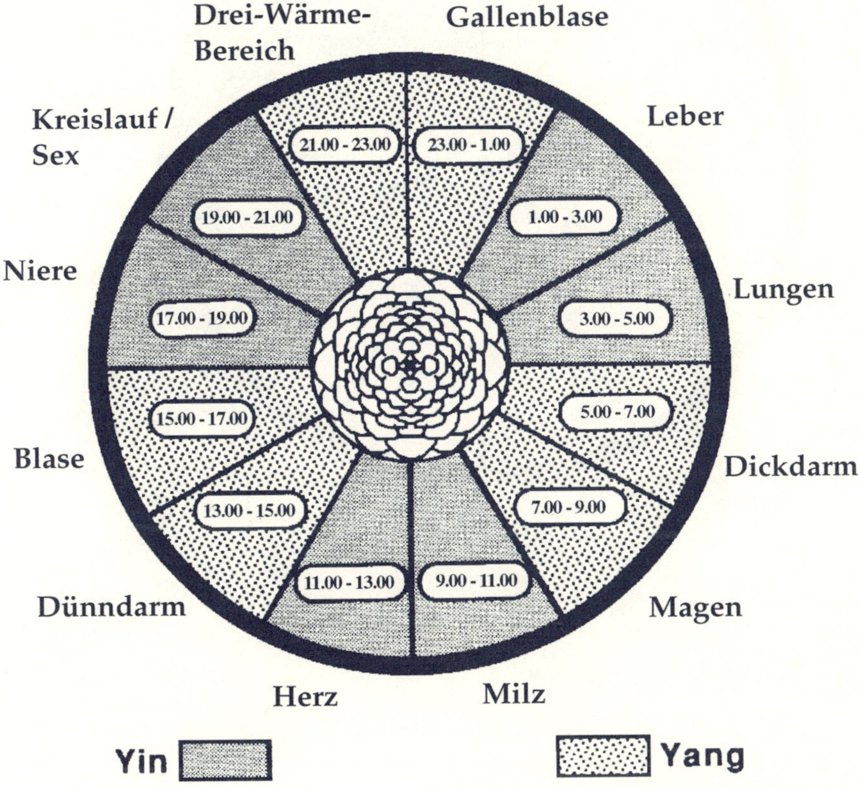

Die chinesische Uhr

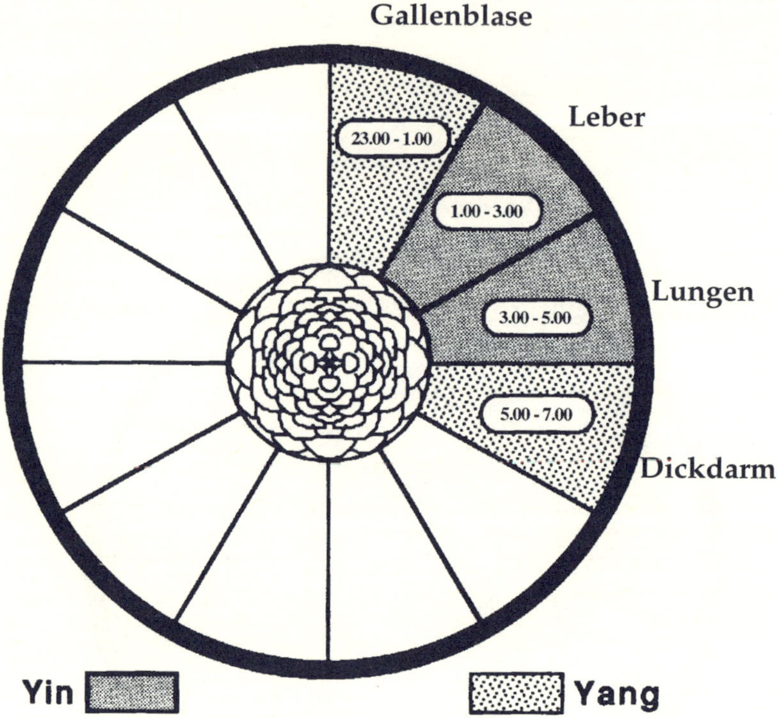

23.00 - 1.00 Uhr

In der Zeit zwischen 23.00 Uhr und 1.00 Uhr (die alten Chinesen nannten diese Stunden die 'Gallenblasen-Zeit') wird sich Ihr Traum oft um Probleme unterdrückter Wut drehen, vor allem Wut im Zusammenhang mit äußeren Umständen. Man sollte jeglichen Schwierigkeiten, die in dieser Zeitperiode auftreten, noch im Traumstadium gegenübertreten. Das ist auch die Zeit des Muts. Der Mut, den Sie in Ihrem Träumen gewinnen, wird auch Ihren Alltag durchdringen.

1.00 - 3.00 Uhr

Träume zwischen 1.00 Uhr und 3.00 Uhr, der 'Leber-Zeit', können mit Wut gegen sich selbst, Reinigung und dem Lebenswillen zu tun haben. Träume in dieser Spanne können Bereiche in Ihrem Leben aufdecken, die bereinigt werden müssen. Die Leber ist eines der Organe, die sich von allein regenerieren können. In dieser Periode Ihrer Träume geht es um Zukunft und persönliche Regenerierung.

3.00 - 5.00 Uhr

Träume zwischen 3.00 Uhr und 5.00 Uhr, der 'Lungen-Zeit' beschäftigen sich im allgemeinen mit Themen spiritueller Entwicklung, mit Kummer, Liebe, Loslassen, Erfüllung, Freiheit und Ausdruck. Es ist die Zeit, in der Sie höchstwahrscheinlich übersinnliche und transformative Träume haben. In diesen Stunden empfangen Sie auch Träume, die von einer anderen Dimension stammen, oder Träume von Verstorbenen, die uns immer noch etwas bedeuten. Es ist eine wunderbare Zeit für Astralreisen, die gewöhnlich in dieser Zeit auftreten. Die alten Chinesen sagen, es sei der Beginn des spirituellen Tages. In diesen Stunden werden Sie von einem Neubeginn Ihres spirituellen Wachstums träumen.

5.00 - 7.00 Uhr

In der Zeit zwischen 5.00 Uhr und 7.00 Uhr, der 'Darm-Zeit', träumen Sie vielleicht von Dingen, die an Ihrem Leben kleben oder es behindern. Es ist auch die Zeit äußeren Kummers, Ärgers, Sorge für andere oder das Gefühl der inneren Stärke. Es ist eine Zeit, in der Sie Träume empfangen, die sich auf andere Menschen beziehen. Auch Träume aus der Vergangenheit und sogar Erinnerungen an frühere Leben treten in diesen Stunden auf. Es ist die Zeit, in der Informationen und Erlebnisse, die Sie während des Tages gehabt haben, verarbeitet werden.

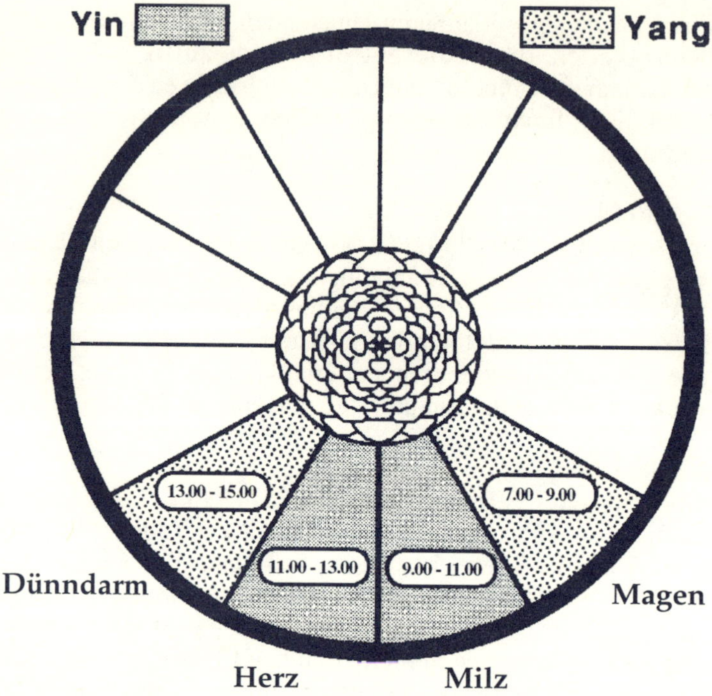

7.00 - 9.00 Uhr

Träume zwischen 7.00 Uhr und 9.00 Uhr, der 'Magen-Zeit', konzentrieren sich auf die 'Verarbeitung' neuer Ideen. Sie können sich auch auf Dinge beziehen, die Sie nicht 'verdauen' oder Ihren äußeren Umständen anpassen können, oder die mit Sympathie und Mitleid für andere zu tun haben. Es ist eine gute Zeit für die Heilung anderer und für neue kreative Ideen; geeignet, um Antworten auf Probleme zu finden, die Sie beschäftigt haben.

9.00 - 11.00 Uhr

Träume zwischen 9.00 Uhr und 11.00 Uhr finden in der 'Milz-/Bauchspeicheldrüsen-Zeit' statt. Es ist die Zeit der Selbst-Annahme, und diese Träume konzentrieren sich darauf, das Gute im Leben anzunehmen. Es ist die Zeit der heilenden Träume, die Zeit des mystischen Kriegers. Aber auch die Zeit für das Töten all dessen, was in Ihrem Leben nicht funktioniert. Es ist eine machtvolle Zeit der physischen Selbstheilung.

11.00 - 13.00 Uhr
Träume in der Zeit zwischen 11.00 Uhr und 13.00 Uhr geschehen in der 'Herz-Zeit'. Diese Träume können von Freude und Festlichkeiten handeln oder die Blockaden in Ihrem Leben enthüllen. Es können auch Träume sein, die Ihr spirituelles und Ihr irdisches Selbst miteinander in Einklang bringen. Und - noch einmal - diese Zeit eignet sich phantastisch für Astralreisen.

13.00 - 15.00 Uhr
Träume zwischen 13.00 Uhr und 15.00 Uhr geschehen in der 'Dünndarm-Zeit'. Sie dienen dazu, Ihre Erlebnisse des Tages zu verarbeiten und umzusetzen.

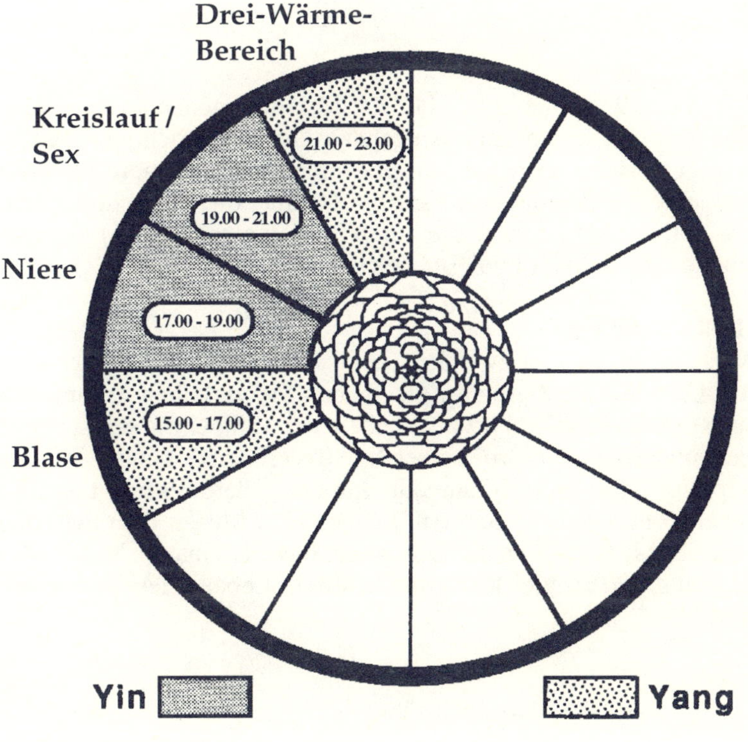

15.00 bis 17.00 Uhr

'Blasen-Zeit' ist zwischen 15.00 Uhr und 17.00 Uhr. Träume in dieser Zeit enthüllen Bereiche, die mit Angst besetzt sind, vor allem äußere Angst. Die Träume helfen Ihnen, alte Ideen und Beziehungen, die nicht funktionieren, aufzugeben. Sie helfen, Probleme loszulassen und in Gottes Hand zu legen.

17.00 - 19.00 Uhr

Träume in der Zeit zwischen 17.00 Uhr und 19.00 Uhr, der 'Nieren-Zeit', helfen Ihnen, innere Ängste loszulassen. Dazu mag die Angst gehören, das zu sein, was Sie wirklich sind. In diesen Stunden erleben Sie Träume, die mit Ängsten aus Ihrer Kindheit zu tun haben. Sie helfen Ihnen, Kritik und Enttäuschung zu verarbeiten. Die Nieren sind mit dem Element des Wassers verbunden, und Wasser bedeutet Transformation. Es ist also die Zeit der Transformation, indem Sie Angst loslassen. Es ist auch die Zeit des Übergangs zwischen Tod und Wiedergeburt, in der Ideen, Glauben und Verhaltensweisen neu entstehen.

19.00 - 21.00 Uhr

Zwischen 19.00 Uhr und 21.00 Uhr liegt die sogenannte 'Kreislauf-/Sex-Zeit'. In diesen Träumen geht es darum, zur richtigen Zeit am richtigen Ort zu sein. Sie konzentrieren sich auf innere Kontroll-Probleme. Es ist eine gute Zeit für Träume, die Erleuchtung bringen. Interessant ist zu wissen, daß in vielen spirituellen Gemeinschaften die Schüler in dieser Zeit schlafen.

21.00 - 23.00 Uhr

Wenn Sie in der Zeit zwischen 21.00 Uhr und 23.00 Uhr schlafen, der 'Drei-Wärme-Bereich-Zeit', haben Sie vielleicht Träume, die mit Kontroll-Problemen zu tun haben, die weniger Sie selbst betreffen, sondern die Kontrolle über Ihre äußere Umgebung. Vielleicht empfangen Sie auch Träume, die mit der äußeren Bewegung Ihres Lebens zu tun haben, dem Aufbrechen alter Muster oder der Anlage neuer Muster. Es ist die Zeit, in der das Gleichgewicht zwischen zu wenig und zu viel Kontrolle in Ihrem Leben wiederhergestellt wird.

24
DIE MONDIN*

Die Mondin bringt die Visionen. Sie segelt schweigend durch die Nacht, eine Botschafterin aus dem Land der Träume. *Luna* ist die silbrigweiße Göttin, Entzünderin des Unbewußten, Erfüllerin geheimnisvoller Kräfte. Alle Gezeiten gehören ihr. Die Gezeiten der großen Meere ... Gezeiten des Himmels ... Gezeiten der inneren Reiche der Nacht ... die geheimnisvollen Gezeiten von Tod und Geburt ... die Gezeiten des monatlichen Zyklus der Frau. **

Sie ist die himmliche Göttin der Träume. Sie trägt die Gezeiten der Mondin sanft ins Herz der Seele ... Gezeiten, die kommen und gehen. Dies alles sind ihre Geheimnisse.

Sie regelt die große Tiefe, in der alles Leben begann. Sie ist die Herrscherin der inneren Gezeiten, die niemals enden. Sie ist die Herrscherin der Phantasie und Intuition. Sie ist die Königin der Nacht. Sie bringt Kreativität und Vision in den Traum-Gezeiten der Nacht.

Schlaf und Dunkelheit sind ihre sanften Begleiter. Monat für Monat kehrt sie mit neuer Kraft zurück. Sie vereinigt die gegensätzlichen Elemente, verwandelt Dunkelheit in Licht. Sie ist die Quelle der physischen und spirituellen Wiedergeburt und Erleuchtung. Sie ergießt sich vom Tor des Firmaments in Kaskaden aus Licht. Sie ist die Herrscherin am nächtlichen Himmel ... eine mächtige spirituelle Kraft unseres Planeten und Gebieterin der Traum-Gezeiten, die wie Ebbe und Flut durch die Nacht ziehen.

Mondin-Bewußtsein oder Mondin-Bewußtheit entspringen aus dem tiefsten Kern unseres Seins; tief verborgen in unserem Innern. Für die Ureinwohner unseres Planeten war die Mondin ein sichtbares, angebetetes Symbol ihrer inneren Traumwelten. Heute berührt die Mondin die Erinnerung vergessener Künste; eine davon ist die Erinnerung an das Selbstverständnis unserer Träume. Frühere Kulturen verehrten die Mondin, weil sie in ihrem Alltag eine wichtige

---

*Der 'Mond'wird in der Mythologie als weiblich angesehen und dem weiblichen Prinzip zugeordnet. Daher setzt sich seit einiger Zeit in entsprechender deutscher Literatur der Begriff 'Mondin' durch. Anm. d. Ü.

** Siehe *Die Seepriesterin* (Dion Fortune, 1989 Smaragd Verlag)

Rolle spielte. Sie beobachteten, wie die Feldfrüchte entsprechend den Jahreszeiten und im Einklang mit den Zyklen der Mondin gediehen. Der Menstruations-Zyklus der Frau stimmte mit den lunaren Rhythmen überein. Die Mondin war das höchste Symbol der Fruchtbarkeit im Kosmos überhaupt. Ihr sanftes Licht benetzte die Pflanzen nach der Hitze des Tages mit Feuchtigkeit und entzündete das Feuer des Lebens, das während der Nacht neu aus der Saat zu sprießen begann. Mit derselben Kraft zog sie Pflanzen aus der Erde, beeinflußte die monatliche Blutung der Frau und Ebbe und Flut an den Gestaden der Meere. Die Mondin war der Träger der Weisheit in den Träumen der Nacht.
Die Mondin war notwendig für alles Leben und ihre Zyklen unerläßlich für die Fruchtbarkeit schlechthin. In der alten Zeit sah man zwischen den Träumen und dem Alltag eine enge Verbindung. Da die Nacht, das Reich der Mondin, Schlaf und Visionen brachte, wurden Träume als Botschaften der Mondin geachtet und am nächsten Tag sorgfältig befolgt. Die Mondin wurde als die Schöpferin aller Kreativität verehrt und war hoch angesehen.

Frühe Kulturen beobachteten, daß ihre Gesundheit oder ihr Gleichgewicht von den Rhythmen der Mondin abhängig waren. Die Menschen damals richteten das ganze Leben nach den Zyklen der Mondin aus. Allem, was sie taten - vom Säen bis zum Haareschneiden oder dem Beginn einer Schlacht - wurden größere Chancen zugeschrieben, wenn es im Einklang mit der Mondin geschah.
Einer der grundlegenden Aspekte der Existenz sind unsere körperlichen Zyklen. Diese inneren Ströme des Lebens scheinen genau zu definieren, wie wir uns und die Welt um uns herum erfahren. Die Mondin ist eine bedeutende Reglerin dieser individuellen Rhythmen. Sie beeinflußt die Gezeiten auf der Erde und verzerrt sogar ein wenig die Richtung der Erde. Diese periodische Anziehungskraft hat eine dramatische Wirkung auf die Flüssigkeiten in unserem Körper wie auch auf unsere Traumstadien. Da unser Körper zu achtundneunzig Prozent aus Wasser besteht, und da unser Blut chemisch ähnlich zusammengesetzt ist wie das Wasser des Meeres, ist es leicht zu verstehen, daß unsere Traumstadien und die Veränderungen unseres Körpers von den Gezeiten der Ozeane und den Phasen der Mondin abhängen.
Eine genaue Kenntnis der Mondin und der Gesetze, denen wir ausgesetzt sind, kann unser inneres Wissen enthüllen. Wenn wir die

Zyklen der Mondin verstehen und uns ihnen anpassen, können wir lernen, unsere inneren Traumstadien zu kontrollieren. Alles Leben ist Kreislauf. Unser Bewußtsein der Zyklen der Mondin wie auch unsere eigenen Lebenszyklen zu entwickeln, wird uns eine größere Einsicht in unsere Träume vermitteln. Wenn wir das Verständnis und die Deutung unserer Träume verbessern wollen, ist es unerläßlich, uns mit der Mondin und ihren Zyklen in Einklang zu bringen.
Eines der kosmischen Prinzipien, das die Menschen früher den Mondin-Zyklen entnommen haben, war das Grundmuster der Erneuerung. Ruhe, Meditation und Schwangerschaft wurden mit derselben Ehrfurcht behandelt wie Produktivität. Das Verständnis, daß allen Teilen des Zyklus derselbe Respekt gebührt, wird in der östlichen Vorstellung von Yin und Yang und deren Abhängigkeit von den kosmischen Gesetzen des Gleichgewichts deutlich.
Jeder Zyklus der Mondin wird in vier kleinere Zyklen (Phasen) eingeteilt: Neumondin, zunehmende Mondin, Vollmondin und abnehmende Mondin. Jede Phase dauert sieben Tage. Es gibt jedoch keinen bestimmten Zeitpunkt, an dem eine Phase endet und die nächste beginnt. Die Phasen folgen einfach einem fließenden Muster, so wie unsere physische Energie.
Die Zeit der Neumondin ist die Zeit der Wiedergeburt. In dieser Zeit soll man ruhen, still sein, meditieren. Träume in dieser Zeit geben die tiefsten und innersten Bewegungen unseres Selbst wieder. Dies war früher eine Zeit, in der sich die nordamerikanischen Indianerfrauen in die Natur zurückzogen, um still zu werden und mit dem Großen Geist zu kommunizieren. In der Mitte dieser Ruhephase bereiten die Träume den Boden Ihrer Seele auf die Saat in der kommenden Woche vor.

Im Glanz der Mondin-Sichel werden Sie sich bewußt, wie Ihre Energie sich auszudehnen beginnt. Wenn die Mondin zunimmt und größer wird, beginnen Sie, im Einklang mit den Geheimnissen, die Ihnen während der Neumondin in Ihren Träumen enhüllt worden sind, zu handeln.
Die Vollmondin ist die Reife der Saat, die während der Zeit der Neumondin gesät wurde. Lassen Sie während dieser Phase die Fülle Ihrer kreativen Kräfte frei. Seien Sie lebendig und von Energie erfüllt. Nehmen Sie voll am Leben teil, und genießen Sie den Tanz des Lebens. Untersuchungen haben ergeben, daß die Aktivität der Träume in diesem Zyklus am stärksten ist. Es ist auch die Zeit,

in der Sie sich am leichtesten an Ihre Träume erinnern. Die Zahl Ihrer Träume wird in der Phase der Vollmondin zunehmen.
Die abnehmende Mondin ist die Zeit der Anpassung und des Aufnehmens all dessen, was Sie in den Wochen zuvor gelernt haben. Die Träume in dieser Zeit sind Träume der Reflexion und Innenschau. Wenn Sie beginnen, die Bewegungen Ihres Lebens mit den Phasen der Mondin in Einklang zu bringen, sind Sie im Fluß und in Harmonie mit der ursprünglichsten und kraftvollsten Naturmacht. Ihr Traumleben wird immer lebhafter und kraftvoller.
Eine Möglichkeit, die Lebenszyklen mit denen der Mondin in Einklang zu bringen, ist ein Ritual. Früher galten Rituale, Visionen, und Intuition als absolute Notwendigkeiten des Lebens. Man glaubte, ohne diese Zustände sei ein Leben in Harmonie nicht möglich und das Verständnis für den Kosmos würde schwinden. Für unser eigenes Gleichgewicht und das kollektive Gleichgewicht ist es notwendig, für diese Seins-Weisen das Verständnis wiederzufinden. Dies kann geschehen, indem man sich ein Ritual mit der Mondin schafft.
Solch ein Ritual ist die Übertragung kosmischer Energien unter Verwendung der Mondin als Brennpunkt, um sich in erweiterte Bewußtseinsstadien zu versetzen. Alle Geheimnisse und Kräfte des Unterbewußtseins sind in einem Ritual mit der Mondin symbolisiert. Mit jenen schwer faßbaren Kräften wollten sich auch die Mondpriesterinnen der alten Zeit verbinden.
Ein Ritual kann dazu verwendet werden, die eigenen Wahrnehmungen der Realität zu verändern. Es ist ein symbolischer Akt, der einfach oder komplex sein kann. Sinn eines solchen Rituals ist es, ein Ereignis spürbar zu machen, das auf der inneren Ebene geschehen ist, wobei es bei jedem Ritual zu einer Transformation der Persönlichkeit kommt. Ein Ritual ist eine Möglichkeit, die Verbundenheit mit dem Kosmos zu erleben.
Hier ein paar einfache, moderne Rituale, die Sie verwenden können, um Ihre Traumstunden zu bereichern:

- Stehen Sie während der unterschiedlichen Phasen der Mondin am Fenster oder verbringen Sie eine gewisse Zeit im Freien.

- Heben Sie die Arme der Mondin entgegen, wie es einst die Alten taten. Spüren Sie, wie die Energie der Mondin aufsteigt und jede Zelle Ihres Seins erfüllt.

- Nehmen Sie ein Bad im Licht der Mondin und lassen Sie zu, daß ihre Strahlen Sie baden und reinigen und über die tiefsten Bereiche Ihres Seins strömen wie die Wellen der See.

- Tanzen Sie im Licht der Mondin. Bewegen Sie sich mit wilder Hingabe.

- Lassen Sie Wasser draußen im Mondlicht stehen und trinken Sie das Wasser, bevor sie schlafengehen. Es wurde aus der tiefsten Quelle des Lebens mit Energie getränkt.

Ein Ritual ist eine festgelegte Reihenfolge von Handlungen, die eine Veränderung bewirken sollen, und hat seinen Ursprung tief in der Psyche eines jeden einzelnen Menschen. Daher tragen Sie die Elemente Ihres eigenen Unbewußten bereits in sich, um alle Erlebnisse, die Sie wünschen, auszulösen. Schauen Sie also nach innen und schaffen Sie ein Ritual, das Ihrem Leben und Ihren Bedürfnissen entspricht, verwenden Sie Symbole und Hilfsmittel, die für Sie die inneren Qualitäten der Träume darstellen.

Das Ritual mit der Mondin, das ich für mich geschaffen habe, ist sehr einfach. Aus Stäbchen oder besonderen Steinen lege ich einen Kreis als Symbol für die Ganzheit und meine innere Traumwelt. Ohne Anfang oder Ende, steht der Kreis für den Zyklus des Kosmos, die Quelle und die Rückkehr zur Quelle. Ich forme einen Kreis, um die Mondin und meine Träume, die Quelle von Leben und Einheit, darzustellen. In ihn lege ich die Dinge, die für mich eine besondere Bedeutung haben und die geheimnisvolle Welt der Träume symbolisieren. Dazu gehört der Selenit, ein Stein, dessen Name von der Mondgöttin Selene stammt. Dieser Stein ist ein ausgezeichnetes Mittel, Traumerinnerung und Verstehen zu wecken.

Um den zeremoniellen Aspekt meines Mondkreises zu vergrößern, beginne ich, meine Energie dem lebenden Geist in allen Dingen und meinen Träumen zu weihen. Dann komponiere ich einen einfachen Traumgesang und erfinde einen Traumtanz, der die Kraft des Lebens und meine innere Natur weckt. Sobald ich mein Ritual beendet habe, sammele ich die kostbaren Dinge ein, die ich für mein Ritual verwendet habe, und bewahre sie bis zu meinem nächsten Mondin-Ritual an einem besonderen Ort auf.

Wenn Sie ihr eigenes Ritual mit der Mondin schaffen und zum ersten Mal zelebrieren, ist es nicht ungewöhnlich, wenn Sie Gefühle wie Albernheit oder Verlegenheit empfinden. Gelangen Sie jedoch über diesen Punkt hinaus, werden Sie bald die heilige Mitte erleben. Zu Beginn des Rituals sind Ihre wahren Gefühle unter Schichten linearen und rationalen Denkens begraben. Machen Sie jedoch weiter, übernimmt die rechte Seite Ihres Gehirns, die Isis-Seite, die Herrschaft, und die innere Wirklichkeit der Handlungen wird durchkommen. Als Ergebnis werden Sie spüren, wie Sie mit den inneren Zyklen der Natur im Einklang sind, und die Harmonie mit Ihren Träumen und den inneren Weisen der Nacht erleben.

25
FARBEN

Untersuchungen zeigen, daß Farben das Leben eines jeden Menschen beeinflussen. Das gilt selbst für Blinde. Auch im Theater der Nacht spielen Farben eine entscheidende Rolle, indem sie uns wertvolle Einsicht in Licht und Schatten unserer Lebenserfahrungen geben.

Farbig träumen

Es gibt mehrere Theorien darüber, ob wir tatsächlich in Farbe träumen oder nicht. Der Traumforscher Calvin Hall, der Tausende von Träumen aufgezeichnet hat, behauptet, zwei Drittel aller Träume seien in schwarz-weiß. Nach Hall träumen nur wenige Menschen ausschließlich in Farbe, und manche träumen nie farbig.
Diese Ansicht wird nicht von all seinen Kollegen geteilt. Gladys Mayer, eine andere Traumforscherin, sagt, alle Träume seien in Farbe, aber genausowenig, wie wir uns an unsere Träume erinnerten, würden wir uns an die Farben erinnern.
Aldous Huxley gibt in seinem Essay *Himmel und Hölle* an, Traumsymbole müßten, um effektiv zu sein, nicht unbedingt farbig sein. Er fährt fort: "Im Erleben der meisten Menschen sind die farbigsten Träume jene von Landschaften, in denen es kein Drama gibt, keinen symbolischen Bezug auf einen Konflikt, sondern dem Bewußtsein eine gegebene, nicht-menschliche Tatsache präsentiert wird." Für Huxley ist Farbe nicht notwendig, um Symbole

psychischer Konflikte aufzeigen zu können. Daher treten Farben in konfliktfreien Bereichen auf.
Andere Traumforscher setzen dieser Theorie entgegen, daß alle Träume in irgendeiner Form einen Konflikt darstellen. Ein weiterer Einwand ist, daß einige Menschen immer in Farbe träumen, ob es sich nun um einen Konflikt handelt oder nicht.
Eine andere Theorie besagt, Farben könnten Ausdruck eines Krankheitszustands sein. So sollen Träume mit viel Grün auf ein Leberproblem hindeuten; Träume mit übermäßig viel Rot warnen uns vor Blutungen, Kreislaufstörungen oder Herzproblemen.
Ich möchte hinzufügen, daß diese Theorie zwar richtig sein mag, aber auch die Nuance von Grün oder Rot ein Faktor ist, den es zu beachten gilt. Eine Krankheit kann sich im Traum durch beunruhigende Schattierungen von Farben ankündigen. Ein reines Frühlingsgrün kann Heilkraft bedeuten und ein klares, leuchtendes Rot physische Stärke und sexuelle Potenz.
Eine dritte Theorie zu Farbe im Traum bezieht sich auf das künstlerische Talent des Träumers. Demnach sind Menschen, die vorwiegend in Farbe träumen, viel farbbewußter als die anderen, die das nicht tun, und sie sollen auch über außergewöhnliche künstlerische Talente verfügen. Die Befürworter dieser Theorie behaupten, Malunterricht würde farbiges Träumen fördern.
Das Wissen um die Bedeutung der Farben im Traum ist eines der einfachsten und dennoch wirkungsvollsten Mittel, unsere Träume zu verstehen. Schauen wir uns doch nur um - alles, was wir mit unseren physischen Augen sehen, reflektiert Farbe. Da, wo sich die Farben ändern, wo sich die Schatten treffen - dort bildet sich die Form und der Umriß all dessen, was wir sehen. Die Methode, mit Hilfe von Farben Träume zu verstehen, ist in den meisten Kulturen mit esoterischer Tradition seit Tausenden von Jahren erfolgreich angewendet worden. Farbe verstehen heißt, die Essenz der Energie verstehen.
Wir leben in einem weiten Meer aus Energie mit lebendigen, kräftigen Schwingungen unterschiedlicher Frequenz und unterschiedlicher Intensität. Dieses Energie-Meer besteht aus einem wirbelnden Tanz sich ständig verändernder Materie. Energie bewegt sich in den verschiedenen Zuständen fest, flüssig und gasförmig, und jeder von ihnen findet seinen vorläufigen Platz im Universum. Licht und Farbe sind Schwingungen in diesem ewigen Spiel der Energie. Die warmen Farben von Rot, Orange und Gelb haben eine

viel niedrigere Schwingungsrate auf der elektromagnetischen Skala als die kühleren Farben Grün, Blau und Violett.

Sir Isaac Newton war der erste, der 1666 Sonnenlicht in seine einzelnen Farben zerlegte. Mit einem Prisma schuf er ein Spektrum an Farben, indem er das natürliche Sonnenlicht, das weiße Licht, in sieben Farb-Streifen teilte: Rot, Orange, Gelb, Grün, Blau, Indigoblau und Violett. Da Licht mit einer Geschwindigkeit von dreihunderttausend Kilometer pro Sekunde reist, vibriert es. Licht ist nichts anderes als Energie, die sich in Form von Strahlen oder Wellen fortbewegt. Die Wellenlängen werden als Frequenz gemessen. Je kürzer die Wellenlänge, desto höher die Frequenz.

Auch Sie befinden sich in einer Reihe von Energiefeldern. Ihr ganzer Körper vibriert ständig in einem Feld aus Energie, ein Teil feinstofflich, ein Teil fest. Sie sind dauernd irgendwie in Bewegung. Die Energiefelder Ihres Körpers werden durch die ständig wechselnden Energien Ihrer Umgebung - Sonnenlicht und Wind, die Energiefelder anderer Menschen und die Energie der Nahrung, die Sie zu sich nehmen - beeinflußt. Somit wird Ihr Körper und damit Ihr ganzes Sein durch die Energie der Farbe sehr tiefgehend beeinflußt. Auch wenn wir uns dessen nicht bewußt sind, erkennen wir die Macht der Farbe in unserem Leben an, indem wir Ausdrücke verwenden wie: *Blauer Montag. Das Leben durch eine rosarote Brille sehen. Rotsehen. ... Gelb vor Neid. ... Rot vor Zorn. Er wird ein blaues Wunder erleben ...*, um nur einige zu nennen.

Farben spielen in jedem Bereich unseres Lebens eine wichtige Rolle. Früher maßen die Menschen der Farbe eine viel größere Bedeutung bei, als wir heute. In der Tat, es ist noch gar nicht lange her, daß Farbe nur als schmückendes oder fröhliches Beiwerk angesehen wurde. Sieht man sich jedoch die Geschichte der Menschheit insgesamt an, erkennt man, daß Farbe eines der wichtigsten Symbole überhaupt war.

Die alten Kulturen - Mesopotamien, Ägypten, Griechenland, China und Tibet wie auch die nordamerikanischen Indianer und selbst das Europa des Mittelalters - sie alle kannten die tiefere Bedeutung der Farben und nutzten ihre Macht. Selbst moderne Psychologen und Wissenschaftler haben die Bedeutung der Farbe für therapeutische und medizinische Zwecke entdeckt, daß nämlich bestimmte Farben bei Menschen unabhängig von ihrem kulturellen Hintergrund ähnliche Reaktionen hervorrufen. Orange-Rot gilt als stimulierend, während Dunkelblau beruhigend wirkt. Es sieht so aus, als ob sich

die Farbpsychologie über die Grenzen von Nationalität, Rasse und Kultur ähnlich hinwegsetzt wie die Musik.
Natürlich erleben Sie in Ihren Träumen unterschiedliche Nuancen und Farbschattierungen der sieben Hauptfarben. Je klarer die Farbe, desto genauer die Beschreibung des Symbols. Je schmuddeliger die Farbe, desto mehr bleibt Ihnen dieser Bereich verschlossen.

Rot

Rot im Traum entspricht dem ersten Chakra, dem Bereich am Ende des Rückgrats zwischen Anus und Geschlecht. Unser Lebens- und Überlebenstrieb wird durch die Farbe Rot symbolisiert. Rot stimuliert den physischen Körper zu reagieren und positiv zu handeln. Rot wirkt auf das Herz und erhöht die Schwingungszahl. Es ist kein Zufall, daß Restaurants ihre Dekoration auf Rot ausrichten. Das regt den Appetit ihrer Gäste an. Rot steht mit unserer Sexualenergie in Verbindung und weckt angenehme Gefühle. Die Farbe Rot bringt Reaktivierung und physische Erregung. Rot kann aber auch Zorn bedeuten. Ein klares Rot im Traum symbolisiert eindeutig Wut. Ein schmuddeliges Rot steht für unterdrückte Wut - sei es Streitsucht, Aggressivität, Aufregung, Spannung oder physische Stärke. Wenn wir Rot ausgesetzt sind, scheint unser Zeitgefühl verlängert, weshalb sich Rot zum Beispiel für Wartezimmer nicht eignet.
Rot steht für direkte Aktion und aktiveren Einsatz, für Wille und Macht. Stärke, Mut, Standfestigkeit, Gesundheit, Kraft, Sexualität und Gefahr - sie alle werden mit der Farbe Rot in Verbindung gebracht. Erscheint diese Farbe in einem Traum, so kann das äußerst vitalisierend und stimulierend sein und dazu beitragen, Trägheit, Depressionen, Angst und Melancholie zu überwinden. Rot ist eine große Hilfe für alle, die unter Lebensangst leiden und das Gefühl haben, weglaufen zu müssen. Die rote Farbe hilft, mit den Füßen fest auf dem Boden zu stehen. Wenn Sie dazu neigen, sich bei Gedanken an die Zukunft nicht genug geerdet zu fühlen, wird Ihnen Rot im Traum helfen, Boden unter den Füßen zu bekommen. Es hilft Ihnen, Ihre Wurzeln im 'Hier und Jetzt' zu verankern. Rot liefert die nötige Energie und Motivation, um neue Ziele anzugehen und sie zu erreichen. Rot ist eine aktive Farbe. Es ist die Farbe der Tat.

Orange

Orange in einem Traum entspricht dem zweiten Chakra, das etwa acht Zentimeter unterhalb des Nabels liegt. Orange steht für den Willen nach Annahme durch unsere Mitmenschen. Es ist eine warme, stimulierende Farbe, aber heller und mit höherer Schwingung als Rot, so daß die Energie in breitere Bereiche unseres Körpers transportiert wird. Orange verringert die Lebensangst und vergrößert das Engagement in Gruppen und bei sozialen Aufgaben. Orange ist eine glückliche, fröhliche Farbe, die von Clowns auf der ganzen Welt eingesetzt wird. Sie steigert Optimismus, Aufgeschlossenheit und emotionales Gleichgewicht. Orange im Traum bezieht sich auf den Herdeninstinkt, Ehrgeiz, Agitation, Ruhelosigkeit, Forschergeist und Geschäftssinn. Orange kann Sexualenergien in Gedankenprozesse umlenken, wodurch Interesse an Politik und Gesellschaftsfragen entsteht.

Menschen, deren Lieblingsfarbe Orange ist, sind im allgemeinen außerordentlich ehrgeizig, konkurrenzfreudig, mitteilsam, optimistisch, warmherzig und gastfreundlich mit sozialem 'Touch'. Sie suchen Kontakt zu ihren Mitmenschen und möchten von ihnen angenommen werden. Sie streben nach Höherem - zum Wohl der Gesellschaft, ihres Landes und ihres Geschäfts. Sie engagieren sich für große Projekte von weltweiter Bedeutung und lieben es zu expandieren.

Orange in einem Traum symbolisiert Optimismus, Vertrauen, Veränderung, Selbstmotivation, Enthusiasmus und Mut. Orange ist die Beziehungsfarbe.

Die Eigenschaft, zu bereitwillig zu glauben, ohne Skepsis oder ohne Urteilsvermögen, kann durch den orangefarbenen Strahl geheilt werden. Wenn Sie dazu neigen, von sich zu sehr eingenommen zu sein oder sogar nach Macht streben, hilft Orange im Traum, Ausgeglichenheit und Urteilsfähigkeit zu schaffen. Die heilenden Energien von Orange in einem Traum stimulieren das innere Wissen, daß wir wirklich alle eins sind. Es enthüllt das Bewußtsein, über sich selbst hinauszuwachsen. Grundsätzlich bedeutet Orange im Traum Aufgeschlossenheit, Forschergeist und soziales Verhalten.

Während Rot Sinnlichkeit signalisiert, steht Orange für die zwischenmenschlichen Beziehungen. Es ist der Antrieb, durch andere Menschen die Realität zu finden, das Streben nach Miteinander. Die rote Energie hat eine Vorliebe für Selbst-Erhaltung und Nachgiebigkeit gegen sich selbst. Mit Orange haben Motivation und Engagement einen eher sozialen Charakter mit dem Ziel, Gesellschaft, Familie und zwischenmenschliche Bindungen aufrechtzuerhalten. Orange bedeutet Annahme unserer Liebe für den Nächsten. Es bedeutet, keine Angst zu haben, zu tanzen und zu singen, und als Mensch, der alle Menschen liebt, zu leben.

Gelb

Gelb ist intellektuell und entspricht dem dritten Chakra, dem Solarplexus. Es ist die letzte der warmen, extrovertierten Farbstrahlen. Gelb in einem Traum bezieht sich auf Ihren intellektuellen Denkprozeß. Die Energie des gelben Strahls stimuliert Ihre logischen, linearen Denkprozesse und die Aktivitäten der linken Hirnhälfte. Gelb bringt den Körper dazu, mit geistiger Urteilskraft, Logik, Beachtung der Details, Entschlußkraft, aktiver Intelligenz, Disziplin, Ordnungssinn, Lob, Aufrichtigkeit und Harmonie zu reagieren. Gelb verleiht also erhöhte Ausdrucksfähigkeit und Freiheit, die sich im Traum in Freude verwandelt.
Menschen, deren Lieblingsfarbe gelb ist, analysieren alles, müssen immer wissen, 'was, warum, und wo?'. Sie fragen nach einem logischen Rahmen, bevor sie in der Lage sind zu verstehen. Sie verlangen Originalität und Veränderung. Es sind hochschöpferische Menschen, die ihren Ausdruck in Kunst, Literatur und Musik suchen und reden ... reden ... reden. Sie sind flexibel, ausdrucksstark, sprachgewandt und sehr selbstbewußt und können ausgezeichnet planen und organisieren. Die spontane Reaktion auf Stimulierung oder Ereignisse, die für die rote und orangefarbene Energie bezeichnend ist, wird durch die des gelben Strahls nicht erlebt. Diese Menschen haben ein gelösteres Verständnis dafür, wie Dinge entstehen, wo sie geschehen, wann sie in den Mittelpunkt gerückt werden etc. Gelb sieht das Leben in einem größeren Rahmen. Es stimuliert unseren Wunsch, in einer ordentlichen Welt zu leben, während gleichzeitig unsere Individualität und unser Wunsch zu verstehen zum Ausdruck kommen.
Die heilende Kraft des gelben Strahls in einem Traum arbeitet an der Angst. Oft fühlt sich ein Mensch, der Angst hat, als ob sich ihm der Magen umdrehen würde. Vielleicht ist eine riesige Menge Angst viele Inkarnationen lang im Solarplexusbereich eingesperrt

gewesen. Sehr oft kann solch ein Mensch die Ursache seiner Ängste nicht verstehen.
Gelb in Ihren Träumen wird die Spannung der schlimmen Erfahrungen, die im Solarplexus gespeichert sind, allmählich lösen. Gelb ist sehr heilsam für urteilende, kritische, verbal-aggressive Menschen. Es stimuliert die Flexibilität und Anpassungsfähigkeit Änderungen gegenüber. Wenn wir uns auf den gelben Strahl einschwingen, wird unter dem prüfenden Blick unseres Intellekts kein Problem ungelöst bleiben. Wir lernen auch, daß es besser ist, uns selbst statt die anderen zu ändern. Das Bedürfnis nach Harmonie zwischen unserem Herzen und unserem Kopf bleibt eindeutig.

Grün

Grün in Träumen bedeutet Sicherheit. Es entspricht dem Herz-Chakra, dem vierten Punkt im Energiefeld unseres Körpers. Grün bildet das Gleichgewicht zwischen dem warmen, extrovertierten Spektrum von Rot, Orange und Gelb, und den kühlen, introvertierten Farben Blau, Indigo und Violett. Grün stimuliert somit Gefühle von Liebe, Ausgeglichenheit, Harmonie, Frieden, Brüderlichkeit, Hoffnung, Wachstum und Heilung. Sehr oft stelle ich bei meinen Klienten fest, daß sie, wenn in ihren Träumen Grün auftaucht, eine Heilungsphase durchmachen. Menschen, die Grün als ihre Lieblingsfarbe wählen, sind im allgemeinen großzügig, vital, offenherzig und liebevoll. Um innere Sicherheit zu erreichen, fördert Grün das Bedürfnis, sich ruhig, sicher, positiv, kraftvoll zu fühlen, zu lieben und geliebt zu werden.
Grün im Traum ist sehr gut für jegliche tief verankerten Gefühle der Trauer. Grün im Traum hilft auch, einschränkende Bindungen zu überwinden. Viele Ängste entstehen im Herzen durch Festhalten an vielerlei Bindungen. Während Grün wertvoll ist, um das zu genießen, was man im Augenblick hat, führt es auch zu geistigem Frieden und der Kunst, sich von allem Materiellen zu befreien.
Grün findet sich überall in der Natur. Es ist Symbol der überfließenden, versorgenden Kräfte des Kosmos, die gewährleisten, daß immer von allem genug da sein wird.
Sie werden wissen, daß der amerikanische Dollar grün und seit vielen Jahren stark ist. Auch die Währung in Neuseeland war einst grün. Als sich die Farbe des Geldscheins änderte, verlor auch der neuseeländische Dollar an Wert.

Grüne Energie ist auch sehr heilsam bei Zweifeln und Unsicherheit. Durch Meditation über die Reinheit von Grün können wir unser wahres, aufgeschlossenes, liebendes, warmherziges inneres Wesen wecken. Wenn das Herz offen ist und wir spüren, wie die Liebe des Universums durch uns hindurchströmt, fühlen wir uns sicher und voller Selbstvertrauen. Wir lernen, Bindungen und Besitz loszulassen. Grün im Traum ist eine sehr heilsame Farbe.

Blau

Blau steht für empfangend und das Kehl-Chakra (=Kommunikations-Chakra). Blau ist die erste der kühlen Farben des Spektrums und regt an, nach der inneren Wahrheit zu suchen. Wenn in einem Traum Blau vorkommt, hilft es Ihnen, inneren Frieden und geistige Sicherheit zu erlangen und nach Ihren Idealen zu leben. Blau stimuliert unsere spirituelle Sicherheit und unseren Wunsch nach innerem Verstehen.

Menschen, deren Lieblingsfarbe Blau ist, sind idealistische, geduldige und ausdauernde Seelen. Sie neigen zu Nostalgie, Engagement, Hingabe, Frieden und Loyalität. Diese hochsensitiven Menschen leben in einer geistigen Welt, in der idealistische Ideen und Gefühle eine wichtige Rolle spielen. Sie suchen Zufriedenheit und Seelenfrieden und neigen nicht zu Veränderungen.

Blau in einem Traum aktiviert Inspiration, Kreativität, spirituelles Verständnis, Glauben und Hingabe. In Blau fließt die Energie der Zeit, und Erinnerungen an die Vergangenheit werden durch diese Farbe stimuliert. Es ist eine ideale Farbe für Wartezimmer und Studienplätze. Wenn in Ihrem Traum viel Blau auftaucht, bedeutet dies Sanftheit, Zufriedenheit, Geduld und Gelassenheit. Blau ist daher für alle günstig, die impulsiv sind und ohne nachzudenken handeln. Blau hat auch eine äußerst befreiende Wirkung für Menschen, die in ihren Verhaltensweisen erstarrt sind und sich Veränderungen widersetzten. Der blaue Strahl gibt die Kraft, getrennte Elemente zu einem komplexen Ganzen zusammenzubauen und miteinander zu verbinden. Das wahre Blau der Aufrichtigkeit manifestiert sich in allen Beziehungen im Leben. Wenn wir zu uns selbst ehrlich und aufrichtig sind, können wir diese Eigenschaften auch anderen gegenüber leben.

Indigo/Violett/Purpur

Indigo steht mit dem Stirn-Chakra in Verbindung, der Intuition, und ist die Farbe, die mit den Träumen am engsten verbunden ist. Achten Sie sorgfältig auf die Träume, die Purpur, Indigo oder Violett enthalten. Diese Farben im Traum stimulieren unser Bedürfnis, uns mit dem Kosmos eins zu fühlen, konfliktfreie Beziehungen zu haben und an der Spitze der menschlichen Entwicklung zu stehen. Wie Blau hat Indigo eine beruhigende, besänftigende und tröstende Wirkung. Wenn jemand im Traum Indigo hat, ist dies oft ein Hinweis auf übersinnliche Wahrnehmung und Intuition. Achten Sie also besonders auf diese Träume!
Es ist interessant zu beobachten, wie sich unsere Zeit-Vision verändert, während wir uns durch die Farbebenen bewegen. Je näher wir unseren fünf Sinnen sind, also dem Verstand und damit der Realität, desto mehr scheint die Zeit vorwärts zu fließen. Je näher wir unserer Imagination sind, desto mehr scheint die Zeit rückwärts zu fließen. Wenn wir die Farbe Rot mit unseren Sinnen betrachten, empfangen wir eine Vision des unmittelbaren Jetzt, so wie die Katze eine Maus sieht. Wenn wir das Jetzt mit unserem Intellekt (Gelb) sehen, erhalten wir eine Vision des Logischen, wie der Fluß des Verkehrs auf einer Autobahn. Wenn wir mit unserem Gefühl (Blau) wahrnehmen, erhalten wir eine Vision der Geschichte, wie die Jahresringe an einem Baum. Wenn wir die Realität mit unserer Intuition (Indigo) betrachten, erhalten wir eine Vision der Zukunft, ähnlich wie ein Adler, der über der Ebene schwebt und von oben hinabschaut. Von diesem günstigen Aussichtspunkt können wir sehen, was nahe, aber auch, was fern ist. Wenn in Ihrem Traum also Indigo erscheint, sehen Sie über das Jetzt hinaus. Träume in Indigo sind Träume der Prophetie, Träume einer Vision. Wer Indigo als seine Lieblingsfarbe wählt, ist meistens ein Mensch, der nach seinem inneren Wissen lebt, der Zukunft vertraut und in der Lage ist, sich auf die innere Welt anderer Menschen einzustimmen. Indigo stimuliert unsere spirituelle Wahrnehmung und Intuition.

Weiß

Weiß in einem Traum steht für Imagination und das Kronen-Chakra (Scheitel-Chakra). Seine Schwingungen sind die schnellsten und haben die höchste Frequenz. Seine Wirkung auf unser Sein sind göttliche Wahrnehmung, Demut und kreative Vorstellungskraft.

Weiß kann reinigen wie der Schnee im Winter. Weiß ist die Farbe, die alle Farben in sich trägt. Auch diese Träume sollten Sie besonders beachten. Weiß hat die Energie und die Kraft, die Vorstellungskraft zu transformieren. Es ist eine gute Farbe für alle, die zum Tagträumen neigen oder Probleme haben. Die weißen und violetten Strahlen sind die kreative Vorstellungskraft, die uns durch unsere Träume zu höherem spirituellen Einklang und göttlicher Liebe bringt. Menschen, die sich von dieser Farbe angezogen fühlen, haben ein tiefes Gefühl für Wunder, Glück und Hingabe. Da Weiß die Energie der Transformation in sich trägt, kann es eine großartige Heilfarbe für einen Menschen mit einem negativen Selbstbild sein.

ROT

Weckt:
Freiheit, Urteilskraft, Ehrgefühl, Willenskraft, Kraft, Stärke, Aktivität, Lebendigkeit, Unabhängigkeit, Motivation, Initiative, Führungsqualitäten.
Löst:
Ärger, Frustration, Verwirrung, Gewalt, Destruktivität, Rache, Widerstand, Impulsivität, Ungeduld.

ORANGE

Weckt:
Optimismus, Mut, Erfolg, Vertrauen, Begeisterungsfähigkeit, Ermutigung, Anziehungskraft, Fülle, Freundlichkeit, Entwicklung.
Löst:
Überheblichkeit, Mißtrauen, Machttrieb, Oberflächlichkeit.

GELB

Weckt:
Freude, Ausdrucksfähigkeit, Geschicklichkeit, geistige Unterscheidungsvermögen, Organisationstalent, Aufmerksamkeit für das Detail, Urteilsvermögen, aktive Intelligenz, Disziplin, Ordnungssinn.
Löst:
Nörgelei, Beschränktheit durch Eigensinn, Verachtung, Sorge, Selbstverurteilung, Bitterkeit, Zynismus.

GRÜN

Weckt:
Mut, Großzügigkeit, Vitalität, Kraft, Sicherheit, Offenheit, Warmherzigkeit, Selbstbehauptung, Mitgefühl, Aufgeschlossenheit, Mitteilsamkeit, Harmonie, Gleichgewicht.
Löst:
Selbstzweifel, Besitzgier, Eifersucht, selbstsüchtiges Klammern, Neid, Unsicherheit, Mißtrauen.

BLAU

Weckt:
Liebe, Weisheit, Sanftheit, Vertrauen, Verständnis, Loslassen, Freundlichkeit, Mitgefühl, Geduld, Vergebung, Sensitivität, Kontemplation.
Löst:
Selbstmitleid, Furcht, Selbstablehnung, Getrenntheit, Isolation, Sorgen, Depression, Angst, Kälte, Distanz.

INDIGO/VIOLETT/PURPUR

Weckt:
Inspiration, Vision, Weitblick, Vertrauen in die Zukunft, Einstimmung auf die innere Welt anderer Menschen, Sensivität.
Löst:
Unfähigkeit, im Hier und Jetzt zu leben, das Gefühl des Ausgeschlossenseins, Vergeßlichkeit, fehlende Disziplin, Groll, Getrenntheit, Arroganz, Stolz, Verachtung.

WEISS

Weckt:
Intuition, Kreativität, spirituelle Inspiration, Meditation, Reflexion, tiefes inneres Wissen, Demut, Freude, spirituelle Einheit.
Löst:
Besessenheit, Märtyrertum, Begrenztheit, Intoleranz, Verträumtheit im Alltag, Nörgelei, Gefühl der Negativität.

26
ZAHLEN

Zahlen spielen in Träumen eine wichtige Rolle. Jede Zahl hat ihre spirituelle Kraft und Bedeutung. Wenn wir Zahlen besser verstehen, verstehen wir auch uns besser.
Eigentlich sind Zahlen nur Symbole. Sie allein führen zu keinerlei Veränderung, aber sie geben Einblick in das uns angeborene Potential und die Energie, die uns umgibt. Sie werden wissen, daß eine Zahl oder eine Reihe von Zahlen, die im Traum ganz deutlich erscheint, eine besondere Bedeutung hat - etwa der Hausnummer 249. Außerdem sollten Sie auch die Anzahl ähnlicher Gegenstände beachten, die in Ihren Träumen erscheinen.
Der griechische Philosoph, Metaphysiker und Mathematiker Pythagoras brachte die Kunst der Zukunftsschau durch Zahlen zu neuer Blüte. Er experimentierte als erster mit der Bedeutung der Zahlen und begründete 540 v. Chr. eine Zahlen-Wissenschaft. Glücklicherweise sind seine Lehren nicht in dem Feuer, das den größen Teil seiner Bibliothek zerstört hat, verlorengegangen. Durch die Jahrhunderte wurden die Geheimnisse des Pythagoras vom Meister an einen seiner Schüler weitergegeben. Wurde der Schüler Meister, lehrte er die Mysterien einem Neueingeweihten, und diese Kette setzte sich fort. Nachstehend einige der metaphysischen Bedeutungen von Zahlen.

Eins
Unabhängigkeit. Neubeginn. Einklang mit dem Leben. Gefühl der Einheit. Selbstentwicklung. Individualität. Fortschritt. Kreativität.

Zwei
Ein Paar sein. Gleichgewicht von männlichen/weiblichen Energien. Gleichgewicht der Yin und Yang-Energien des Universums. Menschen brauchen. Hingabe. Andere vor sich selbst stellen.

Drei
Freude. Selbstausdruck. Abgeben. Die Trinität: Körper, Seele, Geist. Harmonie. Offenheit.

Vier
Selbstdisziplin durch Arbeit und Dienst am anderen. Produktivität. Organisation. Ganzheit und Einheit.

Fünf
Gefühl der Freiheit. Selbst-Entfaltung und -findung. Aktivität. Das Physische. Impulsive Energie. Veränderung. Verwegenheit. Einfallsreichtum. Neugier. Freie Seele.

Sechs
Innere Harmonie, vor allem durch Dienst am anderen und Übernahme von Verantwortung. Gleichgewicht.

Sieben
Das innere Leben, die innere Weisheit. Eine mystische Zahl, die Weisheit symbolisiert. Sieben Chakras. Die sieben Himmel der hawaiischen Kahunas. Symbol für Geburt und Wiedergeburt. Religiöse Kraft und Stärke. Geistliche Gelübde. Neigung zu Ritualen, vor allem zum spirituellen Ritual. Der Pfad der Einsamkeit.

Acht
Materieller Reichtum. Dynamik. Fülle. Unendlichkeit; kosmisches Bewußtsein.

Neun
Die Zahl der Humanität. Selbstlosigkeit; sein Leben anderen weihen. Zahl der Vollendung.

Zehn
Ganzheit. Perfektion.

Elf
Erleuchtung. Intuition. Ein höherer Ausdruck der Energie der Zahl Zwei.

Zwölf
Kraft innerhalb der Ganzheit: Zwölf Jünger, zwölf Planeten, zwölf Monate.

Zweiundzwanzig
Selbstbeherrschung. Alles ist möglich.

Dreiunddreißig
Das innere Heiligtum; der spirituelle Lehrer. Eine der Meisterzahlen des Universums.

Für den Fall, daß im Traum Zahlen erscheinen, die hier nicht erklärt sind, nachstehend einige Hilfen zur Deutung. Schauen Sie sich die einzelnen Zahlen der Reihe nach an, zum Beispiel 43: Lesen Sie also zuerst die Bedeutung der 4 und dann die der 3. Oder Sie addieren die Ziffern nach der Numerologie - es entsteht die neue Zahl 7. Jetzt schauen Sie die Bedeutung von 7 nach.
In dem Beispiel mit dem Traum von der dreistelligen Hausnummer zählen Sie die drei Zahlen zusammen. Wenn die Nummer 249 ist, addieren Sie die 2, die 4 und die 9, das ergibt 15. Dann addieren Sie die 1 und die 5, das ergibt 6. Dann schauen Sie die Bedeutung der Zahl 6 nach. Oder sie überprüfen Zahlen, die in Ihren Träumen auftauchen, daraufhin, ob sie auf ein bestimmtes Alter oder Datum in Ihrem Leben hindeuten. Die Traumzahl kann auch ein Symbol für einen bestimmten Gegenstand sein, wie etwa die Zahl der Kinder, die Sie jetzt haben oder haben werden, oder die Zahl der Jahre, die Sie brauchen, um ein Ziel zu erreichen etc.. Bitten Sie Ihren Traumführer um Klärung der Zahlen Ihrer Träume.

27
TIERE

In der Geschichte der Menschheit haben Tiere von jeher eine wichtige Rolle gespielt. Für die nordamerikanischen Indianer waren sie Geistführer oder Krafttiere, für die Aborigines in Australien Totems. In den meisten Stämmen war es für eine Medizinfrau oder einen Medizinmann praktisch unmöglich, ohne Hilfe aus dem Tierreich zu arbeiten. Jedes Tier symbolisierte eine bestimmte menschliche Fähigkeit oder Stärke. Tauchte im Traum ein Tier auf, hieß das, daß dem Träumer die Eigenschaften jenes Tiergeistes geschenkt wurden.
Traditionell steht der Kojote für den weisen Gauner, ein Symbol für Schalkhaftigkeit. Die Eule ist ein Symbol für Transformation und Weisheit und der Bär für Heilung und Stärke. Von diesen Tieren zu träumen bedeutet also, diese Eigenschaften in Ihr Leben zu brin-

gen. Kinder und Menschen, die der Natur noch nahe sind, träumen viel häufiger von Tieren als die meisten Erwachsenen. Wenn ein Mensch beginnt, sich wieder nach den Zyklen der Natur auszurichten, werden Tiere in seinen Träumen eine größere Rolle spielen, und er wird entdecken, wie er sich ihren Eigenschaften anpaßt. Dreimal von einem Tier zu träumen, bedeutet in der schamanistischen Tradition, daß es sich um eines der Krafttiere des betreffenden Menschen handelt. Ein Schamane kann viele Krafttiere (Totems) haben, aber meistens hat er ein Haupt-Totem. Ein Tier, das sich Ihnen im Traum zeigt, kann Ihr Totem sein oder für die Eigenschaften stehen, die mit diesem Tier in Verbindung gebracht werden.

Tiere rufen

Wenn Sie beginnen, durch Ihre Träume das Reich der Tiere zu betreten, werden Sie auch in ihrem Wachbewußtsein ein tieferes Verständnis für das Reich der Tiere entwickeln.
Das Erbe der amerikanischen Indianer war eng mit dem Tierreich verwoben. Die Indianer entwickelten die Kunst, Tiere zu rufen als Überlebenstraining. Sie lernten, mit Elch-, Hirsch- und Büffelgeist zu reden und diese um Führung bei der Jagd zu bitten. Leben zu nehmen war verbunden mit einer absoluten Achtung für das Leben. Indem sich der Geist des Tieres freiwillig opferte, entwickelte er sich weiter und trug, nach dem Glauben der Indianer, so zur Erhaltung des Stammes bei.
Tiere rufen ist ein Weg der Entwicklung, der zu einer tieferen Verbindung mit den Zyklen der Erde führt. Ich habe herausgefunden, daß selbst jene Menschen, die meinen, die Ruftechnik nicht zu beherrschen, diese sehr wohl einsetzen können, sobald sie sich in ihren Träumen mit dem Reich der Tiere verbinden. Für mich zumindest war es ein sehr wertvolles Mittel, meine Beziehung zu Mutter Erde zu erneuern.
Um Ihnen ein Beispiel zu geben, was ich meine, erzähle ich Ihnen ein Erlebnis aus Mexiko.
Es war vier Uhr in der Früh. Ich lag in einem kleinen Fischerort nördlich von Puerto Vallarta am dunklen Strand. Die Knie fest an die Brust gezogen, saß ich auf dem Sand und fühlte den tiefen Rhythmus des sanften Ozeans. Als ich sah, wie sich die dunkle Form einer einsamen Möwe gegen den violettfarbenen Morgen-

himmel abzeichnete, fragte ich mich nach dem tieferen Sinn des Lebens. Eigentlich glaube ich nicht an ein Universum, in dem alles nach dem Zufallprinzip abläuft, aber in der Einsamkeit jenes Morgens plagte ich mich mit vielen Fragen nach Gott und dem Sinn des Lebens herum. Jede Welle schien ein Echo auf meine dumpfen Gedanken zu sein. Als die Nacht immer mehr zurückwich und sich die samtene, schwarze Decke der Dunkelheit in lebhaftes Blau und Violett verwandelte, ging ich langsam zu dem Bungalow zurück, den ich mit meiner Familie beiwohnte.

Ich wurde von David, meinem Mann, begrüßt, der gerade mit einem eingeborenen Fischer aufs Meer wollte. Seefischen hatte mich bis jetzt noch nie gereizt, aber an diesem besonderen Morgen schien es mir wie Balsam für mein wundes Herz zu sein.

Als wir durch das warme Wasser glitten, ließ ich mein Bewußtsein tief in das azurblaue Meer sinken in der Hoffnung, eine Verbindung mit dem Geist der See herzustellen. Seit vielen Jahren besaß ich die Fähigkeit, Tiere zu rufen, vielleicht ein Überbleibsel meines indianischen Erbes. Normalerweise habe ich mit dem Geist eines bestimmten Tieres oder einer Pflanze Verbindung. Dieses Mal wollte ich mich jedoch dem Geist der See überlassen. Obwohl ich immer noch, mit der Stimmung des frühen Morgens kämpfend, an meiner Fähigkeit zweifelte, überhaupt mit irgendeinem geistigen Wesen in Verbindung treten zu können, bat ich darum, einige Wunder der See sehen zu dürfen, ohne jedoch eine bestimmte Spezies im Sinn zu haben.

Plötzlich schossen mit der explosiven Kraft einer Dampflokomotive zwölf Meter pure Energie wie eine gigantische Rakete aus der See und hinterließen einen schimmernden Geysir gesponnenen kristallklaren Ozeanwassers. Ein Wal nach dem anderen tauchte aus der See auf und versprühte eine Fontäne aus Gischt und Schaum.

Dann, so plötzlich wie er begonnen hatte, war der Spuk vorbei - es herrschte wieder Schweigen ... das tiefe, friedliche Schweigen des sanften Schaukelns eines vier Meter langen Bootes auf dem ruhigem Wasser. Der großartige Anblick dieser Kraft und Grazie hielt uns wie in einem Bann gefangen.

Plötzlich wurde der Schleier des Schweigens von einem jungen Wal durchbrochen, der nur wenige Zentimeter von unserem kleinen Boot entfernt aus der Tiefe schnellte und in der Luft hängenzubleiben schien. Funkelnde Wasserströme flossen von seinen Flanken in

die schäumende Gischt des Ozeans zurück, und genauso friedlich, wie er aufgetaucht war, war er wieder verschwunden. Ehrfürchtiges Schweigen ...
Der alte Fischer war überwältigt. Obwohl er in den letzten sechs Saisons beinahe jeden Tag draußen auf dem Wasser gewesen war, hatte er nie zuvor etwas Ähnliches wie das Schauspiel dieses Morgens geboten bekommen. Schweigend saßen wir drei beieinander und sannen über das nach, was wir gesehen hatten.
Plötzlich durchbrach David unsere Stimmung der Ehrfurcht: "Haie" wisperte er kaum hörbar. Ich hatte die See um ein Geschenk gebeten, ob ich Haie wollte, dessen war ich mir allerdings nicht sicher!
Als unsere Augen den ominösen schwarzen Flossen folgten, erfaßte uns plötzlich ein unerwarteter Freudentaumel: Es waren Delphine, die ganz in unserer Nähe aus der See himmelwärts tanzten, verspielt eintauchten und wieder hochkamen. Die Flossen gehörten Delphinen, nicht Haien!
Mindestens fünfzig Delphine tanzten im Wasser, so nahe am Boot, daß ich meine Hand ausstrecken konnte, um einige ihrer gewölbten Rücken zu berühren. Der Fischer, durch so viele Delphine in der Nähe seines Bootes mit den Nerven am Ende, ließ den Motor bei dem Versuch, ihnen zu entgehen, aufheulen. Aber wie schnell das kleine Boot auch fuhr: Die Delphine paßten sich unserer Geschwindigkeit an, um in unserer Nähe zu bleiben. Als sich der Delphinschwarm schließlich zu verlieren begann, blieben zwei von ihnen in unserer Nähe und leisteten uns Gesellschaft. Als wir die Geschwindigkeit drosselten, blieb der Delphinschwarm in gebührendem Abstand. Wir beobachteten, wie die Sonne in schimmernden Kristallen auf ihren Rücken tanzte, bis sie mit dem Blau des Meeres wieder eins wurden. Unser Fischer, höchst verwirrt, konnte nur noch etwas in seinen Bart murmeln, es klang so wie "... Paarungssaison".
Dieses Erlebnis, das für mich immer unvergeßlich bleiben wird, bestätigte mir, wie sehr ich mit allem verbunden war und bin.

Tiere rufen

Erster Schritt:
Machen Sie sich den Gedanken zu eigen, daß Sie mit Pflanzen- und Tiergeistern eine ganz enge Verbindung eingehen können.

Zweiter Schritt:
Beginnen Sie, Ihre Träume auf die Verbindung mit dem Reich der Tiere zu programmieren.

Dritter Schritt:
Sprechen Sie in Ihrer Vorstellung den Geist eines bestimmten Tieres oder einer bestimmten Pflanze an. Wenn Sie Forellen fischen, stellen Sie sich vor, wie der Geist der Forelle wohl sein mag. Und dann sprechen Sie mit dem Geist wie mit einem Freund.
“Sei gegrüßt, Forellengeist !! Ich nähere mich in Achtung und Liebe dem Reich der Forellen. Ich bitte dich, eines deiner Mitglieder auszusenden. Ich weiß, es gibt keinen Tod ... nur Transformation ... und wenn ein Mitglied deiner Art erscheint, werde ich das Geschenk als große Gunst annehmen, und du wirst geehrt sein.”
Normalerweise werden Sie in diesem Augenblick einen Ruck an Ihrer Angel spüren.

Vierter Schritt:
Jedes Tier und jede Pflanze hat seinen, beziehungsweise ihren eigenen Ton oder seine/ihre eigene Schwingung. Stellen Sie sich diesen Ton vor, und versuchen Sie, ihn mit Ihrer Stimme nachzuahmen. Oder bilden Sie sich ein, den Ton in Gedanken zu hören oder ihn nachzumachen. Das ist der ‘Ruf’. Achten Sie darauf: Sie dürfen weder an sich noch an Ihrer Fähigkeit zweifeln, dies tun zu können. Zweifel ist das größte Hindernis.
Sie können diesen Ruf auch kurz vor dem Einschlafen üben. Rufen Sie nach einem bestimmten Tier und bitten Sie es, in Ihren Träumen aufzutauchen. Und dann achten Sie sorgfältig auf die Botschaft in Ihrem Traum!
Manchmal geht mein ‘Rufen’ nach hinten los. Etwas Witziges geschah, als ich einen Schwarm Bienen in der Nachbarschaft entdeckte und impulsiv entschied, daß es wundervoll wäre, wenn die Bienen unseren Hinterhof als neues Zuhause annehmen würden, so daß meine Tochter sie von ihrem Zimmer aus sehen könnte. Ich hatte noch nie den Versuch unternommen, einen Vertreter des Reiches der Insekten zu rufen, aber ich konnte mir nicht vorstellen, daß es anders funktionieren sollte als bei einer Pflanze oder einem Tier. Also versuchte ich zuerst, die Vibration beziehungsweise den Ton oder den Widerhall der Vibrationen des Bienenreichs zu finden. Sobald ich das Gefühl hatte, den Ton getroffen zu haben, wieder-

holte ich ihn mental. Ich sandte den 'Ruf' aus und wartete. Nichts geschah. Etwa eine Stunde später hörte ich meine Tochter wie am Spieß schreien und rannte nach draußen, wo ich von einem riesigen Wespenschwarm begrüßt wurde. Sie machten sich daran, unseren Hinterhof als ihr neues Heim in Beschlag zu nehmen.

Nachstehend einige der gängigsten Bedeutungen von Tieren:

ADLER
* Für die amerikanischen Indianer sehr bedeutsam.
* Die Macht des Staates.
* Ihr spirituelles, emporstrebendes Selbst.
* Die Fähigkeit oder das Bedürfnis der Vorausschau.

AFFE
* Ur-Kraft.
* Unruhestifter.
* Etwas oder jemand ahmt etwas oder jemanden nach, oder wird kopiert oder imitiert.

ALLIGATOR
* Verborgene, ungeheure Kraft und Stärke.
* Probleme unter der Oberfläche.
* Mißbrauch von Kommunikation.

AMEISE
* Fleißig, produktiv.
* Gemeinschaft oder soziale Kooperation.

AMEISENBÄR
* Der Wunsch, produktiver oder konzentrierter zu sein.

AUSTER
* Behütete Energie.
* Verborgene Schönheit; Schönheit, die sich im Verborgenen entwickelt.

BÄR
* Symbol für Mutter Erde.
* Der schützende, mütterliche, weibliche Aspekt.

* Kraft und Stärke.
* Das indianische Totem für Heilung.
* Kuschelig; liebenswert.

BIBER
* Fleißig, emsig.
* Wohlstand durch eigene Anstrengungen.

BIENE
* Fleißig, emsig.
* Soziale Kooperation.
* Die Möglichkeit versteckter Süße.
* Sie fühlen den 'Stich' einer Situation oder einer Bemerkung.

BLUTEGEL
* Blutsauger; das Gefühl, etwas nimmt Ihnen Stärke oder Ihr Eigentum, oder Sie nutzen jemanden aus.

BÜFFEL
* Fülle, Ernte, Überfluß.
* Für die amerikanischen Indianer heilig.

BULLDOGGE
* Zäh; strotzend vor Kraft.
* Herausforderung.
* An etwas festhalten und nicht loslassen.

BULLE
* Große Kraft, Stärke, Energie.
* Optimistisches Zeichen.

BUSSARD
* Das Gefühl, andere hacken auf einem herum, man wird gejagt, etwas zehrt an einem, oder man tut dies mit anderen.
* Gemein; habgierig.

CHAMÄLEON
* Anpassungsfähigkeit, Flexibilität.
* Schrulligkeit.

* Kapriziös und wechselhaft.
* Seine ‘wahren Farben’ nicht zeigen.

DACHS
* Quälen oder necken.

DRACHE
* Ein mächtiges Traumsymbol.
* Kraft und große Stärke.
* Drachenfeuer ist sehr reinigend.
* Den Drachen erschlagen bedeutet, sich der Furcht zu stellen und sie zu überwinden.

DELPHIN
* Ungetrübte Freude; Verspieltheit; Spontaneität.
* Intelligenz.
* Spirituelle Erleuchtung.
* Ein bedeutsames Traumsymbol.

EBER
* Eine schweinische Persönlichkeit.

EICHHÖRNCHEN
* Sparsamkeit; Wohlstand durch Ausdauer.
* Nicht ganz ehrlich; flink wie ein Eichhörnchen.

EIDECHSE
* Ein wundervolles Traumsymbol.
* Erdig; ursprünglich; ruhig/sicher.
* Von den Aborigines als Hüter der inneren Welt angesehen.

EINHORN
* Traditionell das Symbol von Christus.
* Spirituelle Entfaltung.
* Reinheit, Jungfräulichkeit.

ELCH
* Ein Sexualsymbol.
* Ein beruhigendes Traumsymbol.
* Kraft; Schönheit; Anmut.

ELEFANT

* Etwas, an das man sich erinnern muß.
* Etwas, was Sie vergeben und vergessen möchten.
* Dickhäutig; gewichtig; kraftvoll.
* Kann ein Hinweis auf übermäßigen Alkoholgenuß sein.

ENTE

* Etwas oder jemandem aus dem Weg gehen.

ESEL

* Ausdauer.
* Sturheit.
* Häusliche Sklaverei.

EULE

* Ein bedeutsames Traumsymbol.
* Ein kraftvolles Symbol der Transformation.
* Fähigkeit, Dinge, die im Dunkeln zu liegen scheinen, klar zu sehen.
* Weisheit.
* Ankündigung einer bevorstehenden Transformation.

FASAN

* Das bessere Leben.
* Etwas Angenehmes.

FISCH

* Spirituelle Nahrung.
* Ein Symbol für das Christentum.
* Ausdruck für den Wunsch nach Anerkennung oder Komplimenten. *Fishing for compliments, nach Komplimenten suchen.*
* Falsche Darstellung; etwas 'stinkt' (wie alter Fisch).

FLEDERMAUS

* Angst vor dem Unbekannten.

FROSCH

* Das Schöne hinter der häßlichen Oberfläche.
* Fehlende Ausdauer; vom einen zum anderen springen.
* Der Wunsch, im Frosch den 'Prinzen' zu finden (in Anlehnung an das Märchen vom Froschkönig).

FUCHS
* Verschlagenheit; Hinterlist. Manipulation.
* Physische Anziehungskraft.

GANS
* Jemanden oder etwas in Gang bringen.

GEIER
* Ein kraftvolles Traumsymbol.
* Das Gefühl, jemand oder etwas wartet darauf, daß Sie einen Fehler machen.
* Notwendigkeit, etwas wegzuwerfen, das Sie als abgeschlossen oder 'tot' ansehen.

GIRAFFE
* Sich nach dem strecken, was man will.
* Einer, der aus der Menge herausragt.
* Halsstarrig oder stur.

GRASHÜPFER
* Gefühl, die Zeit könnte besser genutzt werden.

GRILLE
* Ein fröhliches Traumsymbol.
* Häusliche Freude; Frieden im Haus.
* Langes Leben.

HAHN
* Großspurig; stolz; egoistisch; die männliche Energie.
* Kurz vor dem Explodieren oder Losgehen, wie der gespannte Hahn eines Gewehrs.

HAI
* Omen für Gefahr.
* Verborgene Furcht.
* Grausamer Mißbrauch von Macht/Kraft.

HASE
* Fehlendes Selbstvertrauen, das zu Schwierigkeiten führen kann.
* Furchtsamkeit, ein Angsthase sein.

HENNE
* Häuslichkeit; Nestbauinstinkt.
* Plump; 'gesättigt', 'zufrieden'.

HIRSCH
* Sexuelle Kraft.
* Kraftvoll; potent.

HUND
* Treue; Loyalität.
* Schutz; Rettung.
* Freundschaft.
* Hinweis auf die Füße.

HYÄNE
* Närrisch.
* Lärmend; Fröhlichkeit, die nicht angemessen ist oder der Situation nicht entspricht.

INSEKTEN
* Ein kleines Ärgernis. Etwas 'sticht' Sie.
* Unannehmlichkeit.

KÄFER
* Zeichen für Glück.
* Bei den alten Ägyptern Symbol für das ewige Leben.
* Hinweis auf Feindschaft zwischen Kollegen/Mitarbeitern.

KAKADU
* Prächtig/protzig.
* Reden, ohne zu denken.

KALB
* Ein glückliches Symbol für eine sorgenfreie Jugend in gesunder Umgebung.

KAMEL
* Das Schiff der Wüste; ein Mittel, um mit einer schwierigen Situation fertigzuwerden.
* Ausdauer.

KANARIENVOGEL
* Musik; Harmonie.
* Hinweis auf Klatsch oder den Verrat von Geheimnissen.

KANINCHEN
* Wohlstand.
* Furcht, Angst.
* Fruchtbarkeit; Kinder.
* Weichheit, Sanftheit.
* Schnell und unorganisiert vorangehen; von einem zum anderen hüpfen.

KÄNGURUH
* Rastlose Energie.
* Beweglichkeit.
* Scheingerechtigkeit.

KATZE
* Ihr intuitives Selbst.
* Ihre weibliche Essenz oder Ihr weiblicher Teil. Die innere Göttin.

KOBRA
* Die Kraft der Kundalini-Energie.

KRAKE
* Ein mächtiges Symbol der Transformation.
* Klebrig; grabschend.
* Weisheit.
* Schüchtern und zurückhaltend.

KROKODIL
* Unehrlichkeit. Falsche Gefühle. *Krokodilstränen* weinen.
* Scheinheiligkeit.
* Probleme, die unter der Oberfläche liegen.

KRÖTE
* Der Stein der Weisen.

KÜKEN
* Feigheit. Ängstlichkeit.
* Verfrüht mit etwas rechnen.

LAMM
* Opfer; Märtyrertum.
* Leicht zu leiten, *lammfromm.*

LAUS
* Kleine Ärgernisse (*mir ist eine Laus über die Leber gelaufen*).

LEOPARD
* Tapferkeit; Geschicklichheit; Heimlichkeit.
* Achten Sie auf mögliche 'Flecken' in Ihrem Leben!

LACHS
* Der heilige Fisch der Kelten.
* Sich gegen alle Widrigkeiten durchsetzen.

LÖWE
* König der Tiere; Majestät; Kraft; Tapferkeit; Führungsqualitäten.
* Eine Mutprobe. Für einige afrikanische Stämme gehört es zum Mannbarkeitsritus, seine Stärke mit der eines Löwens zu messen.

LUCHS
* Schlagfertig/aufgeweckt. *Aufpassen wie ein Luchs.*
* Warnung vor Hinterlist. *Jemandem etwas abluchsen.*

MARIENKÄFER
* Glück.
* Leicht zu lösende persönliche Probleme.

MAULESEL
* Sturheit.

MAULWURF
* Sich eingraben/verkriechen.
* Etwas, das unterhalb der Oberfläche liegt.
* Etwas, das man nicht sehen will.

MAUS
* Gefühl der Bedeutungslosigkeit.
* Angst; Furcht.
* Bedürfnis nach Ruhe.

MOTTE
* Nächtliches Glück.
* Übermäßige Beharrlichkeit.
* Etwas wird weggefressen, ohne daß Sie es merken.

MUSCHEL (eßbare)
* Jemand spricht nicht. Fehlende Kommunikation.
* Sorge über etwas, das geheimgehalten werden muß.

NERZ
* Materieller Wert.

NILPFERD
* Gewichtig; schwer.

NIXE
* Unerreichbarer Partner.
* Versuchung.

OTTER
* Kapriziös; verspielt. Das Vergnügen lieben.

PANDA
* Ruhe.
* Liebenswert; knuddelig.

PAPAGEI
* Unaufrichtigkeit; etwas nachplappern.
* Kopieren; imitieren.

PAVIAN
* Dummheit.
* Gemeinschaftssinn; soziales Verhalten.

PEGASUS
* Beflügelte Inspiration.
* Sich emporschwingende Stärke.

PFAU
* Stolz; Eitelkeit.
* Extremes Vertrauen.

PFERD
* Ausgedehntes Selbstgefühl.
* Freiheit; Bewegung.
* Frage nach den Motiven anderer (*Einem geschenkten Gaul schaut man nicht ins Maul*).

PINGUIN
* Schrullig; komisch. *Alle im Frack, ohne irgendwo hinzugehen.*

POLARBÄR
* Von Ihrer Stärke abgeschnitten sein.

PYTHON
* Ein bedeutsames Traumsymbol.
* Symbolisiert die Kundalini-Energie oder die kraftvolle Lebenskraft in Ihnen.

QUALLE
* Etwas Glitschiges, Fließendes.
* Kein 'Rückgrat' haben.

RABE
* Das Unbekannte. Der Tod.
* In unbekannte Teile Ihres Selbst fliegen.
* Angst vor dem Unbekannten.
* Ein Bote der 'anderen' Seite.

RATTE
* Betrüger, Verbrecher.
* Etwas 'nagt' an Ihnen.
* Sie lassen sich in Ihrer Selbst-Beurteilung durch andere beeinflussen.
* Warnung vor einem Feigling. *Feige Ratte.*
* Ein Rattennest.
* *Die Ratten verlassen das sinkende Schiff.* Warnung vor einer Gefahr.

RAUBTIER
* Unentdecktes Potential, dessen Sie sich nicht bewußt sind.

RHINOZEROS
* Sexualsymbol.

* Kraftvoll; machtvoll.
* Mit voller Kraft und ohne Halt voranstürmen.

ROTKEHLCHEN
* Ein sehr gutes Omen.
* Vorbote einer guten Nachricht.
* Neubeginn.

SCHAF
* Jemandem folgen, ohne seinen eigenen Verstand zu gebrauchen.
* Blindes Vertrauen.
* Finanziell ausgenutzt werden; '*geschoren*' werden.

SCHAKAL
* Schlechter Einfluß.
* Mit etwas weitermachen, bei dem Sie sich nicht gut fühlen; bei etwas helfen, das Sie eigentlich nicht gutheißen.
* Eine Warnung.

SCHILDKRÖTE
* Ein mächtiges Symbol.
* Langsamer, aber stetiger Fortschritt, dem Ziel entgegen.
* Vollendung durch Ausdauer und Fleiß.
* Wunsch, einem Problem aus dem Weg zu gehen oder sich zurückzuziehen und nach innen zu schauen, um neue Kräfte zu sammeln.

SCHLANGE
* Sehr bedeutsames Traumsymbol. Bitte haben Sie keine Angst davor.
* Heilung; Lebenskraft; die innere Kraft. Die Kundalini-Kraft oder jene Energie am Ende des Rückgrats, die in Verbindung mit dem Geist steht.
* Spirituelle Erwachen; spirituelle Heilung.
* Sich versucht fühlen oder jemanden verführen wollen.
* Wahrnung vor einer *falschen Schlange*.

SCHMETTERLING
* Eine Romanze. Gesellschaftlicher Erfolg.
* Neubeginn auf einer höheren Ebene.
* Symbol der Transformation.

SCHNECKE

* Die Dinge gehen langsam voran.
* Im *Schneckentempo vorankommen.*
* Kommen Sie aus Ihrem Schneckenhaus heraus.

SCHWAN

* Das Zeichen der weißen Göttin.
* Schönheit. Stärke. Erklimmen neuer Höhen. Freiheit.
* Ein schwarzer Schwan kann die inneren Mysterien des Lebens symbolisieren. Intuition.

SCHWEIN

* Übermäßiger Genuß, Gier.
* Egoistisch sein. *Sich wie ein Schwein benehmen.*
* *Schwein haben, Glück haben.*

SPINNE

* Eifer.
* Die acht Beine der Spinne stehen für materiellen Wohlstand. Wohlstand durch Fleiß.
* Falle; in die Falle tappen. Im eigenen Spinnennetz gefangen sein.
* Manipulation; andere kontrollieren oder selbst kontrolliert werden.

STACHELSCHWEIN

* Etwas Stachliges. Eine schwierige Situation.
* Etwas, von dem Sie sich fernhalten wollen.

STINKTIER

* Gesellschaftliche Ablehnung.
* Etwas ist vorgetäuscht oder *stinkt.*

STORCH

* Neubeginn.
* Empfängnis; Geburt einer neuen Idee.
* Omen für häusliches Glück und häusliche Zufriedenheit.

STRAUSS

* Den Kopf in den Sand stecken. *Vogel-Strauß-Politik.*

TAUBE
* Frieden; Freiheit.
* Jemand oder etwas, mit dem Sie Frieden machen möchten.

TIGER
* Klug/schlau; Tapferkeit.
* Kraft; Energie.

VOGEL
* Sich zu neuen Höhen emporschwingen; über den Problemen schweben.
* Ein gutes Traum-Omen.
* Ein singender Vogel kann der Überbringer guter Botschaften sein.

VOGELEIER
* Im Nest: Geld.
* Neubeginn.

WAL
* Wahrnehmung; Intuition.
* Ungeheure Kraft und Stärke.
* Etwas Großartiges, *das ist riesig*.
* Der Schoß von Mutter Natur.
* Ein bedeutsames Traumsymbol.

WANZE
* Etwas Unangenehmes wird aufgedeckt.
* Ein kleines Ärgernis.

WESPE
* Sich bedroht fühlen.
* Stechende Gedanken. Stechende Worte.

WIESEL
* Warnung vor Krankheit.

WIDDER
* Maskuline Stärke.
* Pioniergeist.
* Der Widder ist das Symbol der Einweihung oder der Einweihungsenergie. Er ist Zeichen des Neubeginns.

WINDHUND
* Schnelligkeit; Geschwindigkeit, auch Oberflächlichkeit.

WOLF
* Gemeinschaft, Gefühl der Zusammengehörigkeit; Hilfe durch die Gruppe (Familie).
* Übersteigertes Bedürfnis nach mehr Zuneigung oder emotionaler Hilfe, *gierig sein wie ein Wolf.*
* Furcht, zu etwas gedrängt werden, ohne die Mittel zu haben, das Problem zu lösen.
* Warnung vor Scheinheiligkeit. *Wolf im Schafspelz.*

WURM
* Erdenergie; Erdmysterien.
* Etwas Verborgenes.
* Niedriges Leben; jemand ohne Rückgrat.
* Getreten werden; etwas *wurmt* einen. *Sich winden wie ein Wurm.*

ZIEGE
* Geil; alt und verschroben.
* Jemand oder etwas stellt Ihre Geduld auf die Probe.
* Sich als *Sündenbock* fühlen.

28
STEINE

Traumdeutungsbücher, oder 'alte Traumbücher', wurden im zweiten Jahrhundert v. Chr. geschrieben und waren dazu bestimmt, den Menschen bei der Deutung ihrer Traumsymbole zu helfen. Eines der beliebtesten Bücher aus jener Zeit basierte auf der Arbeit eines Mannes namens *Artemidorus*. Interessant ist dabei, welche Bedeutung man Steinen in Träumen beimaß. *Artemidorus* glaubte, daß eine unverheiratete Frau, die im Traum einen Ring aus kostbaren Steinen sah, bald heiraten würde. Sah eine verheiratete Frau dasselbe Symbol, würde sie ein Kind empfangen. Funkelnde Edelsteine in einem Traum deuteten auf den Erwerb großen Reichtums hin. Rote Steine im Traum verhießen Glück und große Freude, hellgrüne (die Farbe des jungen Blattgrüns im Frühling) große Ehre. *Arte-*

midorus fügte hinzu, diese hellgrüne Farbe in Steinen würde auch strengen Glauben und eine aufrichtige Verehrung Gottes bedeuten.

Nach *Artemidorus* hatten die nachstehend genannten Steine im Traum folgende Bedeutung:

Achat	Eine kurze Reise
Amethyst	Befreiung von Kummer
Aquamarin	Neue Freunde
Bergkristall	Freiheit
Bernstein	Eine lange Reise
Beryll	Bevorstehendes Glück
Blutstein	Unangenehme Neuigkeiten
Chalcedon	Treffen mit Freunden
Diamant	Sieg
Jaspis	Erwiderte Liebe
Karfunkel	Erwerb von Weisheit
Lapislazuli	Treue Liebe
Onyx	Glückliche Heirat oder Partnerschaft
Opal	Große Besitztümer
Rubin	Zu erwartende Gäste
Smaragd	Künftiges Glück
Türkis	Wohlstand

Ähnlich wie Freudianer dazu tendieren, in ihren Träumen freudianische Traumsymbole zu finden, wird ein Klient von Jung in seinen Träumen Jungsche Symbole haben. Die Steine, die in Ihren Träumen auftauchen, werden also *Ihrem* derzeitigen Glauben und dem herrschenden kollektiven Bewußtsein bezüglich dieser Steine entsprechen.

Da Sie die obigen Traumsymbole in Verbindung mit ihren entsprechenden Steinen gelesen haben, sind diese Bedeutungen jetzt in Ihrem Bewußtsein gespeichert.

Es ist eine Prophezeiung, die sich von allein erfüllen wird. Was auch immer Sie glauben - es wird eine Realität geschaffen, die diesen Glauben stützt. Wenn Sie also glauben, daß ein Türkis auf Wohlstand hindeutet, dann seien Sie bitte nicht erstaunt, wenn bald nach einem Traum von einem Türkis Wohlstand in Ihr Leben kommt.

29
KÖRPERTEILE

Es ist kein Zufall, daß wir durch Teile des Körpers unsere Gefühle und Emotionen ausdrücken. Das ist Menschen auf der ganzen Welt gemein, was sich in den Schriften zeigt, die in der Geschichte der Menschheit niedergelegt worden sind. Interessanterweise werden bestimmte Körperteile auf der ganzen Welt mit einer bestimmten Emotion in Verbindung gebracht.

Ein Ausdruck wie 'Sie hat mir das Herz gebrochen' mit all den Assoziationen von Kummer und Verlust, die jemand fühlt, der von einem anderen enttäuscht worden ist, ist sehr anschaulich. 'Er macht mich krank' oder 'Ich kann diesen Kerl nicht riechen' sind zwei weitere, leicht verständliche symbolische Ausdrücke für die Beschreibung einer Reaktion.

Wenn im Traum Körperteile auftreten, geht es im allgemeinen um das entsprechende Gefühl oder die Emotion, die mit diesem Körperteil in Verbindung gebracht wird. Nachstehend einige der gebräuchlichsten Symbole für die verschiedenen Teile des Körpers.

ACHILLESSEHNE
- Traditionelle Vorstellung der Verwundbarkeit.

ARME
- Sich um etwas oder jemanden bemühen.

ARSCH
- Die Bedeutung ist offensichtlich.
- *Den Arsch bewegen.*

AUGEN
- Die Augen aufmachen; Klarheit.
- *Mein Augapfel.*

BALKEN
- Etwas, das Sie vorübergehend stützt, bis Sie in Ihrer eigenen Weisheit Ihr eigenes Urteil oder Ihre eigene Stärke gefunden haben.

BEIN
- Das Gefühl, kein Standbein zu haben.

BLASE
- Angst, loszulassen; an alten Vorstellungen und alten Verhaltensweisen festhalten.

DAUMEN
- Wille.
- Daumen nach oben: weitermachen! Daumen nach unten: beenden!

DICKDARM
- Belastende Erlebnisse der Vergangenheit verarbeiten, loswerden.
- Loslassen giftiger Stoffe; Loslassen all dessen, was Sie nicht brauchen oder verwenden können.
- Freiheit der Bewegung.
- Anpassung.
- Mut; den Mut haben, weiterzumachen.

FERSE (Hacke)
- Sich die Hacken ablaufen.
- Jemandem auf den Fersen sein.

FINGER
- Die Details des Lebens.
- Einen Finger auf etwas legen.

FÜSSE
- Einen Fuß vor den anderen setzen.
- Verstehen. Füße sind Ihre Verbindung zur Erde; Füße bedeuten Erdung.
- Angst haben oder nicht bereit sein, weiterzugehen.
- Den Mut haben, weiterzugehen. Bewegung.

GALLENBLASE
- Ärger; *die Galle ist ihm/ihr übergelaufen.*

GENITALIEN
- Potenz; Kraft; Sexualität.
- Impotenz.
- Er war ein richtiger Schlappschwanz; *den Schwanz einziehen.*

HALS
- Positiv: Flexibilität; bereit sein, beide Seiten einer Sache zu sehen.
- Negativ: ein Kloß im Hals.
- Halsstarrig oder unbeweglich sein.

HAND
- Negativ: ich habe keine Handhabe; ich kann es nicht handhaben; ich kann die Hand nicht darauf legen.
- Positiv: eine glückliche Hand haben, seine Hand für etwas/jemanden ins Feuer legen.

HERZ
- Liebe; Glück.

HÜFTE
- Positiv: Unterstützung; Kraft.
- Aus der Hüfte schießen: unvermutetes blitzschnelles Handeln.
- Negativ: Angst, weiterzumachen.

KEHLE
- Positiv: bereit, die Wahrheit zu sagen.
- Negativ: sich eingeengt fühlen.
- Etwas nicht schlucken können.

KIEFER
- Reden; Klatsch.

KLEINER FINGER
- Manipulation; *jemanden um den Finger wickeln* oder selbst um den Finger gewickelt werden.

KNIE
- Angst.
- Fehlende Flexibilität; nicht nachgeben wollen.
- Voller Ehrfurcht und voller Andacht sein wie beim Knien.

KNÖCHEL
- Beweglichkeit.

KOPF
- *Mit dem Kopf durch die Wand*; kopflastig; denken; analysieren.

LEBER
- Ärger/Wut.
- *Mir ist eine Laus über die Leber gelaufen.*

LIPPE
- Etwas nicht über die Lippen bringen.
- Ein *Lippenbekenntnis.*
- *Eine große Lippe riskieren.*

LUNGEN
- Kummer.
- Das Leben annehmen; der Atem des Lebens; sein Leben in die Hand nehmen.
- Raum zum Atmen brauchen.

MAGEN
- Etwas nicht verdauen können.
- Der Magen bewahrt die Nahrung und hilft Ihnen, Verhaltensweisen und Vorstellungen physisch zu verdauen.
- Kann die Unfähigkeit bedeuten, sich Neuem anzupassen; Furcht vor Neuem.

MITTELFINGER
- Sexualität.
- Ärger/Wut.

NASE
- Neugierig sein (*seine Nase in alles stecken*).
- Selbsterkenntnis.

NEBENNIEREN
- Angst, Adrenalinstoß.

NIEREN
- Angst.
- Enttäuschung.
- Nörgelei.

OHREN
- *Wer Ohren hat, der höre.*

RINGFINGER
- Vereinigung; Ehe.

RÜCKEN/KREUZ
- Mit jemandem sein Kreuz haben.
- Sich den Rücken freihalten.

SCHULTER
- Verantwortung auf den Schultern tragen.

SEELE
- Das Herz/die Seele/der Kern einer Sache.

ZÄHNE
- Kauen; Vorbereitung für die Verdauung.
- *Sich in einer Sache festbeißen.*
- *Die Zähne zusammenbeißen*; reden; quatschen.
- Wenn die Zähne ausfallen, kann das bedeuten, daß man zu viel redet; die Energie verschleudern. Ein Problem oder eine Situation nicht verstehen.
- Der Verlust von Zähnen kann für Gesichtsverlust stehen; Verlust von Macht.

- Den Mund halten, weil man zuviel redet.
- Falsche Zähne sind ein Symbol für Falschheit.
- Ein infektöser Zahn bedeutet faule Sprache.
- *Jemandem einen Zahn ziehen* (eine Illusion nehmen).

Zähne stehen für Entscheidungskraft. Zahnverlust symbolisiert einen Verlust der Entscheidungskraft.
Der Verlust von Zähnen kann Erwachsenwerden symbolisieren; sich auf eine neue Entwicklungsstufe begeben, eine neue Phase des Lebens, so wie bei einem Baby die Milchzähne durch die bleibenden Zähne ersetzt werden.
Manchmal deutet ein Traum von verlorenen Zähnen auf Zahnprobleme hin. Gehen Sie zum Zahnarzt!

Probleme, die wir während Wachzeiten mit diesen Teilen unseres Körpers haben, können auch ein Hinweis auf die Emotionen sein, die mit diesen Körperteilen verbunden sind.

Es ist sehr sinnvoll, auf die Ausdrücke zu achten, die Sie hören oder/und in bezug auf Ihren Körper verwenden. So leiden Menschen, die häufig sagen: "Ich kann es nicht ertragen" zweifellos unter Rückenproblemen. Tatsächlich bringen wir unsere Krankheiten durch die Worte, die wir verwenden, zum Ausdruck.
So hat vielleicht jemand, der ständig sagt: "Verpiß dich!" Blasen- oder Nierenprobleme.

Der Ausdruck "Das liegt mir im Magen" steht für Verdauungsprobleme oder Schwierigkeiten, Nahrung zu verdauen.

Und wenn wir sagen: "Ich hätte sterben können", oder "Das kann ich auf den Tod nicht leiden", drücken wir vielleicht Todessehnsucht aus.

Der Ausdruck: "Da bin ich eben empfindlich ...", kann mit einer Hautempfindlichkeit einhergehen.

30
TRAUMSYMBOLE

Der Träumer selbst sollte uns sagen,
was seine Träume bedeuten.

Siegmund Freud

Ein Traumlexikon birgt die Gefahr, daß bei dem Traumdeuter ein falsches Gefühl der Sicherheit geweckt wird und jegliche weitere Suche nach Verstehen endet. So mag etwa Freuds Art der Interpretation zylindrischer Gegenstände als phallische Symbole den Träumer in eine besondere Richtung drängen. Es ist wichtig zu wissen, daß die Menschen, die mit einem freudianischen Therapeuten arbeiten, Träume nach Freud haben, während jene, die mit einem Jungschen Therapeuten Träume à la Jung träumen. Wer einen humanistischen Psychologen aufsucht, wird vorwiegend humanistische Träume haben. Menschen, die mit übersinnlichen Phänomenen zu tun haben, neigen zu übersinnlichen Träumen. Unser Glaubenssystem scheint also den Inhalt unserer Träume zu beeinflussen. Selbst die Autoritäten unter den Traumforschern sind sich im Hinblick auf die Bedeutung von Traumsymbolen nicht einig. Die Verwendung eines Traumlexikons ist daher, wenn überhaupt, nichts anderes als eine Möglichkeit für Sie, Ihre eigene Deutung zu finden. Und, wie gesagt, selbst für jene, die sich für Autoritäten in diesem Bereich halten, sich aber über Definitionen nicht einig werden können, ist es weise, daran zu denken, daß nur der Träumer selbst die wahre Bedeutung seines Traumes kennen kann.

Ein Beispiel: Ein Traum, in dem grüne Äpfel vorkommen, läßt sich sehr unterschiedlich interpretieren. Ein Traumlexikon deutet grüne Äpfel als Hinweis auf einen Verlust durch eigene Dummheit. Ein anderes verweist vielleicht auf einen verkorksten Magen. Das nächste Lexikon beschäftigt sich mit dem Apfel im Garten Eden und deutet auf den Aspekt der Versuchung hin. Ihre Assoziationen mit grünen Äpfeln haben vielleicht mit Ihren Besuchen im Obstgarten Ihres Großvaters zu tun, als die Äpfel reif waren. Vielleicht nahm Ihr Großvater Sie auf einem Spaziergang in den Obstgarten mit, und Sie konnten seinen Stolz und sein Vergnügen teilen, als er das Ergebnis seiner harten Arbeit reifen sah. Ihre Erinnerungen mögen eine Reihe starker Gefühle wecken - von Ihrer Liebe zum Großvater bis zu der Angst in Verbindung mit der harten Arbeit, die notwendig ist, um die Ernte zu sichern. Ihr Traum kann Ihnen diese Gefühle mitteilen.

Manchmal spielen Ihnen Ihre Träume auch kleine, lustige Streiche, und Sie werden merken, daß das Symbol eine Metapher, also ein Bild ist. Der Wasserfall, den Sie in Ihren Träumen an den seltsamsten Orten finden, kann etwas mit Ihrem Drang zur Toilette zu tun haben. Und die brennenden Feuer, die Ihnen überall im Traum begegnen, können für Ihr neu entflammtes Herz, für eine alte Liebe stehen.

Denken Sie daran, nur der Träumer und nicht irgendein Traumdeuter oder gar eine 'Bedeutungsliste' kennt die wahre Bedeutung eines Traumes. Daher nehmen Sie die Vorschläge in diesem Buch bitte nur als Ausgangsbasis, um mit der Deutung Ihrer eigenen Träume zu beginnen. Einige dieser Traumbedeutungen sind wörtlich gemeint, andere symbolisch, einige sind Metaphern oder Wortspiele, und andere reine Intuition.

Nach einem Traumerlebnis lesen Sie bitte die Traumbedeutungen für Ihre Traumsymbole durch und schauen Sie, ob etwas paßt. Aber bedenken Sie, es geht vor allem darum, welche Bedeutung Sie diesem Symbol zuschreiben. Die aufgeführten Bedeutungen sind nur dazu gedacht, Ihr inneres Wissen zu stimulieren.

ABGRUND

- Eine Angst, die für lange Zeit begraben war, ins Bewußtsein bringen.

ABORIGINES (australische Ureinwohner)

- Der ursprünglichste Teil Ihres Selbst; Ihr instinktives Selbst.
- Ein Teil Ihre Grundnatur, die Ihnen vielleicht noch fremd ist.

ABTREIBUNG

- Angst vor Verlust einer inneren Neugeburt.
- Fehlurteil.

ALKOHOL

- Die Sinne vernebeln; nicht fühlen.
- Symbol für Kameradschaft; Wein, Weib und Gesang.
- Transformation. Jesus sagte beim letzten Abendmahl: "Das ist mein Blut".

ALPTRAUM

- Alpträume sollten als positive Erlebnisse gewertet werden. Sie ermöglichen es uns, mit den ungelösten Problemen in unserem Wachleben fertigzuwerden, die wir nicht ins Bewußtsein aufsteigen lassen. Diese ungelösten Probleme beeinträchtigen jeden Aspekt unseres Lebens, einschließlich unserer Gesundheit und unserer Beziehungen. Der Alptraum ist eine Möglichkeit des Unterbewußtseins, diese Probleme zu heilen. Respektieren Sie Ihre Alpträume!
- Stellen Sie sich vor, wie Sie in den Alptraum zurückkehren und ihn im Geist mehrmals durchspielen. Ändern Sie die Umstände, so daß Ihr Traum positiv ausgeht. Er wird Ihnen dabei helfen, den ungelösten Bereich Ihres Lebens zu heilen, der die Quelle Ihres ursprünglichen Alptraums war.

ALTE JUNGFER

- Der vergessene oder jener Teil Ihres Selbst, der sich vom Glück abgeschnitten fühlt.

AMEISE

- Der emsige Teil in Ihnen.

AMPUTATION

- Der Teil von Ihnen, der mit dem betreffenden Körperglied im Traum verbunden ist, wird aufgegeben. Ein amputiertes Bein kann bedeuten, daß Sie glauben, kein Standbein zu haben. Eine Hand kann die Unfähigkeit verdeutlichen, die Situation zu begreifen.
- Bereiche unseres Selbst loslassen, die wir als Teil von uns betrachtet haben, die jedoch nicht Teil unseres wahren Seins sind.

ANCH (Ankh)

- Altes ägyptisches Symbol spiritueller Weisheit.

ANGST

- Wenn Ihnen in Ihren Träumen etwas Angst macht, schauen Sie es sich an. Wahrscheinlich ist es ein nicht anerkannter Teil Ihres Selbst. Stellen Sie sich vor, wie Sie in den Traum zurückgehen und der Furcht ins Auge schauen.

ANKER

- Stärke und Verankerung.
- Bindung an einen neuen Menschen oder an einen neuen Ort.

ANTENNE
- Ideen und Energie übertragen und empfangen.
- Wahrnehmung der Welt um Sie herum; Einstimmung.

ANTIK
- Eine Verbindung mit der Vergangenheit.
- Ein altes Muster oder ein altes Glaubenssystem, das keine Bedeutung mehr hat.

APFEL
- Weisheit.
- Verborgene Heilenergie.
- Ganzheit.

APPLAUS
- Selbstannahme oder Bedürfnis nach Anerkennung durch andere.

ARCHE
- Gleichgewicht.
- Sicherheit und Schutz inmitten der Wasser der Emotionen.

ARMEE
- Größeres Hindernis, das überwunden werden muß.
- Widerstand.

AS
- Verborgene Talente; ein Trumpf im Ärmel.
- Etwas ausgezeichnet können.

ASCHE
- Spirituelle Reinigung; Läuterung.
- Die Essenz.

ASTHMA
- Nicht in der Lage sein, genügend Sauerstoff zu erhalten, kann auf unterdrückten Kummer hindeuten.
- Das Gefühl, zu schnell zu gehen; *aus der Puste kommen*.
- Hinweis auf Streß und das Gefühl, nicht mit dem Leben verbunden zu sein.

ASTRONOM
- Nach oben schauen.
- Höchster Ehrgeiz.

ATOMBOMBE
- Unglaubliches Energiepotential, jedoch besteht die Notwendigkeit, diese Energie zu "lenken".
- Kann ein Einstimmen auf die Sorge des kollektiven Bewußtseins um die Sicherheit des Planeten sowie die persönliche Sicherheit sein.
- Hinweis auf die erwachende Kundalini-Kraft; großes Potential für spirituelles Wachstum.

AURA
- Eine helle, klare Aura steht für Klarheit und gute Gesundheit.
- Eine dunkle Aura, die eng am Körper anliegt, ist ein Hinweis auf fehlende Klarheit und gesundheitliche Störungen.

AUSSERIRDISCHER
- Ein Teil unseres Selbst, den wir nicht anerkennen.
- Nach Hause gehen.
- Kann höhere Weisheit symbolisieren.

AUTO
- Steht meistens für unseren physischen Körper oder unser Selbst.
- Achten Sie darauf, wo das Auto hinfährt und wie das Auto beschaffen ist. Wer sitzt im Wagen?
- Siehe Kapitel über Zahlen und Farben.

AUTOFAHREN
- Wenn Sie sich als Beifahrer in einem Fahrzeug befinden und jemand anderes am Steuer sitzt, haben Sie vielleicht das Gefühl, Ihr Leben nicht in der Hand zu haben und von einem anderen gesteuert zu werden.

AXT
- Angst vor Verlust.
- Mit sicherer Hand Macht ausüben.
- Das, was nicht gebraucht wird, abhacken.

BABY
- Innere Neugeburt.
- Etwas wird positive Folgen haben.
- Geburt einer neuen Idee.

BACKPFLAUME
- Verschrumpelt. Vertrocknet.
- Alt. Ein älterer Mensch.

BADEN
- Reinigung; Läuterung.
- *Seine Hände in Unschuld waschen.*
- Taufe oder Wiedergeburt.

BALL
- Die Kugelform deutet auf Vollendung, Ganzheit oder Einheit hin.
- Der Planet.
- Ein gesellschaftliches Ereignis; Freude.
- Kann sexuellen Bezug haben.

BALLON
- Uneingeschränkte Freude.
- Sich zu neuen, persönlichen Höhen emporschwingen.
- Wenn der Ballon platzt, platzt eine Illusion.

BAND
- Dieselben Probleme immer wieder spielen. In einem Muster fest stecken.
- Dinge zusammenbinden kann auch Einheit oder Vereinigung bedeuten.

BAUCH
- Steht oft für das zweite Chakra (Sakral-Chakra). Dieses Energiezentrum, das im Bereich unterhalb des Nabels liegt, wird den Emotionen zugeordnet.
- Verletzbarkeit.
- Siehe Kapitel *KÖRPERTEILE*.

BAUCHREDNER
- Was Sie hören, kann die falsche oder eine ungenaue Informationsquelle sein.

BÄUME
- Familienangelegenheiten. Ein Stammbaum.
- Symbol der Entwicklung im Leben.
- Sich verwurzelt und mit der Erde verbunden fühlen und dennoch nach spirituellen Höhen streben.

- Jeder Baum hat seine Eigenschaften:
- Ein alter knorriger Baum = Weisheit und Stärke.
- Eine schlanke Weide = sich den Umständen anzupassen.
- Eine Espe = Furcht, *wie Espenlaub zittern.*
- Eiche = Stärke.
- Kiefer = spirituelle Klarheit; Reinigung/Läuterung.
- Zeder = Klarheit; Spiritualität.
- Apfelbaum = siehe *Apfel.*
- Obstbaum = im Leben Früchte tragen.
- Palme = Wärme; Freiheit.
- Die Bedeutung hängt außerdem davon ab, ob der Baum gerade zu grünen beginnt, voll belaubt ist, seine Blätter verliert oder gar keine Blätter hat. Siehe Kapitel *JAHRESZEITEN*.
- Ist der Baum gerade oder gekrümmt? Wie der Baum sich biegt, so wächst er.

BEAMTER
- Autorität.
- Schutz oder Führung.
- Gewissen. Strafe. Rechtschaffenheit.
- Kann manchmal auf Schuld hinweisen und darauf, daß der Träumer bestraft oder vor Problemen bewahrt werden möchte.
- Bekräftigung, Verantwortung für Ihr eigenes Leben zu übernehmen.

BEERDIGUNG
- Tod alter Muster und Gedankenformen.
- Ablehnung einer Situation.

BERG
- Ein erreichbares Ziel oder eine erreichbare Gelegenheit. Den Berg hin aufgehen bedeutet, Fortschritte im Hinblick auf das Ziel machen; den Berg hinabgehen, sich von dem Ziel entfernen.
- Kann ein spirituell 'erhebendes' Erlebnis sein.
  Mönchs- und Lamaklöster liegen in den Bergen, weil der Berg ein Ort spiritueller Abgeschiedenheit ist.
- Kann als Hindernis (noch nicht über den Berg sein) oder als Chance (über den Berg sein) angesehen werden.

BETT
- Ein offensichtliches Symbol für Sexualität und Intimität.
- Trost; Sicherheit; ewiger Schoß.
- Erneuerung. Etwas hegen und pflegen.

BETTDECKE

- Häusliches Glück.
- Schutz.
- Eine Patchwork-Decke steht für unterschiedliche Teile Ihres Selbst, die zusammengesetzt sind, um ein Ganzes zu werden.

BILD

- Siehe *FOTOGRAFIE.*

BLÄTTER

- Grüne Blätter stehen für Fülle und Wachstum; Leben.
- Gelbe Blätter oder heruntergefallene Blätter haben mit Vollendung, Loslassen und Freigeben zu tun.

BLEISTIFT

- Fähigkeit, sich auszudrücken. Weniger einschränkend als ein *FÜLLER*.

BLITZ

- Ein mächtiges Traumsymbol, das auf große Kraft und einen bevorstehenden Durchbruch hinweist.
- Geschwindigkeit. Stärke.
- Erwachen der Kundalini-Lebenskraft.

BLUMEN

- Ein glückliches Omen für Schönheit und Entfaltung.

BLUT

- Lebenskraft; Nährkraft; Energie.
- Psychische Energie.
- Wenn Sie geblutet haben, so ist das ein Verlust an Energie.

BLÜTENBLATT

- Blütenblätter, die von der Blüte abfallen, stehen für Traurigkeit.
- Blütenblätter zählen: *Er liebt mich, er liebt mich nicht.*

BOGEN

- Klare Richtung, ein Ziel, gerader Kurs.

BOGENSCHIESSEN

- Bestimmte Richtung; Klarheit; zielbewußt sein.
- Aufmerksamkeit auf eine Sache lenken.

BONBONS
- Die Süße des Lebens.
- Liebhaber.
- Sich belohnen.

BOOT
- Reise durch emotional bewegte Zeiten. Das Wasser steht für Ihre Emotionen und das Boot für Sie und den Umgang mit Ihren Emotionen.

BRAUT
- Gipfel der weiblichen Kraft in uns.
- Neubeginn.

BRÄUTIGAM
- Siehe *BRAUT.*

BRIEF
- Information oder Neuigkeiten.
- Indirekte Kommunikation.

BRIEFTASCHE
- Persönliche Anschauungen und Gedanken, die Sie für sich behalten.
- Etwas Persönliches.

BROT
- Gemeinschaft mit anderen. *Das Brot brechen.*
- Überfluß.

BRUDER
- Der religiöse männliche Aspekt unseres Selbst.
- Gemeinsames Band; Bruderschaft.

BRUNNEN
- Spirituelle Verjüngung. *Das* Symbol für Intuition.
- Spirituelle Quelle.
- Achten Sie darauf, was Ihnen in diesem Traum gesagt wird.
- Innerer Reichtum. Aus vergangenen Erfahrungen gesammelte Weisheit.

BÜCHEREI/BUCHHANDLUNG
- Wissen. Inneres Wissen.
- Ein kraftvolles Traumsymbol.

BÜHNE
- Die Bühne des Lebens.
- Die Rolle, die Sie im Leben spielen.
- Wie Sie glauben, anderen gegenüber aufzutreten, oder wie Sie von anderen gesehen werden.

BÜNDEL
- Wenn Sie ein Bündel tragen, gibt es etwas oder jemanden oder eine Idee, die Sie unnötigerweise mit sich herumschleppen. Lassen Sie los.

BÜRO
- Produktion.
- Linearer Gedankenprozeß; Organisation.

CHRISTUS
- Die Gotteskraft in Ihnen.
- Liebe.
- Opfer.

COPY-SHOP
- Kommunikation.
- Eine Lösung des derzeitigen Problems.
- Die Situation wieder und wieder durchleben.

DACH
- Schutz. Steht in Verbindung mit dem Kronen-Chakra.
- Der Zustand des Dachs deutet auf den Zustand Ihrer spirituellen Verbindung hin.
- Siehe *HEIM/HAUS*.

DACHGESCHOSS
- Ur-Ideale. Das oberste Stockwerk steht für die oberen Chakras.

DAMM
- Aufgestaute Emotionen, die sich zu lösen beginnen.

DÄMON
- Siehe *TEUFEL*.

DONNER
- Loslassen unterdrückter Emotionen und Gefühle.

- Die warnende Stimme der Götter.
- Wut, Feindschaft, Zorn. Die Nachwirkungen eines starken emotionalen Loslassens.

DRACHEN (aus Papier)
- Unglaubliche spirituelle Höhen erreichen und dennoch gut geerdet sein.
- Freiheit wie in Kindertagen.

DRAHTSEIL
- Gefühl der Spannung.
- Gefühle, auf einem Drahtseil zu gehen. Großer Druck. Streß.

DREHTÜR
- Verpaßte oder vertane Gelegenheiten.
- Das Gefühl, sich mit alten Verhaltensweisen, mit alten Ideen im Kreis zu drehen.

DREIECK
- Dreiheit. Schutz. Körper, Seele und Geist.
- Integration.

DUNKEL
- Das Unbekannte; Ihr Unterbewußtsein.
- Ihre Ängste.

DUSCHE
- Emotionale Reinigung/Läuterung. Ihr Handeln bereinigen.

EHEBRUCH
- Konflikt zwischen Pflichten und Wünschen.
- Sich zu einer Eigenschaft eines anderen hingezogen fühlen, die Sie nicht in sich selbst tragen.

EI
- Neues Leben; neues Potential.
- Ein kraftvolles Traumsymbol.

EICHE
- Kraftvolle Stärke. Festigkeit. Steter Fortschritt.

EICHEL
- Großes Selbst-Potential.

EINKAUFEN
- Entscheidungen, eine Wahl treffen.

ELEKTRIZITÄT
- Sie haben bioelektrische Systeme, die durch Sie hindurchfließen. Das kann ein Symbol für die Lebenskraft sein.

ELFE
- Siehe *FEE*.

ELTERN
(Anmerkung: Obwohl sich die Rollen der Familienmitglieder glücklicherweise dramatisch verändern, bewahrt die Erinnerung unserer Seele noch stereotype Elternbilder.)
- Väter stehen für Autorität und den linearen, rationalen Denkprozeß. Eine projizierende Kraft. Die Yang-Energie.
- Mütter stehen entsprechend für das Yin-Prinzip des Nährens und die inneren Bereiche der Intuition und Magie.
- Ihr Traum kann sich auf Ihre Erfahrung mit Ihren Eltern oder die Fähigkeiten Ihrer Eltern beziehen.
- Kann die Mutter/Vater-Energie betreffen, die in Ihnen wohnt.

ENGE
- Einengung.
- Konzentrierte Aufmerksamkeit und Disziplin, um Ihr Ziel zu erreichen.

ENGEL
- Ein Botschafter Gottes.
- Steht für unsere höchsten spirituellen Ideale.
- Viele Visionen von Propheten basieren auf der Erscheinung eines Engels im Traum.
- Diese Traumboten sind etwas ganz Besonderes! Hören Sie auf die Botschaft!

ENTFÜHRUNG
- Wenn Sie entführt werden: Fehlende Selbstkontrolle oder Gefühl, daß Sie in einer Situation nicht die Kontrolle haben oder ihr ausgeliefert sind. Sich als Opfer einer Situation fühlen.

- Sabotage gegen sich selbst.
- Wenn ein Kind entführt wird: Ihnen wird die kindliche Unschuld genommen.

ERBRECHEN
- Loswerden, was Sie nicht brauchen. Alte Anschauungen, Verhaltensweisen, Ideen loslassen.
- Das, was Sie zurückhalten oder was Sie krank macht, sollten Sie ausdrücken und mitteilen.
- Verborgenes an die Oberfläche bringen.

ERDBEBEN
- Große Veränderungen kündigen sich an.
- Angst vor der Veränderung, die Sie gerade durchmachen.

ERDE
- Mutter Erde.
- Das weibliche, empfangende, erneuernde Prinzip des Universums.
- Schoß.
- Sinnlichkeit.

ERDGESCHOSS
- Die Basis oder die Wurzel eines Problems.
- Ihre physische Energie. Sehr oft steht ein Haus für den Körper, wobei sich das Dachgeschoß auf die oberen Chakren und das Erdgeschoß auf die unteren Chakren bezieht.
- Unterbewußtsein.

ERFROREN
- Emotional 'abgeschottet'.

ERTRINKEN
- Sie fühlen sich von Emotionen überwältigt.

EXPLOSION
- Persönliche Krise, vor allem im Zusammenhang mit Partnerschaften.

FADEN
- Karma. Schicksal.

FAHRSTUHL
- Siehe *KLETTERN*.

FALLEN
- Fehlende Kontrolle; Gefühl, die Kontrolle verloren zu haben.
- Während des Laufenlernens fallen wir oft. Wenn Sie sich in einer Situation auf unsicherem Boden bewegen oder sich in einem persönlichen Wachstumsspurt befinden und sich Ihrer selbst unsicher sind, werden Sie von 'fallen' träumen.

FALLSCHIRM
- Sie können sich emporheben, Sie sind geschützt.

FARBEN
- Achten Sie auf die Farbe und lesen Sie das Kapitel *FARBEN*.

FEE
- Ihre inneren Wünsche zum Ausdruck bringen.

FEHLGEBURT
- Ein Justizirrtum (Fehlurteil).
- Pläne, die nicht erfüllt werden.
- Siehe *ABTREIBUNG*.

FELSEN
- Erdung. Stärke. Persönliche Kraft.
- *Wie ein Fels in der Brandung.*

FENSTER
- Einblick in verschiedene Ebenen des Bewußtseins.
- Die Zukunft oder die Vergangenheit sehen können.

FERNSEHEN
- Das sind Sie selbst. Es sind Aspekte Ihres Lebens. Achten Sie darauf, wie Sie mit Situationen umgehen.
- Das sind Sie auch, wie Sie zu sich und mit sich selbst sprechen.

FETT
- Unterdrückte Emotionen und Gefühle.
- Überfluß.

FEUER
- Die Kundalini-Lebenskraft in Ihnen. Potenz; psychische Energie.

- Öffnen der spirituellen Kommunikation und Energie.
- Einweihung.
- Sexuelle Leidenschaft.
- Reinigung und Läuterung durch Feuer.

FLAMME
- Ihre ewig strahlende Flamme. Das Licht des Geistes. Siehe *FEUER*.

FLASCHE
- Sich eingesperrt fühlen.
- Achten Sie auf die Größe und Farbe der Flasche und darauf, ob sie einen Verschluß hat oder nicht.
- Eine Flasche ohne Verschluß ist offener als eine fest verschlossene.
- Eine klare, durchsichtige Falsche kann mehr Wahrheit in Ihrem Leben bedeuten als eine trübe.
- Eine Flaschenpost kann die Antwort aus einer unerwarteten Quelle sein.

FLEISCH
- Die Essenz. Das Herz oder 'das Fleisch' bei einer Sache.

FLIEGEN
- Wenn Sie durch die Luft fliegen, erleben Sie wahrscheinlich eine Astralprojektion.
- Siehe Kapitel *ASTRALPROJEKTION*.
- Sie bewegen sich jenseits der Grenzen physischer Begrenztheit.
- Ein sehr bedeutungsvoller Traum!

FLIESSEN
- Sie sind mit Ihrer Intuition und Ihren Emotionen in Harmonie. Ihre spirituelle Anpassung ist groß, und sie bewegen sich auf das Gefühl zu, mit allem eins zu sein.

FLÜCHE
- Manchmal stehen Flüche für ungelebte Emotionen im normalen Wachleben.

FLÜGEL
- Freiheit. Sich emporschwingen.

FLÜSTERN
- Zurückgehaltenes Gefühl.

- Nicht willens oder nicht in der Lage sein zu sagen, was Sie im Kopf und im Herzen bewegt.

FLUGZEUG
- Hohe Ideale. Sich zu neuen Höhen emporschwingen.

FLUSS
- Fluß des Lebens. Die fließenden Wasser des Lebens.
- Versuch, gegen den Strom zu schwimmen. Lassen Sie zu, daß der Strom Sie trägt. Kämpfen Sie nicht gegen den Strom an.
- Sie versuchen, über den Fluß zu gelangen, finden aber den Weg nicht: Normalerweise steht der Fluß für eine emotionale Schranke, die Sie nicht durchbrechen können. Stellen Sie sich im Wachstadium eine Brücke über den Fluß vor und gehen Sie auf die andere Seite. Bahnen Sie sich einen neuen Weg, um die Situation zu lösen.

FLUT
- Überwältigende Emotionen.

FLUTWELLE
- Eine ungeheuere emotionale Umwälzung.

FORMEN
- Wenn in einem Traum vage Schatten auftauchen, sagen Sie im Wachzustand: "An was erinnert mich der Schatten? Welche Gefühle habe ich im Zusammenhang mit diesem Schatten?"
- Lassen Sie den Schatten Form annehmen. Es kann etwas in Ihrem Leben sein, das ungeformt ist oder sich noch nicht ganz gefestigt hat. Wenn Sie zulassen, daß der Schatten in Ihrer Vorstellung Form annimmt, wird auch das Projekt, die Idee oder das Gefühl bald in Ihrem Leben Form annehmen.

FOTOGRAFIE
- Objektive Betrachtung einer Situation.
- Erinnerungen aus der Vergangenheit.
- Siehe *KAMERA*.

FRIEDHOF
- Ruhe, Frieden.
- Todesangst.

FRUCHT
- Die Früchte Ihrer Arbeit ernten.
- Eine fruchtbare Ernte. Früchte tragen.

FRÜHLING
- Siehe Kapitel *JAHRESZEITEN*.

FUSSBODEN
- Fundament oder Ihre Basis.

GABEL
- Eine Gabelung auf der Straße bedeutet, daß Sie vor einer Wahl stehen und eine Entscheidung treffen müssen.

GÄHNEN
- Langeweile. Kein anderes Ventil für Kreativität haben.
- Kann emotionales Loslassen bedeuten.

GALAXIE
- Unbegrenzte Möglichkeiten.

GARTEN
- Schöpferische Aktivität.
- Frieden.
- Wenn der Garten gut gepflegt ist: die Früchte Ihrer Arbeit ernten.
- Wenn er voller Unkraut ist: es gibt Dinge in Ihrem Leben, die Sie mit der 'Wurzel herausreißen' müssen.

GEBÄRMUTTER
- Nahrung. Sicherheit. Schutz.
- Ihre Energien vor der nächsten Geburt sammeln und neu ordnen.

GEBURTSTAG
- Neubeginn.

GEFANGENER
- Ihr eigenes Potential einschränken. Selbstbeschränkung.
- Angst haben.

GEFÄNGNIS
- Sich eingeschränkt fühlen oder das Gefühl, nur mit den Wirkungen im Leben zu tun zu haben, aber selbst nichts bewirken zu können.

- Selbst aufgebaute Barrieren; selbst auferlegte Beschränkung. Sie haben immer den Schlüssel, sich wieder herauszulassen. Der einzige Mensch, der Sie einsperren kann, sind Sie selbst.

GEHEN
- Ihre Ziele erreichen Sie langsamen, aber sicheren Schrittes.

GEIST/GESPENST
- Ein Teil Ihrer Gefühle zu einem bestimmten Menschen hat sich nicht verdichtet.
- Kann ungeäußerte Kommunikation mit jemand, der gestorben ist, bedeuten.
- Kann eine Erinnerung aus der Vergangenheit sein, die Sie nicht losläßt.

GELÄNDER
- Seine Grenzen fühlen; sich der Grenzen bewußt werden.
- Sich an einem Geländer als Stütze festklammern.

GELD
- Wenn es sich um Münzen handelt, kann Geld für eine bevorstehende Änderung in Ihrem Leben stehen.
- Kann auch Reichtum an Erfahrungen oder Finanzen etc. bedeuten.

GELDBÖRSE
- Vom Geld eines anderen abhängig zu sein.
- Siehe *TASCHE.*

GELEE
- Siehe *MARMELADE.*

GEMÜSE
- Die Grundbedürfnisse des Lebens.

GEPÄCK
- Dinge oder Gedanken, die Sie mit sich herumtragen, die aber nicht notwendig sind.

GESCHENK
- Nehmen Sie das Geschenk an. Es ist die Anerkennung Ihrer Person und der Entwicklung, die Sie gemacht haben.

GESICHTER
- Ein unbekanntes Gesicht oder unbekannte Gesichter können für jene Teile Ihres Selbst stehen, die Sie zur Zeit nicht leben.

GEWEIH
- Ein Omen für Glück.
- Schutz des göttlichen, männlichen Teils Ihres Selbst.

GIFT
- Etwas Destruktives oder Schädliches. Sehr oft deutet Gift auf eine selbstsüchtige Haltung hin. Eine Befürchtung oder eine Verurteilung.

GLAS
- Siehe *FLASCHE.*

GLETSCHER
- Eingefrorene Emotionen.

GLOCKE
- Wenn der Ton klar ist, bedeutet sie Resonanz innerhalb der Urquelle des Lebens.
- Eine Warnung.
- Fröhliche Entwicklungen.

GOLD
- Großer, innerer Schatz.
- Das goldene Licht des inneren Friedens.
- Herz aus Gold.

GOTT/GÖTTIN
- Unglaubliche Einheit und unglaubliches Einssein.
- Kosmische Liebe. Totale Selbstannahme in diesem Augenblick.
- Kraft zu schaffen und zu manifestieren.
- Zweifellos das mächtigste Symbol im Traum überhaupt!

GRAB
- Ernst.
- Selbstauferlegte Begrenzungen.
- Sein eigenes Grab schaufeln.

GRABMAL
- Die eigenen Kräfte mobilisieren.
- Beschränkung.

GROSSMUTTER
- Großmutter Erde.
- Die weise, alte Frau.
- Der reife, weibliche Aspekt Ihres Selbst.
- Kann sich auf Ihre Großmutter beziehen.

GROSSVATER
- Für die amerikanischen Indianer stand er für Großvater Sonne.
- Der weise alte Mann.
- Der reife männliche Aspekt Ihres Selbst; der Teil von Ihnen, der alles weiß und versteht.
- Kann sich auch auf Ihren Großvater beziehen.

GRUBE
- Siehe *ABGRUND*.

GURU
- Geistige Führung; der Guru in Ihnen.
- Achten Sie auf diesen Traum!

HAAR
- Wenn Sie ihr Haar bürsten, lösen Sie das Durcheinander einer Situation.
- Haare schneiden = Neubeginn.
- Haar flechten = neue Bindungen schmieden.
- Gel oder Pomade ins Haar tun = eine Situation glätten.
- Haarausfall = Sie machen sich Sorgen.
- Dickes, glänzendes Haar = gute Gesundheit.
- Dickes Haar kann auch bedeuten, daß große spirituelle Kraft aus dem Kronen-Chakra fließt, das Sie mit dem göttlichen Geist verbindet.

HAFEN
- Siehe *HEIM*.
- Sicherheit.
- Emotionen, die nach der Art des Wassers unterschiedlich sind. War es rauh, klar, trübe?

HASS
- Kann manchmal emotionale Heilung bedeuten. Haß kann zum Beispiel

ein Gefühl sein, das Sie im Wachleben nicht zulassen, weil es mit Ihrer Meinung von sich selbst nicht übereinstimmt. Wenn in Ihren Träumen Haß vorkommt, können Sie beginnen, diese Emotion loszulassen, so daß sie Ihnen physisch und emotional nicht schadet.
Sehr oft richtet sich Haß in Träumen nicht auf die offensichtlich gehasste Person oder den gehaßten Gegenstand, sondern bedeutet Wut gegen sich selbst, und die Person oder der Gegenstand steht für jenen Teil von Ihnen, auf den Sie wütend sind.

HEFE
- Natürliche Ausdehnung, Wachstum.

HEILIGENSCHEIN
- Segnung.

HEILIGER
- Normalerweise Ihr Schutzengel oder Ihr Beschützer, Ihr Höheres Selbst, das sich in Ihren Träumen manifestiert. Achten Sie sehr sorgfältig auf die Botschaften und die Symbole, die in diesem wichtigen Traum auftreten!

HEIM/HAUS
- Etwa ein Drittel aller Träume spielen in einem Gebäude, in einem Haus oder Heim. Die gebräuchlichste Assoziation für ein Haus ist das eigene physische Selbst, das spirituelle Selbst oder beides.
- Was auch immer in dem Haus geschieht, es ist das, was in Ihnen geschieht. Wenn zum Beispiel die Rohre verstopft sind, kann es sein, daß Ihre Emotionen (symbolisiert durch das Wasser in den Rohren) gehemmt sind.
- Die einzelnen Räume des Hauses symbolisieren verschiedene Aspekte Ihres Selbst.
- Küche = Nahrung, Erhaltung, Kreativität, etwas 'auskochen'.
- Eingangshalle = Übergangsbereich.
- Badezimmer = Eliminierung von etwas, was nicht mehr gebraucht wird.
- Erdgeschoß = Unterbewußtsein.
- Dachgeschoß = Überbewußtsein.
- In einem dunkeln Raum aufwachen heißt, unbekannte Teile des Selbst erkunden.
- Unordnung in einem Haus steht für Bereiche Ihres Lebens, die Sie reinigen müssen, oder Dinge, die entfernt werden müssen. (Achten Sie auf den Raum, in dem das Durcheinander herrscht).

HEIRAT
- Verbindung Ihrer männlichen und weiblichen Seiten. Integrieren der verschiedenen Aspekte Ihres Selbst.
- Eine Verbindung oder ein Zusammentreffen von Ideen oder Menschen.

HEXE
- Die gängige Bedeutung: furchterregend oder häßlich zu sein.
- Früher sagte man Wicca, das bedeutete weise Frau. Kann für die weise, weibliche Energie in Ihnen stehen.

HIMMEL
- Erleuchtung. Glück. Einheit. Frieden.
- Unbegrenzter Erfolg. Der Himmel ist die Grenze.
- Freiheit; Expansion.

HIN- UND HERGEHEN
- Ein Traum, in dem Sie hin- und hergehen, bedeutet, daß Sie sich über die Richtung Ihres Lebens nicht sicher sind. Nehmen Sie sich Zeit, still zu werden. Über die Situation nachzudenken, ist nicht immer die beste Lösung. Wenn Sie sich Zeit nehmen, Ihren Geist ruhigzustellen, wird die richtige Lösung allmählich von selbst an die Oberfläche gelangen.

HITZE
- Leidenschaft; Intensität.
- Kann der Wunsch nach Stimulierung des Kundalini-Feuers sein.
- Wut.

HOCHZEIT
- Eine Verbindung Ihres Bewußten und Unbewußten, von Körper und Geist.

HÖHLE
- Ein starkes Traumsymbol.
- Unser großer, spiritueller Reichtum. Unser unbewußtes Selbst.
- Sammlung Ihrer Energie.

HÖLLE
- Persönliche Schwierigkeiten, die Sie gerade durchmachen.

HÜTTE
- Im Wald: Frieden und Zufriedenheit.

IMPFUNG
- Emotionaler Schutz.

IMPOTENZ
- Unsicherheit. Angst.

INDIANER
- Eine tiefe, ursprüngliche Verbindung zur Natur.
- Ein Teil Ihrer ursprünglichen Natur, die Ihnen noch fremd ist.
- Höheres Selbst.

INSEKT
- Etwas 'piekst' Sie.
- Hängt von dem Insekt ab:
- Grillen/Maden = Verderben.
- Schmetterlinge = Transformation.
- Fliegen = kleine Ärgernisse.
- Ameisen = Fleiß.

INSEL
- Sich selbst genug sein.
- *Niemand ist eine Insel.*
- Rückzug.

INZEST
- Integration von Teilen Ihres Selbst; Verbindung des erwachsenen mit dem kindlichen Teil oder des männlichen mit dem weiblichen Teil in Ihnen. Denken Sie daran, sehr oft bedeuten die einzelnen Menschen in einem Traum einzelne Aspekte Ihres Selbst.

IRRGARTEN
- Siehe *LABYRINTH*.

JAHRESZEITEN
- Siehe Kapitel *JAHRESZEITEN*.

JESUS
- Siehe *CHRISTUS*.

JONGLEUR
- Versuch, mit vielen Dingen gleichzeitig umzugehen.

- Ist der Jongleur gut, sind Sie es auch.
- Gerät der Jongleur aus dem Takt, überlegen Sie, ob Sie einiges aus Ihrem Leben entfernen oder sich mehr Zeit nehmen sollten, Zugang zu dem zu finden, was Ihnen im Leben wirklich wichtig ist.

JUDAS
- Verrat.
- Gewöhnlich Selbstverrat. Sich selbst nicht treu sein.

JUGENDLICHER
- Große Veränderungen.
- Kräfte sammeln für einen Neubeginn.

JUNGFRAU
- Einheit; Ganzheit.
- Mutter Gottes. Der weibliche Aspekt des Göttlichen.
- Der Mythos der Jungfrau als höchst erstrebenswerte Partnerin in einer Ehe ist schädigend und überholt. Reife und Verständnis sind die Dinge, die in Beziehungen zur Einheit führen.

JURY
- Selbstkritik. Achten Sie auf die Beurteilungen, die die Jury Ihrer Meinung nach macht. Sehr oft sind es Urteile, die Sie über sich selbst haben. Machen Sie sich bewußt, daß Ihre bisherigen Taten notwendig für Sie waren, um das zu werden, was Sie heute sind. Ihre Vergangenheit war notwendig, um dorthin zu gelangen, wo Sie jetzt sind. Ihr Leben entfaltet sich vollkommen, so wie es für Ihre Entwicklung notwendig ist.

JUWEL
- Achten Sie darauf, ob Sie ihn am Körper tragen oder ob er irgendwo liegt.
- Siehe Kapitel *STEINE* und *KÖRPERTEILE*.
- *Sie ist ein echtes Juwel.*
- Kann Überfluß und Glanz symbolisieren.

KABINE
- Auf einem Boot - siehe *BOOT*.

KÄFIG
- Sich durch Angst selbst einsperren.
- Sich wie in einer Falle fühlen.

KAKTUS
- Eine prickelnde Situation.
- Jemand oder etwas, der oder das nicht berührt werden darf.

KAMERA
- Distanz zwischen sich und dem Leben halten.
- Die Vergangenheit festhalten; liebevolle Erinnerungen bewahren.
- Siehe *FOTOGRAFIE*.

KÄMPFEN
- Unterdrückte Emotionen. Lassen Sie alle Emotionen zu und genießen Sie sie. Sie sind Teil des Lebens.

KANAL

Steht in Verbindung mit Kindsgeburt und Niederkunft.
- Ein direkter und schmaler emotionaler Pfad.

KARTEN
- Das Spiel des Lebens. Ihr Schicksal.

KARUSSELL
- Das Gefühl, sich im Kreis zu drehen, keine Fortschritte zu machen.

KERZE
- Das spirituelle Leben in Ihnen, Ihr wahres inneres Licht.

KETTE
- Viele Ketten bedeuten Kraft.
- Sich an eine Situation oder einen Menschen gekettet fühlen.

KIEFER (Baum)
- Ausgezeichneter Reiniger. Die Kiefer erzeugt negative Ionen, die elektrische Ladungen in der Luft neutralisieren.

KIEFER (Körperteil)
- Kommunikation.
- Wenn fest geschlossen, besteht Bedürfnis nach mehr Kommunikation.
- Schelte. Langweilig. Ermüdend.
- Ein kantiger Kiefer steht für Stärke, Zähigkeit.

KINDER
- Das Kind in Ihnen. Jene inneren Aspekte unseres Selbst wie Spieltrieb, Freude, Offenheit.
- Sehr oft ist es der kindliche Teil, der nicht anerkannt wird.

KINO/FILM
- Das Leben beobachten.
- In einem Drama des Lebens gefangen sein.
- Ihre unterschiedlichen Rollen im Leben.

KIRCHE
- Glaube, Hoffnung und Liebe.
- Der Tempel der Seele.
- Heiligtum; Hafen; Sicherheit.

KISSEN
- Intuition; innere Bereiche.
- Entspannung; Loslassen.

KLEIDER
- Ihre äußere Person.
- Die Rollen, die Sie im Leben spielen.

KLETTERN
- Aufwärtsgehen; ein persönlicher Aufstieg im Zusammenhang mit einem Geschäft oder einem persönlichen Ziel. Die Spitze Ihrer beruflichen Erfolgsleiter erreichen.
- Sexuelle Erregung.
- In Jakobs Traum kletterte er die Himmelsleiter hinauf.
- Hinunterklettern = gegenteilige Bedeutung. Kann auch die Erforschung Ihres Unterbewußtseins symbolisieren.

KLOPFEN
- Eine Erkenntnis, die sich bemerkbar zu machen versucht.
- Eine gute Gelegenheit klopft an die Tür.
- Wenn Sie im Traum Klopfen hören, bedeutet es, daß Sie Kontakt aufgenommen haben.

KLOSTER
- Innerer spiritueller Rückzug.
- Sich von der Welt zurückziehen.

KNOTEN
- Spannung; gespannte Situation oder Atmosphäre.
- Etwas ist 'verwickelt', schwer zu lösen.
- Einen Knoten entwirren bedeutet, in einem bestimmten Bereich des Lebens eine Lösung zu finden oder eine Entspannung zu erreichen.

KOCH
- Nahrung.
- Materielle Bequemlichkeit.

KOCHEN
- Eine Situation steht kurz vor dem Explodieren.
- Unterdrückte Wut.
- Die verschiedenen Zutaten in Ihrem Leben aufeinander abstimmen.
- Siehe *KOCH*.

KOMET
- Kündigt ungeheures persönliches und spirituelles Wachstum an.
- Ein kraftvolles Traumsymbol.

KÖNIG
- Macht und Majestät; Gott.
- Verantwortung für das eigene Leben.

KÖNIGIN
- Die kraftvolle weibliche Energie in Ihnen. Sie hat mehr Kraft und Power als die Prinzessin.
- Meint eher die Weisheit der reifen Frau als die Reinheit des Mädchens.
- Die innere Göttin.

KÖNIG/KÖNIGIN
- Hängt davon ab, ob männlich oder weiblich, hat mit den eigenen göttlichen Aspekten zu tun. Das göttliche Weibliche, das göttliche Männliche. Das Gefühl der eigenen Göttlichkeit.

KRANKENHAUS
- Zentrum des Heilens.

KRANKENSCHWESTER
- Heilung; Sorge; hegen und pflegen.

KRANKHEIT
- Disharmonie. Un-Wohlsein.
- Nachdem Sie herausgefunden haben, welcher Teil des Körpers von der Krankheit betroffen ist, schauen Sie im Kapitel *KÖRPERTEILE* nach.
- Von einer Krankheit zu träumen, ist oft als Hinweis auf einen Bereich Ihres Körpers anzusehen, der Ihrer Aufmerksamkeit bedarf.
  Die Gedankenform *Das macht mich krank* kann den Traum einer Krankheit hervorrufen.

KREBS
- Etwas 'frißt' emotional an Ihnen.

KREIS
- Ein sehr kraftvolles Traumsymbol.
- Harmonie, Schönheit, Gleichgewicht.
- Vollendung.

KRIEG
- Innerer Krieg und innere Aggression.

KRISTALL
- Spiritueller Vermittler und Verstärker.
- Ein kraftvolles Traumsymbol, steht für Klarheit und spirituelle Energie. Symbol der Mystik. Achten Sie genau auf die Botschaft dieses Traumes!
- Siehe Kapitel *STEINE.*

KUCHEN
- Eine Gelegenheit; *ein Stück vom Kuchen abbekommen.*
- Die runde Form eines Kuchens steht für Ganzheit in Verbindung mit Nahrung.
- Ein positives Traumsymbol.
- Ein Ganzes, das in Teile aufgeteilt werden kann.

KÜHLSCHRANK
- Sich emotional ausgeschlossen fühlen.
- Einfrieren der Emotionen. Fehlende Wärme.

KUNST
- Potentielle Fähigkeit.
- Kreativer Ausdruck im Leben.

KÜNSTLER
- Siehe *KUNST*.

KUNSTSTOFF
- Flexibilität; Fähigkeit, geformt oder gegossen zu werden, formbar sein.
- Künstlich; unecht.

KÜRBIS
- Ein glückliches, gemütliches Heim.

KUSS
- Tiefe Kommunikation mit dem Selbst.
- Wärme. Zuneigung. Liebe.
- Die männlichen und weiblichen Aspekte in sich in Einklang bringen.
- *Kuss des Todes*.

LABOR
- Durch Experimente Lösungen finden.

LABYRINTH
- Sich in einem Traum durch verzwickte Gänge zu winden, kann für das Gefühl stehen, keinen Ausweg zu sehen. Die Lösung in einem Labyrinth lautet: Stehenbleiben und den Geist zur Ruhe bringen. Lassen Sie Ihrer Intuition freien Lauf, und der Ausweg wird deutlich.

LACHEN
- Lachen ist ein großartiger Heiler. Nehmen Sie das Leben nicht so ernst.

LAGER
- Ihr Potential; alles, was in Ihnen liegt.

LAHMHEIT
- Siehe Kapitel *KÖRPERTEILE*.

LAMPE/LATERNE
- Siehe *LICHT*.

LAND
- Ihr solider Untergrund; Ihre Basis.

LANDEN
- Beginn eines neuen Abenteuers.

LANDKARTE

- Ihre Reisen planen - innere wie äußere.

LASER

- Gebündeltes Bewußtsein, Wissen.
- Starker Fokus und starke Konzentrierung.

LAUFEN

- Halt! Stehenbleiben. Die Wahrheit anschauen.
- Vor etwas weglaufen bedeutet, einer Entscheidung, für die Sie noch nicht bereit sind, aus dem Weg gehen. Sie sind sich nicht sicher. Sie haben Angst vor einer Situation oder einer Erfahrung. Drehen Sie sich um und schauen Sie sich den Gegner an, ob im Traum oder im Wachstadium. Wenn Sie dem ins Auge schauen, vor dem Sie weglaufen, beginnen Sie, die Schranke in Ihrem Leben herunterzureißen.
- Langsames Laufen bedeutet, daß die Zeit reif ist, dieser Schwierigkeit die Stirn zu bieten.
- Wenn Sie zu etwas hinlaufen, befinden Sie sich in einer Zeit, in der Sie in Ihrer spirituellen Entwicklung große Fortschritte machen. Freuen Sie sich darüber!

LAVA

- Etwas, das lange Zeit unter Druck gestanden hat, meistens Wut.

LEPRA

- Schwächer werden; etwas verschlimmert sich.
- Achten Sie darauf, welcher Körperteil betroffen ist.
- Siehe Kapitel *KÖRPERTEILE*.

LEDER

- Stärke. *Zäh wie Leder*.

LEHRER

- Der innere Guru.
- Selbstvertrauen.
- Jeder Mensch in unserem Leben ist unser Lehrer. Jeder Aspekt im Traum ist unser Lehrer, der uns während der Nacht führt.

LEIBGARDE

- Oft ist ein Traumhüter gemeint oder Ihr Höheres Selbst, das Sie durch eine Gefühlskrise leitet.

LEICHENBESTATTER
- Eine unangenehme Situation oder Erfahrung begraben.

LICHT
- Das innere spirituelle Licht.
- Die Eigenschaft des Lichts steht für das, dessen wir uns bewußt sind. Das, was wir uns im Leben bewußt machen.

LILIE
- Wiedergeburt. Leben, Tod und Wiedergeburt.
- Transformation.

LOB
- Gratulation! Sie haben das Richtige getan!
- Sie haben etwas verdient.

LOCH
- Etwas, daß Sie nicht anerkennen oder dem Sie sich nicht stellen.
- Eine Lücke in Ihrer Argumentation.

LÖFFEL
- *Mit einem silbernen Löffel im Mund geboren werden*. Glück haben.

LUMPEN
- Das Gefühl der Armut des Geistes.

MAGIER
- Illusion; etwas nicht Reales.
- Die Bedeutung des Magiers im Tarot heißt: etwas realisieren, indem man zu seinen inneren Kräften vordringt. Der Magier ist der Umgestalter und Offenbarer.
- *Magie* stammt von dem alten Wort *magh* und bedeutet Kraft. Der Magier symbolisiert den Kanal der Kraft, der die inneren Ebenen mit den äußeren verbindet.

MAGNET
- Unwiderstehliche Anziehungskraft.

MAMMUTBAUM
- Symbol für Stärke, Weisheit, Erdung mit spirituellen Zielen.

MANDALA
- Ein Kreis. Immer wenn ein Kreis oder ein Mandala auftaucht, bedeutet dies Harmonie, Schönheit, Ausgeglichenheit.
- Es ist ein sehr, sehr kraftvolles Traumsymbol und wird oft als visuelle Hilfe in der Meditation und bei religiöser Anbetung benutzt.

MANN
- Der männliche Teil Ihres Selbst.
- Steht normalerweise für den linearen, rationalen, praktischen Teil Ihres Selbst.
- Konzentrierte Bewußtheit im Gegensatz zu diffuser Wahrnehmung.

MÄNNLICH
- Jemand, der im Traum männlich ist, stellt üblicherweise den männlichen Aspekt von einem selbst dar, die Yang-Energie. Die männliche, abstrahlende Energie.

MARMELADE
- Die Süße des Lebens.

MARS
- Der römische Kriegsgott. Kann für geringfügige Disharmonien stehen.

MARSCH (Landschaft)
- Emotionale Stagnation. Emotional unsicher sein.

MÄRTYRER
- Fehlende persönliche Kraft. Gefühl, Opfer der Lebensumstände zu sein.
- Hat auch etwas mit anderen zu tun und mit dem Gefühl des Grolls, wenn Sie nicht genügend Anerkennung finden.
- Arbeiten Sie mit Selbst-Annahme. Akzeptieren Sie, daß Sie selbst für die Umstände Ihres Lebens verantwortlich sind.

MASCHINEN
- Das Gefühl, mit dem organischen Prozeß des Lebens nicht verbunden zu sein.
- Verwendung der natürlichen Kräfte für Energie und Stärke.

MASKE
- Unterschiedliche Aspekte des eigenen Selbst.
- Unehrlichkeit.

MASSAGE
- Persönliche Integration.

MAUER
- Hindernis, Blockade.
- Sich von anderen durch eine Mauer getrennt fühlen, Isolation.

MEDIZIN
- Heilung.
- *Die bittere Pille schlucken.*

MEER
- Siehe *OZEAN*.

MELONEN
- Ganzheit.
- Etwas sehr Aussichtsreiches.

MENGE
- Anonymität; Verborgenes.
- Fremde oder etwas Fremdes.
- Die Meinung, die die Menge von Ihnen hat, ist die unbewußte Meinung, die Sie von sich selbst haben.
- Sich als Teil von etwas fühlen, das größer ist als Sie.

MENSTRUATION
- Altes loslassen. Neubeginn.
- Beim Anblick von Blut das Gefühl haben, Lebensenergie zu verlieren.

MERKUR
- Götterbote; Überbringer von Nachrichten.
- Gott des Handels, der Geschäfte, des Gewinns, des Glücks, der Reise und der guten Gaben.
- Redegewandtheit.
- Schnell wechselnde Stimmungen.

MESSER
- Kann ein kraftvolles Symbol sein, sowohl kreativ als auch destruktiv.
- Etwas wegschneiden, das nicht mehr gebraucht wird, wie die Dornen einer Rose. Das Wegschneiden alter Denk- und Seinsmuster.
- Wenn jemand Sie mit einem Messer verfolgt oder mit dem Messer auf

Sie einsticht, kann das ein Symbol für die Angst vor emotionalem, physischem oder sexuellem Eindringen sein.

METALL
- Stärke und Härte.
- Unbeweglichkeit.

MIKROSKOP
- Sich selbst oder andere genau *unter die Lupe nehmen.*

MILCH
- Muttermilch. Nahrung; Erhaltung.
- *Milch der frommen Denkungsart.*

MINE
- Innere, unentdeckte Schätze.

MOND (MONDIN)
- Der weibliche Aspekt Ihres Selbst.
- Innerer, emotionaler Friede.
- Die Mondphasen stehen für unterschiedliche Stadien. Vollmond bedeutet Ganzheit und Kreativität durch Intuition. Neumond oder zunehmender Mond ist die Zeit, in der wir uns mit unserem inneren, spirituellen Selbst eins fühlen. Es ist die Zeit der tiefen, inneren Reflexion.
- Siehe Kapitel *DER MOND.*

MONSTER
- Der nicht anerkannte Teil Ihres Selbst, den Sie fürchten. Ihre verborgenen Ängste in manifester Form.
- Schauen Sie sich Ihr/Ihre Monster genau an. Die größte Angst haben wir immer vor dem, was wir nicht kennen. Machen Sie sich mit Ihrem Traummonster vertraut. Fragen Sie sich, welche Teile Ihres Selbst das Monster symbolisiert. Sie können sogar das Monster danach fragen.
- Wenn Sie von einem furchterregenden Monster träumen, sollten Sie sich wehren, anstatt zum Opfer zu werden. Gehen Sie in Ihrer Vorstellung in den Traum zurück und kämpfen Sie mit dem Monster. Werden Sie zum Sieger des Kampfes.

MORD
- Siehe *TÖTEN.*

MORGENDÄMMERUNG
- Ein neues Erwachen.

MUND
- Kommunikation; Selbst-Ausdruck.

MÜLL
- Nutzloses Zeug. Emotionaler Müll, den Sie mit sich herumschleppen. Sie sollten ihn loslassen, entfernen, sich davon befreien.
- Dinge, die Sie nicht mehr brauchen.
- Etwas, was Sie loslassen müssen.

MUSCHEL
- Leere; eine leere Schale.
- Sich wie eine Muschel verschließen. Sich vor der äußeren Welt verschließen. Fehlende Aktivität. Fehlendes Wachstum.

MUSEUM
- Siehe *HEIM/HAUS*.
- Wissen. Weisheit aus der Vergangenheit mitbringen und in der Gegenwart umsetzen.

MUSIK
- Schöne, harmonische Musik steht für spirituelle Entwicklung und innere Harmonie.
- Musik, die nicht im Takt ist, steht für das Gefühl, nicht im Einklang mit dem Leben zu sein.

MUSIKINSTRUMENTE
- Hängt von dem Instrument im Traum ab.
- Dudelsack = kulturelle Gemeinschaft/Verbundenheit.
- Flöte = Natur oder Freiheit oder das innere Kind.
- Harfe = himmlischer Einklang; Engel.
- Harmonika = fahrender Musikant, Spielmann, also eine Zeit der Freude, Vergnügung und Zufriedenheit mit Freunden.
- Klavier = der Schlüssel zum Leben.
- Sitar = die Kultur des Ostens; Mystik; innerer Frieden.
- Trommeln = die ursprüngliche Natur oder die Urinstinkte. Im Takt bleiben.
- Violinen oder Streicher = Hingabe.

MUSTER
- Ein Näh- oder Stickmuster kann mit Ihrem üblichen System der Wirklichkeit oder einem, in dem Sie sich wohlfühlen, zu tun haben.
- Muster zu verändern kann bedeuten, alte Muster abzulegen.

MUTTER
- Kann jenen Teil von Ihnen widerspiegeln, der für Ihre eigene Mutter steht.
- Nahrung. Mutter Erde. Jener weisere Teil des weiblichen Bereichs Ihres Selbst.
- Göttliche Mutter.

NABEL
- Siehe Kapitel *KÖRPERTEILE*.
- Symbol für die Silberschnur, die Ihren astralen mit Ihrem physischen Körper verbindet.
- Im Orient gilt der Nabel als Symbol für das Zentrum des Universums.

NACHT
- Hindernisse oder Verzögerungen. Dinge, die nicht klar zu sehen sind. Sie sind mit Ihrem inneren Wissen nicht in Verbindung.
- Handelt es sich um eine klare Nacht mit Sternen oder dem Mond am Himmel, gilt sie als Symbol für Ihre Intuition und Ihre inneren Bereiche.

NACKTHEIT
- Völlige Freiheit.
- Verletzbarkeit. Sich ausgesetzt fühlen.
- Eine Situation darlegen; seine Seele bloßlegen.
- Sinnlichkeit.
- Sich ausgeliefert fühlen.
- Persönliche Geheimnisse enthüllen. Offen sein.

NADEL
- Festes Material, das verschiedene Dinge miteinander verbindet oder eine Stütze, mit der ein Gegenstand vom andern entfernt gehalten werden kann.
- Ein kleines Ärgernis.
- Aufgespießt werden oder festgehalten werden, so daß man sich nicht bewegen kann.

NAGEL
- Hängt von seiner Verwendung ab. Ein Tischlernagel kann eine Stütze für größere Gebilde oder für einen Zusammenhalt sein.
- Einer Sache auf den Grund gehen oder *den Nagel auf den Kopf treffen.*
- *Festgenagelt* werden.
- Fingernägelkauen steht für Angst vor dem Leben. Denken Sie daran, daß Ihr Leben von Gott gelenkt wird und daß es keine Zufälle gibt.

NAHRUNG
- Kann spirituell, mental, physisch oder emotional sein.

NAHT
- Etwas, das die Dinge zusammenhält.

NEBEL
- Hindernis.
- Bereich Ihres Lebens, den Sie nicht deutlich sehen können.

NEST
- Ideen oder Pläne ausbrüten.
- Nesttrieb. Heim, Familienleben; häusliches Leben.
- Sich zur Erneuerung zurückziehen.

NETZ
- Kann das Gefühl bedeuten, in einem Netz der eigenen Wahrnehmung der Realität gefangen zu sein. Nehmen Sie sich Zeit. Bringen Sie Ihren Geist zur Ruhe und lassen Sie zu, daß Myriaden anderer Realitäten Ihnen verfügbar gemacht werden, damit Sie eine auswählen können, die mehr mit dem übereinstimmt, wie Sie wirklich sind.
- Ein Fischer- oder ein Schmetterlingsnetz kann helfen, Dinge zu fangen, die im Leben notwendig sind.
- Ein Sicherheitsnetz, das Sie auffängt, wenn Sie das Gefühl haben, aus dem Gleichgewicht zu geraten.

NIESEN
- Die Reinigung/Läuterung von Emotionen.

NONNE
- Ihre Energie nach innen lenken.
- Zölibat und spiritueller Einklang.

NÜSSE
- Neues Leben; noch nicht entfaltetes Potential.
- Fülle; Nüsse für den Winter sammeln.
- *Eine harte Nuß knacken.*

NYMPHE
- In der Mythologie untergeordnete Naturgottheit. Mystisches Wesen, das in Bergen, Bäumen und Wasser haust.
- Fröhliche Sexualität.

OASE
- Zuflucht. Ort der Erneuerung.

OBEN
- Kann ein Hinweis auf Inspiration oder das Höhere Selbst sein.
- Dinge, die über Ihnen schweben; Ängste, die größer zu sein scheinen als Sie.

OBER
- Anderen oder sich selbst dienen.
- Der dienende, männliche Teil in Ihnen.

OBSERVATORIUM
- Größeren Überblick erhalten. Die tiefere Bedeutung des Lebens erkennen.

OBSTGARTEN
- Siehe *GARTEN*.

OFEN
- Eine Idee oder ein Projekt ausbrüten.

ÖL
- Schmierung; Schwierigkeiten glätten. Öl aufs Feuer gießen.
- Mit Öl gesalbt werden, ist ein Segen.
- Ein schmieriger Mensch.

OLIVE
- Frieden. Der Olivenzweig des Friedens.

OPERATION
- Achten Sie darauf, wo am Körper die Operation vorgenommen wird, und sehen Sie dann im Kapitel *KÖRPERTEILE* nach.

OPFER

- Wenn Sie träumen, daß jemand oder etwas geopfert wird, gibt es in Ihrem Leben einen Bereich, wo Sie etwas oder sich opfern. Das ist Märtyrertum. Siehe *MÄRTYRER*.
- Sie fühlen sich dem Leben ausgeliefert, haben es nicht im Griff. Aber Sie haben Ihr Schicksal selbst in der Hand. Sagen Sie sich: "Ich wähle mein Leben, und ich wähle es ganz. Ich habe die Kontrolle über mein Leben. Ich habe meine Realität selbst geschaffen."

ORCHESTER

- Synthese. Harmonie. Synergie.

ORGASMUS

- Hängt von dem Gefühl in Verbindung mit dem Orgasmus ab, und ob dieser physisch erreicht wird oder nicht.
- Kann bedeuten, sich kraftvoll auf die inneren männlichen und weiblichen Energien einzuschwingen, und kann ein Schlüssel zu Ihrer Kundalini-Energie oder schöpferischen Energie sein, die am Ende Ihres Rückgrats sitzt.
- Bei einem Mann kann Orgasmus während des Schlafes darauf hindeuten, daß die Prostatadrüse gestärkt werden muß.
- Siehe Kapitel *DREAMLOVER* und *SEX UND LIEBE IM TRAUM*.

ORGIE

- Möglicherweise wird Ihre schöpferische Kraft verschwendet. Konzentrieren Sie sich auf Ihre Lebensziele.

OZEAN/SEE/MEER

- Die Bedeutung variiert, je nach dem Zustand des Wassers.
- Eine ruhige See steht für innere Kraft und emotionale und spirituelle Ausgeglichenheit.
- Bewegtes oder kabbeliges Wasser bedeutet, daß Sie Mut brauchen, um inmitten emotionaler Umwälzungen in ruhigere Gewässer zu geraten.
- See des Lebens. Außerordentliche intuitive Kraft.

PACKEN

- Wenn Sie packen, so bedeutet dies die Vorbereitung auf eine Veränderung im Leben.

PAKET

- Wenn Sie das Paket wegschicken, lassen Sie etwas los.

- Wenn Sie ein Paket erhalten, erkennen Sie einen bisher unbekannten Teil Ihres Selbst.

PALAST
- Siehe *HEIM/HAUS*.
- Das Gefühl Ihrer wahren Herrlichkeit.

PAN
- Griechischer Gott der Hirten und Jäger, der Erfinder der Pan-Flöte. Symbolisiert die Freude an der Natur.

PARADE
- Nach Anerkennung streben für Anstrengungen, die Sie für die Gemeinschaft unternommen haben.
- Jeder Teilnehmer der Parade ist ein Aspekt Ihres Selbst.

PARFUM
- Wenn Sie im Traum tatsächlich Parfum riechen können, steht dies für Sinnlichkeit.

PASS
- Der Paß ist Ihr Berechtigungsschein zur Veränderung und zur Schaffung dessen, was Sie für Ihr Leben wünschen.

PASSAGIER
- Wenn Sie der Passagier sind, sind Sie 'reisefertig'.
- Nicht Sie entscheiden über die Richtung, sondern jemand anderes.

PEGASUS
- Freiheit. Innere Magie.

PENDELN
- Ungewißheit. Mehrere Möglichkeiten gegeneinander abwägen.
- In Ihrem Leben das Gleichgewicht finden.

PENIS
- Yang. Das männliche Prinzip. Kraft und Potenz.

PERISKOP (Sehrohr beim U-Boot)
- Unbewußte Wahrnehmung der bewußten Realität.
- Objektive Wahrnehmung.

- Wenn das Fernrohr im Wasser ist, bedeutet das, die bewußte Realität Ihres emotionalen intuitiven Selbst wahrzunehmen.

PFÜTZE
- Ärgernis. Eine kleine, emotionale Schwierigkeit, die Sie ärgert.

PFAD
- Achten Sie auf Breite, Richtung und Geradlinigkeit des Pfades:
- Ist es ein enger und gerader Pfad, der nach oben führt, machen Sie Fortschritte. Sie stimmen sich auf die Ziele und den Sinn Ihres Lebens ein. Sie bleiben auf dem Weg.
- Ist es ein gewundener Pfad, geraten Sie vom Kurs oder sind nicht ganz sicher, welche Richtung Sie einschlagen sollen.

PFEFFER
- Würzige Emotionen.
- Stimulierend.

PFEIFE
- Als Musikinstrument steht sie für Freude und Freiheit.
- Die Friedenspfeife der amerikanischen Indianer war ein Gegenstand der Ganzheit und Achtung. Sie symbolisierte Einheit mit dem Geist.

PFEIFEN
- Warnung. Etwas versucht, Ihre Aufmerksamkeit zu erregen.

PFEILER
- Stärke.

PFENNIG
- Siehe *GELD*.

PFLASTER
- Neues Pflaster bedeutet neue Richtung.
- Die Straße pflastern heißt, Ihren Weg leichter oder glatter zu machen.

PIANO
- Siehe *MUSIKINSTRUMENTE*.
- Wenn das Piano nicht gestimmt ist, sind Sie nicht mit sich im Einklang.

PILLE

- Etwas Unangenehmes, das ertragen werden muß, *eine bittere Pille.*
- Ein unangenehmer oder ermüdender Mensch.
- Kann Heilung bedeuten.

PIONIER

- Neue Bereiche in sich und seinem Wachleben entdecken.

PIRAT

- Unerlaubte Verwendung eines Gegenstands, eines Konzepts oder der Kreativität eines anderen. Sie wollen sich als Autorität fühlen.

PLANETEN

- Himmelskörper; Erleuchtung.
- Der Rhythmus des Kosmos.
- Erde steht in Verbindung mit Erdung und Nähren.
- Jupiter kann Ausdehnung, Weite bedeuten, etwas Riesiges, Imposantes.
- Mars steht für Aggressivität, Leidenschaft. Ein Hinweis auf Krieg.
- Merkur war der griechische Götterbote und steht für Kommunikation, Geschwindigkeit und plötzliche Stimmungsänderung.
- Neptun war der Meeresgott. Er steht für außersinnliche Wahrnehmung, Mystik.
- Pluto kann klein, konzentriert bedeuten, Hinweis auf spirituelle Entfaltung. Auch als launische Freude zu sehen, wie in der gleichnamigen Walt-Disney-Figur.
- Saturn kann zynisch und verlangsamte Handlung bedeuten. Ein Gefühl der Kälte.
- Uranus steht für verborgene Fähigkeiten und für Veränderungen.
- Venus bringt Bilder von Schönheit, Harmonie, Weiblichkeit, Sanftheit hervor.

PLUNDER

- Etwas, das Sie nicht länger brauchen - Ideen, Gefühle, Gewohnheiten, Beziehungen etc.
- Plunder in Ihren Gefühlen, in Ihrem Leben loswerden.

Die symbolische Handlung, Schränke und Schubladen aufzuräumen und Dinge wegzuwerfen, die Sie nicht mehr brauchen oder wollen, hilft, jene Gemütszustände loszuwerden, die Sie hindern, der zu sein, der Sie wirklich sind. Es funktioniert!

PODEST

- Jemanden oder sich selbst auf einen erhöhten Platz stellen, oder sehen, daß jemand über Ihnen steht. Das lenkt von Ihrer inneren Kraft ab. Wenn Sie sich selbst als Teil von allem erfahren, ist nichts und niemand höher oder niedriger.

PODIUM/TRIBÜNE
- Einen Standpunkt einnehmen.
- Seine Vorstellungen bekräftigen; seine Grundsätze darlegen.

POKER
- Mit etwas spielen.

POLIZEI
- Siehe *BEAMTER*.

PORTRÄT
- Bezieht sich darauf, wie Sie sich sehen oder glauben, wie andere Sie sehen.
- Nicht unbedingt Ihre wahre Natur.

POSTBOTE
- Bevorstehende Botschaften oder Neuigkeiten.
- Information von außen. Führung.

PRÄSIDENT
- Sie sind Ihre eigene Autorität.
- Leitung. Führung.
- Priester; spirituelle Autorität.
- Unterweisung; den Weg zeigen.

PRINZ
- Der göttliche, männliche Teil von Ihnen.
- Die männliche Kraft im Universum. Yang.

PRINZESSIN
- Der göttliche, weibliche Teil von Ihnen.
- Die weibliche Kraft im Universum. Yin.

PROPHET
- Ein wichtiger Traum!
- Führung, Belehrung und göttliche Lenkung.
- Die Mystik, das Visionäre, der Meister.

- Hören Sie auf das, was Ihnen der Prophet zu sagen hat.
- Ein kraftvolles Symbol der Führung.

PROSTITUTION
- Sich prostituieren; seine Energie unangemessen einsetzen; seine Kreativität mißbrauchen.
- Das latente Nachlassen der sexuellen Energie.
- Enthüllung der Sinnlichkeit.

PUMPE
- Die lebensbejahenden Energien am Laufen halten.
- Das Erwecken der Kundalini-Energie, die am Ende des Rückgrats sitzt.
- Sexualität. Kraft. Stärke. Potenz.
- Wasser, das aus einer Pumpe läuft, deutet auf leichte, ungehindert fließende Emotionen.
- Ohne Ergebnis pumpen bedeutet emotionale Beschränkung oder Einschränkung.
- Die Pumpe anwerfen deutet auf eine bevorstehende günstige Gelegenheit hin.

PUPPE
- Manipulation. Sie fühlen sich manipuliert oder manipulieren andere.
- Ihre Energie weggeben und dabei vergessen, daß Sie die Führung haben.

PUPPE (verpuppte Insekten)
- Unvollständige Entwicklung oder unvollständige Verwandlung.

PUZZLE
- Nicht das ganze Bild von etwas sehen.
- Jeder Teil Ihres Lebens ist ein anderer Teil dieses Puzzles.
- Ein vollständiges Puzzle steht für Vereinigung.
- Kann darauf hindeuten, daß Sie sich unsicher fühlen; fehlende Klarheit.
- Nehmen Sie sich Zeit und konzentrieren Sie Ihre Energie; die Antwort wird kommen.

PYRAMIDE
- Ein kraftvolles Symbol innerer Einheit und inneren Einklangs.
- Symbol der Einweihung.
- Sie haben sich auf eine neue Stufe des Bewußtseins, eine neue Stufe

des Verstehens begeben.
- Sie sind offen, sich von jenen höheren Energien um Sie herum oder Ihrem Höheren Selbst führen zu lassen.

QUARANTÄNE
- Sich isoliert oder in einem Zustand der Isolierung fühlen.
- Sich von seiner wahren Natur getrennt fühlen.

QUARZ
- Übermittler. Energieleiter.
- Spiritualität.
- Klarheit.

RABBI
- Führung; den Weg zeigen.
- Lehrer.

RAD
- Rad des Lebens.
- Das Rad des Schicksals (Glück).
- Das Rad des Karma; Säen und Ernten; Ende und Beginn. Vollendung.

RADAR
- Unter die Oberfläche schauen können.
- Einklang. Intuition.

RADIO
- Kommunikation. Führung aus einer anderen Quelle erhalten.

RAKETE
- Sich zu spirituellen Höhen emporschwingen. Unbegrenztes Potential und unbegrenzte Kraft.

RASEN
- Nahrung. Fundament.

RASIERKLINGE
- Etwas durchschneiden.
- Kann Trennung, Loslassen bedeuten.
- Hängt von der Art der Klinge oder Schneide ab, und wie sie verwendet

wird.
- Rasierapparat bedeutet mentale Klarheit.

RASUR
- Um Haaresbreite davonkommen.
- Seiner Eitelkeit frönen.

RÄUBER
- Große Angst und Unsicherheit.
- Sich als Opfer fühlen. Sich dem Leben ausgeliefert fühlen. Denken Sie daran, es gibt keine Opfer. Übernehmen Sie die Verantwortung für Ihr Leben, und akzeptieren Sie die Verantwortung.
- Gehen Sie zurück in Ihren Traum und bekämpfen Sie den Räuber. Werden Sie Held oder Heldin Ihres eigenen Traums, und Sie werden in sich größere Stärke und größere Sicherheit finden.

RAUCH
- *Wo Rauch ist, da ist Feuer.* Kann eine Warnung vor Gefahr sein.
- Kann für fehlende Klarheit stehen. Die Dinge sind vernebelt.
- Eine Warnung.

REBE
- Eine spirituelle Verbindung.

RECHNUNG
- Karmischer Ausgleich.

REGEN
- Reinigung/Läuterung, emotionale Erfrischung.
- Sie befinden sich vielleicht in einer Zeit der Gefühle und machen einen Reinigungsprozeß durch.

REGENBOGEN
- Ein sehr kraftvolles Traumsymbol für Freude, Feiern, Vollendung. Sie haben die emotionalen Schwierigkeiten überstanden, und jetzt ist die Vollendung da.

REIFEN
- Mobilität. Bewegung.
- Ein platter Reifen bedeutet, daß Sie nicht im Gleichgewicht sind.

REIS
- Häusliches Glück. Heirat und Freude. Feiern.
- Gute Ernte.

REISE
- Selbstentdeckung und Wachstum.

REISSVERSCHLUSS
- Dinge öffnen sich und verschließen sich.
- Achten Sie darauf, ob der Reißverschluß offen oder geschlossen ist.

REITEN
- Wenn Sie auf einem Tier reiten, so bedeutet das Einklang mit der Natur. Überlegenheit. Eroberung.

REPARATUR
- Wenn Sie in einem Traum etwas reparieren, gibt es etwas in Ihrem Leben, das Ihrer Meinung nach repariert oder geflickt werden muß. Sie können im Wachleben das in Ordnung bringen, was Sie bereits versucht haben, im Traum hinzubiegen. Wenn Sie dies symbolisch tun, wird sich das, was in Ihrem Leben nicht in Ordnung ist, von selbst reparieren.

RESTAURANT
- Erhaltung. Nahrung.
- Gemeinschaft. Geselligkeit.

RETTUNG
- Sie müssen gerettet werden. Sie haben das Gefühl, Ihr Leben nicht unter Kontrolle zu haben, sondern von anderen manipuliert zu werden.
- Sie fühlen sich als Opfer. Denken Sie daran, es gibt keine Opfer, es gibt nur Täter und Menschen, die etwas mit sich geschehen lassen - freiwillig. Beginnen Sie, für Ihr Leben und für Ihre Umgebung die Verantwortung zu übernehmen.
- Wenn Sie andere retten, gibt es jemanden, der Ihrer Meinung nach Hilfe braucht.

REVOLUTION
- Unterschiedliche Aspekte Ihres Selbst liegen im Streit miteinander. Normalerweise deutet ein solcher Traum auf eine bevorstehende Zeit der Veränderung hin. Im Wachstadium sollten Sie versuchen, die Rebellion oder die Revolte aufzulösen.

REZEPT
- Die Zutaten Ihres Lebens so miteinander kombinieren, daß Einheit entsteht.

RICHTER
- Selbst-Justiz.
- Kann sich auf jemand anderes beziehen, aber schauen Sie sich bitte genau an, was Sie verurteilt haben, um zu sehen, ob es ein Teil Ihres Selbst ist. Es ist wichtig zu wissen, daß das, was Sie anderen angetan haben, für Sie notwendig war, um dorthin zu gelangen, wo Sie jetzt sind. Es war notwendig für Ihr Wachstum. Diese Ansicht hilft Ihnen, Verurteilungen und Schuldgefühle loszulassen.
- Kann Führung oder Ihr höheres Selbst bedeuten, das Ihnen eine Botschaft schickt.

RING
- Eine lange Freundschaft. Heirat. Verlobung.
- Ring der Wahrheit.
- Ein Versprechen.
- Ewige Liebe.

ROBOTER
- Mechanische Gefühle.
- Das Gefühl, von seinem eigenen Gefühlen abgeschnitten zu sein; Gefühllosigkeit.

ROHR
- Als Leitung für Flüssigkeiten oder Gase steht es für den Fluß der Energie in Ihnen und im Universum.

ROLLTREPPE
- Siehe *KLETTERN*.

RÖNTGENSTRAHLEN
- Unsichtbare Kräfte.
- Das, was innen liegt, mit mehr Klarheit, mehr Verständnis sehen.
- In die Tiefe gehen, inneres Verständnis.

ROSE
- Liebe. Schönheit. Unschuld.

ROST

- Talente oder Fähigkeiten, die nicht genutzt werden, sind eingerostet. Polieren Sie Ihre Talente und Fähigkeiten auf!

ROTES KREUZ

- Heilung. Selbstheilung.

RUDER

- Ein Boot ohne Ruder kann bedeuten, daß Sie sich in einem emotionalen Dilemma befinden, 'Wind und Wellen' preisgegeben.
- Ruder kann bedeuten, daß man inmitten emotionaler Unausgeglichenheit die Kontrolle behält.

RUDERN

- Auf einem Gewässer zu rudern kann bedeuten, durch eine emotionale Situation hindurchkommen.

RUTSCHEN

- Gefühl fehlender Kontrolle.

SAAT

- Aus Keimen wächst Großes, vorausgesetzt, die richtige Saat wird gesät.
- Ein Neubeginn.
- *Was Du säst, sollst Du ernten.*

SACK

- Die Katze im Sack kaufen. Etwas Verborgenes.
- Künftige Ereignisse, die sich noch enthüllen werden.
- Etwas verstecken oder verheimlichen.
- Sich fühlen wie ein *nasser Sack* (kraftlos).

SAFARI

- Unbekannte Teile Ihres Selbst entdecken.
- Suchen Sie im Kapitel *TIERE* nach dem entsprechenden Tier.

SAFT

- Die Essenz. Männliche Stärke und Saft.
- Pikant, würzig.
- Betrunken.

SÄGE

- Etwas beschneiden.
- Bauen. Schaffen. Tun. Machen.
- Überflüssiges entfernen.
- Eine emotionale Wunde aus der Vergangenheit, die zwar heilt, aber noch nicht ganz vergessen ist. Schauen Sie sich die anderen Symbole, Menschen und Situationen an, um die emotionale Verletzung zu entdecken, die noch heilen muß.

SALAT

- Heilung. Natur. Einfachheit. Gesundheit.

SALZ

- Das Salz der Erde. Das Element Erde.

SAMEN

- Kraft; Potenz; Stärke. Das kreative, schöpferische Potential.

SAMT

- Sinnlichkeit. Schauen Sie nach, was unter der Oberfläche liegt.

SAND

- Der Sand der Zeit. Nichts ist von Dauer. Alles ist Illusion.
- *Auf Sand gebaut*. Kein festes Fundament.
- Veränderungen. Dinge verändern sich.
- Ärgernisse. Kleine Unannehmlichkeiten. Nichts von Dauer. *Sand im Getriebe*.

SATTEL

- Sich gebunden fühlen.
- Fest im Sattel sitzen.

SAUGEN

- Stillen. Nähren.
- Wenn Sie ein Baby stillen, nähren Sie neue Ideen, eine neue Art des Seins.
- Wenn Sie gesäugt werden, erhalten Sie Nahrung und Pflege.
- Neubeginn.

SCHÄFER

- Der Hüter des Geistes. Der Hüter des inneren Wegs.

SCHALLPLATTE
- Das Gefühl, im Kreis zu laufen, festzustecken.
- Immer dieselben alten Verhaltensweisen; dieselben alten Gefühle. Es ist Zeit, die Tretmühle zu verlassen.

SCHATTEN
- Das latente Potential eines Menschen.
- Furcht. Illusion.
- Der unbekannte Teil Ihres Selbst.

SCHATZ
- Neue Pläne. Persönlicher Wohlstand.
- Innerer Wohlstand. Gaben des Geistes.

SCHAUKEL
- Das Gefühl, sich vor- und zurückzubewegen, ohne weiterzukommen.

SCHAUSPIELER
- Die Rollen, die wir im Leben spielen, sind nur Illusionen.
- Täuschung oder falsches Auftreten.

SCHERE
- Wegschneiden, loslassen, was in Ihrem Leben unnötig ist.
- Sich von anderen oder von sich selbst abgeschnitten fühlen.

SCHIESSEN
- Auf ein Ziel schießen. Energie auf ein bestimmtes Ziel konzentrieren, bündeln.
- Jemanden erschießen kann bedeuten, einen Aspekt seines Selbst zu töten.
- Erschossen zu werden bedeutet, sich durchbohrt zu fühlen, Opfer zu sein.

SCHIFF
- Das Schiff sind Sie selbst, Ihr ganzes Selbst, wenn Ihr Leben unsicher ist, vor allem im Zusammenhang mit Emotionen. Siehe *BOOT*.

SCHIFF/FLUGZEUG/ZUG VERPASSEN
- Gefühl, es fehle im Leben an Fortschritt. Gefühl, vom Leben ausgeschlossen zu sein.
- Vertane Chance.

- Trotz angestrengter Versuche nichts erreichen.
- Nehmen Sie sich Zeit, Ihre Ziele zu überprüfen.

SCHILD
- Ihr Schutz, der es Ihnen ermöglicht, inmitten von Veränderungen ausgeglichen und zentriert zu sein.
- Schutzmechanismus.

SCHIRM
- Schutz. Vor den Stürmen des Lebens geschützt sein.

SCHLACHTFELD
- Tiefer, innerer Konflikt. Die Kämpfer sind entweder jene, mit deren Feindschaft Sie sich im Wachleben auseinandersetzen müssen, oder sie sind Symbol für einen inneren Konflikt. Denken Sie daran, ein Mensch im Traum ist oft ein Aspekt Ihres eigenen Selbst.

SCHLAFEN
- Träume, in denen Sie schlafen, können bedeuten, daß Sie auf einer Astralreise sind und Ihren Körper von außerhalb des Körpers sehen.
- Stagnation. Sie wollen sich nicht ändern.
- Keine Bewegung. Keine Veränderung.

SCHLAMM/MATSCH
- Das Gefühl, festzustecken, nicht weiterzukommen.
- Einiges in Ihrem Leben scheint trüb, also nicht klar zu sein.
- Im Schlamm matschen = kindliche Freude.

SCHLÜSSEL
- Ein kraftvolles Traumsymbol, hat etwas mit dem Öffnen von Türen zu Ihrem Selbst zu tun, sowohl auf spiritueller wie auf physischer Ebene.

SCHLÜSSELLOCH
- Einer Lösung oder einer neuen Richtung im Leben nahe, aber noch nicht ganz dort sein. Gehen Sie in den Traum zurück und stellen Sie sich vor, daß Sie einen Schlüssel nehmen und die Tür öffnen. Das wird Ihnen im Wachbewußtsein helfen.

SCHMELZEN
- Neues dimensionales Verstehen/Verständnis.

SCHMERZ
- Siehe Kapitel *KÖRPERTEILE*.

SCHMETTERLING
- Wiedergeburt; innere Schönheit; Transformation.
- Romanze und Freude.
- Erfolg.

SCHMUTZ
- Erdung. Verbindung mit Mutter Erde.
- Etwas muß in Ihrem Leben gereinigt werden.

SCHNEE
- Reinigung/Läuterung.
- Reinheit.
- Unberührte Jungfräulichkeit.
- Neuer Start; neue Weltanschauung; Neubeginn.

SCHNEESTURM
- Emotionale Umwälzung.

SCHNEIDEN
- Hängt vom Zusammenhang ab. Kann bedeuten, ungewünschte Meinungen, Gewohnheiten, Verhaltensweisen und Vorstellungen wegzuschneiden. Siehe *MESSER*.
- Wenn Sie sich geschnitten haben und bluten, verlieren Sie Ihre Lebenskraft. Siehe *BLUT*.

SCHRAUBE
- Sehr kraftvolles Transformationssymbol.

SCHREIBFEDER
- Sich fließend ausdrücken; Kommunikation.

SCHUHE
- Schritte, die im Leben gemacht werden müssen.
- Erdung. Verbindung zur Erde.
- Jemandem etwas in die Schuhe schieben.
- Wissen, wo der Schuh drückt.

SCHULE
- Die Schule des Lebens. Jene Lektionen, die Sie sich für dieses Leben ausgesucht haben.
- Lassen Sie die Umwelt und das Leben Ihr Lehrer sein. Lassen Sie jede Situation, in der Sie sich befinden, jeden Menschen, mit dem Sie zusammen sind, Ihr Lehrer sein. Lassen Sie zu, daß Ihnen diese den Weg zeigen. Wenn Sie jede Nacht den Körper verlassen, erfahren Sie höhere Wahrheiten. Jede Bewußtseinsstufe lehrt Sie etwas über sich selbst, Ihr Schicksal, und Ihre wahre Natur.

SCHULTER
- Stärke.
- Verantwortung übernehmen, auf seinen Schultern tragen.

SCHWAMM
- Alles aufsaugen; kritiklos aufnehmen.
- Wie ein Schwamm ausgepreßt werden.

SCHWANGERSCHAFT
- Etwas, das Sie demnächst hervorbringen werden, eine Idee, ein Gefühl, eine Emotion.
- Neues schöpferisches Projekt. In eine neue Richtung gehen.
- Kann Wunsch nach Schwangerschaft bedeuten.
- Kraftvolles Traumsymbol.

SCHWERT
- Verteidigung.
- Angriff.
- Kraft. Wahrheit. Ehre.

SCHWESTER
- Weiblicher Aspekt des Selbst.
- Religiöser Aspekt. Nonne.
- Verwandtschaft; schwesterliches Verhältnis.

SCHWIMMBECKEN
- Deutet mehr auf Intuition und die tiefen, inneren Bereiche des eigenen Selbst hin als andere stehende Gewässer.

SCHWIMMEN
- Nicht gegen den Strom schwimmen!
- Halten Sie sich inmitten emotionaler Veränderungen über Wasser!

SEE

- Achten Sie auf die Art des Sees. Ein ruhiger, klarer See steht für Intuition und tiefe, innere Weisheit.
- Unruhiges Wasser kann auf emotionalen Tumult hindeuten.
- Ein trüber See kann stagnierende Gefühle bedeuten.
- Siehe *OZEAN*.

SEEJUNGFRAU

- Ihr intuitives emotionales Selbst.

SEGELBOOT

- Durch eine emotionale Veränderung hindurchsteuern.
- Wenn Sie sich schnell und leicht bewegen, kommen Sie mühelos durch die emotionale Veränderung hindurch.

SEGELFLUGZEUG

- Wenn Sie in einem Segelflugzeug fliegen, haben Sie gewöhnlich ein außerkörperliches Erlebnis. Siehe Kapitel *ASTRALREISEN*.
- Sich vom Wind der Veränderungen treiben und tragen lassen. Sich der Saugströmung überlassen.

SEIDE

- Luxus; Reichtum; Wohlstand.
- Ausgezeichneter Leiter bioelektrischer Energie.
- Sinnlichkeit. Die Fähigkeit zu fließen.

SEIFE

- Reinigung; Läuterung.

SEIL

- An einen Menschen, einen Platz oder einen Gegenstand gebunden sein.
- Ihre Kundalini-Kraft.
- Die Lebenslinie.
- Eine Seil, das sauber zusammengerollt ist, steht für Organisation, innere Bindung und Harmonie von Körper, Seele, Geist.
- Ein Seil, das ausgefranst oder verknotet ist, steht für Auflösung oder Trennung.
- Das Gefühl, angebunden zu sein. Verwirrt sein. Sich eingeschränkt fühlen.

SELBSTMORD

- Selbst-Bestrafung. Selbst-Verfolgung.

- Aspekte Ihres Selbst töten.
- Aufgeben.
- Eine Warnung: Geben Sie nicht auf! Machen Sie sich bewußt, daß Sie nichts im Leben auferlegt bekommen, mit dem Sie nicht umgehen, was Sie nicht vollbringen oder schaffen könnten. Sie können es!

SERVIERERIN
- Siehe *OBER*.

SEX
- Siehe Kapitel *LIEBE UND SEX IM TRAUM*.

SILBER
- Zweitbester sein.
- Die Silberschnur. Spirituelle Verbindung.
- Inneres Licht.

SINGEN
- Feiern; Freude; höhere Geistesebene. Spirituelles Licht.
- Die Probleme sind vorbei; Harmonie.

SIRUP
- Übersentimental. Überemotional, gekünstelt bis zur Unaufrichtigkeit.
- Klebrigkeit.

SKELETT
- Bedeutet nicht unbedingt den physischen Tod, kann Symbol für Leere sein. Unzufriedenheit.

SKI
- Wenn Sie zu schnell fahren, ist das vielleicht ein Zeichen, daß Sie im Leben zu schnell vorangehen. Gefühl der fehlenden Kontrolle.
- Spirituelle Ausrichtung.

SKLAVE
- Sklave alter Gewohnheiten, alter Vorstellungen, alter Anschauungen sein.
- Sklave anderer Menschen, anderer Situationen sein.

SOLDATEN
- Innerer und äußerer Krieg.
- Organisation und Disziplin.

SOMMER
- Siehe Kapitel *JAHRESZEITEN*.

SONNE
- Mut. Großer Geist. Christ. Das Göttliche in Ihnen.
- Die Quelle, aus der alles fließt.
- Kraft, Stärke, Klarheit.
- Ihr inneres Licht.

SONNENBLUME
- Freude.
- Das Leben umarmen.

SPERMA
- Siehe *SAMEN*.

SPHINX
- Spirituelles Verständnis.
- Erinnerung an ein vergangenes Leben in Ägypten.

SPIEGEL
- Einen Schritt entfernt von der Realität.
- Eine Spiegelung dessen, was ist, sehen.

SPIEL
- Kinder beim Spiel deuten auf Freude und Spontaneität hin.
- 'Die Welt ist eine Bühne'. Ihr Leben ist *Ihr Drehbuch*, und Sie können entscheiden, ob Sie im Drama mitspielen oder nicht. Sie können das Drehbuch wählen. Es ist Ihr Spiel.

SPIELZEUG
- Freude. Das Leben ist ein Spiel.
- Das Gefühl, man würde mit Ihnen spielen.

SPINNENNETZ
- Sich gefangen, eingesperrt fühlen.
- Warnung vor einer Falle.

SPION
- Sich nicht sicher fühlen.
- Belästigt werden oder andere belästigen.

- Sich mit jemand anderem statt mit Ihrer eigenen Entwicklung beschäftigen.

SPIRALE
- Das Bild der Evolution.
- Steht für den verschlungenen Bestandteil allen Lebens, die DNS und RNS. *)

SPRUNG
- Sich auf etwas Neues stürzen, vorwärtskommen.
- Guck, wo du hinspringst.

STAB (TAKTSTOCK)
- Spiritualität.
- Sie können etwas sofort ändern.
- Transformation.

STAHL
- Stärke. Unbeweglichkeit; Unflexibilität.
- Entscheidungskraft.

STATUE
- Erkaltete Gefühle und Emotionen.
- Sich unbeweglich fühlen.
- Leblos.
- Nicht von Ihrer eigenen Stärke und Energie stammend.
- Notwendigkeit, am Selbstvertrauen zu arbeiten.

STEINE
- Nichts unversucht lassen.
- Einen steinigen Weg gehen.

STERN
- Eine Geburt.
- Bedeutsames Symbol für Licht, Führung, Einsicht.
- Sie sind Ihr eigener Stern, Ihr eigenes Licht.

STEUERN
- Last.

---

*) Chemische Verbindungen und Träger des Erbguts.

STORCH
- Neuankömmling. Neugeburt.

STOSS/SCHUBS
- Eine Erinnerung; Gedächtnistraining.
- Bewegung und Steigerung des Selbstwerts.
- Auf der Stelle treten.

STRAND
- Die Grenze zwischen dem Unterbewußtsein - Ihrem emotionalen Teil, der durch das Wasser symbolisiert wird - und der irdischen = physischen Seite.
- Gleichgewicht.
- Strände bedeuten Reinigung und Verjüngung.

STRASSE
- Schauen Sie sich die Straße genau an. Ist Sie felsig? Gewunden? Gerade? Geht sie den Berg hinauf? Hinunter? Ist sie hell?
  Die Straße ist Symbol für Ihr Schicksal, Ihre Richtung im Leben. Schauen Sie nach Straßengabelungen. Gabelungen bedeuten größere Entscheidungen, die anstehen.
- Der Zustand der Straße steht für den Weg, den Ihr Leben in diesem Augenblick nimmt.

STREICHHOLZ
- Ist es nicht angezündet, bedeutet es ein noch verborgenes Potential. Ein angezündetes Streichholz ist Ihr inneres Licht, das nach außen zu scheinen beginnt.

STREIT
- Unterschiedliche Aspekte Ihres Selbst liegen im Streit miteinander.
- Sie können sich die zwei sich streitenden Parteien in Ihrem Traum vorstellen, indem Sie die Meinung einer jeden mit einer Haltung des Verständnisses oder des Friedens diskutieren. Dadurch werden Sie die Teile Ihres Selbst, die nicht im Einklang miteinander sind, zur Ruhe bringen.
- Teile Ihres Selbst stehen miteinander in Konflikt.

STRICKEN
- Vorstellungen und Lebensthemen zusammenführen. Verbinden.
- Häuslicher Friede.
- Nähen; reparieren.

STROH
- Strohhalm.
- Ersticken. Das Gefühl, im Leben zu ersticken. Das Gefühl, die eigene Kreativität nicht ausdrücken zu können.
- Auch Warnung vor Krankheit.

STUFEN
- Achten Sie auf die Richtung der Stufen:
  Aufsteigende bedeuten eine Status-Verbesserung; Erfolg; absteigende Stufen stehen für fehlende Anerkennung, mangelndes Vertrauen.

STUHL
- Ihre Haltung oder Ihr Verhalten in einer Sache.
- Schaukeln in einem Schaukelstuhl kann ein Hinweis auf eine außerkörperliche Erfahrung oder auf die Bildung psychischer Energie sein.

SUCHE
- Normalerweise eine spirituelle Reise.
- Spirituelle Sehnsucht. Denken Sie daran, die Antworten liegen in Ihnen. Suchen Sie dort.

SUCHT
- Energie an jemanden oder etwas weggeben.

SUMPF
- Sich völlig heruntergekommen fühlen, ohne jegliche Klarheit sein. Keinen Ausweg sehen. In Arbeit versinken.

TACHOMETER
- Zu schnell oder zu langsam gehen.
- Sehen Sie sich die Zahlen auf dem Tachometer an und dann das Kapitel *ZAHLEN*.

TAL
- Der Tiefpunkt im Leben. Die Höhen und Tiefen des Lebens.
- Sich einschränken.

TANZEN
- Freude. Tanz des Lebens.
- Sexueller Enthusiasmus und Rückhaltlosigkeit.

TAPETE
- Die Tapete steht für Ihr Leben. Jeder Abschnitt der Tapete symbolisiert einen anderen Teil von Ihnen.
- Tapetenwechsel (Veränderung im Leben).

TASCHE
- Ein Ort der Sicherheit.
- Ein Hohlraum, der etwas Wertvolles enthält; ein Behälter.

TAUBHEITSGEFÜHL
- Sehr oft eine äußere physische Ursache, zum Beispiel in einer ungünstigen Position schlafen. Wenn dies nicht der Fall ist, sind Sie vielleicht von Ihren Gefühlen abgeschnitten oder Sie unterdrücken etwas, das Ihnen Angst bereitet.

TAXE/SCHÄTZEN
- Taxiert werden. Das Einschätzen Ihrer Stärke.

TEE TRINKEN
- Freundschaften.

TEICH
- Wie jeder andere Bereich, der mit Wasser zu tun hat, steht Teich für Emotionen und Intuition. Ein ruhiger, klarer Teich deutet auf runde, klare Emotionen hin, aufgewühltes Wasser auf ein Problem oder Probleme.
- Das Ufer eines Teichs ist schmaler als die Ufer eines Ozeans oder Sees und deutet auf geringere emotionale Betroffenheit hin.

TELEFON
- Auf andere hören.
- Kann ein Führer sein, der versucht, Ihre Aufmerksamkeit zu wecken. Telefonträume sind wichtig. Daher sollten Sie sorgfältig auf die Botschaften achten.

TELEGRAMM
- Mit der Welt in Verbindung bleiben.

TELESKOP
- Weit sehen können, aber denken Sie daran: nicht alles ist sichtbar.

TEMPEL
- Privater Rückzug. Inneres Heiligtum.

TEUFEL
- Der innerer Kampf zwischen dem Teil von Ihnen, den Sie als 'gut' und jenem, den Sie als 'schlecht' bezeichnen.
- Es ist wichtig, sich diesem Wesen zu stellen, entweder im Traum oder im Wachbewußtsein, indem Sie sich mit ihm in Form eines Bildes auseinandersetzen.

TIDE
- Die Gezeiten (Ebbe und Flut) Ihrer Emotionen.

TIERARZT
- Den 'tierischen' Teil in uns heilen.

TIERE
- Siehe Kapitel *TIERE*.

TISCH
- Etwas vom Tisch fegen; eine Sache auf den Tisch bringen.
- Die Karten auf den Tisch legen.
- Reinen Tisch machen.

TISCHLER
- Nimmt in Ihrem Leben Reparaturen vor. Physische, emotionale und spirituelle Wiederherstellung.
- Jesus war ein Tischler.

TOCHTER
- Das weibliche Kind als Teil unseres Selbst.
- Kann Ihre eigene Tochter sein.
- Ewige Jugend.

TOD/STERBEN
- Kein schlechtes Omen.
- Symbolisiert Transformation, das Sterben alter Muster und Programme und das Platzmachen für die Wiedergeburt.
- Sehr selten Tod eines Menschen, den Sie im Traum als tot sehen.
- Normalerweise der Tod eines alten Glaubenssystems, das durch die sterbende Person symbolisiert wurde.

TODESANZEIGE
- Loslassen alter Vorstellungen, Gedankenformen und Anschauungen.

TOILETTE
- Beseitigung dessen, was in Ihrem Leben nicht mehr gebraucht wird.

TOPF
- Etwas, das Sie kochen; kann Sorge um andere sein.
- Etwas, das Sie 'auskochen', sich ausdenken.
- Jemand ist 'ausgekocht'.

TÖPFERWAREN
- Bedeutet, Ihr Leben, Ihr Verhalten, Ihre Anschauungen zu formen.

TÖTEN
- Wenn Sie öfter träumen, jemanden zu töten, lassen Sie Teile von sich los, die zur gegenwärtigen Entwicklung nicht notwendig sind. Sie töten alte Vorstellungen oder Verhaltensweisen.
- Wenn Sie ein Kind töten, töten Sie höchstwahrscheinlich Ihr eigenes unangemessenes, kindliches Verhalten.
- Fühlen Sie sich bitte nicht schuldig, wenn Sie einen Traum haben, der mit Töten zu tun hat. Gewöhnlich deutet er den Beginn eines großen Schritts zur eigenen Weiterentwicklung hin.
- Ein positives Traumsymbol.
- Ein Elternteil töten, kann bedeuten, die Beziehung, die Sie zu Ihren Eltern oder Ihrer eigenen Elternschaft haben, beseitigen.
- Wenn Sie träumen, getötet zu werden, müssen Sie wahrscheinlich in Ihrem Leben die Kontrolle übernehmen, so daß Sie sich kraftvoll und nicht ohnmächtig fühlen. Gehen Sie in den Traum zurück, kämpfen Sie mit Ihrem Feind und gewinnen Sie! Das wird Ihnen im Wachleben helfen.

TRÄNEN
- Loslassen; Reinigung/Läuterung.
- Ein gesunder Aspekt des Traums.

TRAUER
- Teile des Selbst loslassen, zum Beispiel Gewohnheiten, Verhaltensweisen, Beziehungen, die nicht mehr dienlich sind, um Platz für angemessenere Seinweisen zu schaffen.
- Ein Traum des Loslassens.

TRAUM
- Wenn Sie träumen, daß Sie einen Traum haben, haben Sie sehr wahrscheinlich einen luziden Traum. Siehe Kapitel *LUZIDES TRÄUMEN*.

TREIBSAND
- Angst.
- Das Gefühl heruntergezogen zu werden.
- Die Möglichkeit, mit Treibsand in Ihrem Leben umzugehen, ist, ruhig zu bleiben. Erweitern Sie Ihren Horizont; erweitern Sie ihre Perspektive. Es gibt einen Weg aus Ihren Schwierigkeiten. Werden Sie eins mit dem Treibsand, so daß es nichts gibt, das nicht Sie sind. Werden Sie eins, damit Ihnen alle Möglichkeiten offenstehen.

TRETMÜHLE
- Das Gefühl, nirgendwohin zu gelangen. Sie hängen immer in denselben Anschauungen, Verhaltensweisen, Gedankenformen fest.

TUNNEL
- Ein Licht am Ende des Tunnels.
- Der innere Weg zu sich selbst.
- Tunnelblick; Beschränktheit.
- Kann ein Zeichen für eine außerkörperliche Erfahrung sein. Sehr oft haben Sie dabei einen Traum, in dem Sie sich durch einen Tunnel bewegen.
- Kann ein Nah-Tod-Erlebnis sein. Realitäten, Bewußtseinsebenen, die sich ändern.

TÜR
- Großartige Gelegenheit für ein neues Abenteuer und für Selbstentdeckung. Eine offene Tür bedeutet, daß Sie dafür bereit sind; eine geschlossene, daß die Zeit noch nicht reif ist.
- Bedeutsames Traumsymbol.

TURM
- Isolation.
- Im Elfenbeinturm eingesperrt sein. Von verschiedenen Aspekten Ihres Selbst abgeschnitten sein.
- Spiritueller Punkt der Wahrheit.
- Spirituelle Vision.

ÜBELKEIT
- Etwas bereitet Ihnen Übelkeit.
- Etwas, das nicht erwünscht ist, loswerden.

UFO
- Die Suche nach dem Heiligen Gral.
- Persönliche Vervollkommnung. Psychisches Potential.

UHR
- Der Lauf der Zeit. Die Zeit verstreicht.
- Symbol für Vergänglichkeit.

UNFALL
- Im Leben zu schnell vorangehen. Verlangsamen Sie das Tempo und passen Sie Ihre Geschwindigkeit den Lebensumständen an.

UNIFORM
- Starrheit; fehlende Flexibilität.
- Autorität.

UNIVERSITÄT
- Zentrum des Lernens.

UNTERGRUND
- Ihr Unterbewußtsein. Ihr Unbebewußtes.

URIN
- Entspannung.
- Emotionales Loslassen. Vereinigung.
- Das Bedürfnis, sich zu erleichtern.

URLAUB
- Freude. Entspannung.
- Loslassen; freilassen.
- Ihre Ideen und Ziele mit neuen Augen betrachten.

URNE
- Erde zu Erde; Asche zu Asche; Staub zu Staub.
- Reinkarnation.

VAGINA
- Offenheit; Bejahung; Aufnahmebereitschaft.

- Weiblichkeit.
- Das innere Tal.

VAKUUM
- Das Gefühl, in einem Vakuum zu leben; sich isoliert, nicht kreativ fühlen.
- Das Negative im Leben beseitigen.

VAMPIR
- Erschöpfung, Aussaugen Ihrer Vitalität durch andere.
- Sich erschöpft fühlen. Jeder Mensch ist für seine eigene Energie zuständig. In Wahrheit kann niemand einen anderen aussaugen.

VATER
- Der göttliche Vater; Gott.
- Beschützer; Ernährer.
- Kann Ihr eigener Vater oder Ihr Vaterbild sein.

VERGEWALTIGUNG
- Sie akzeptieren die Realität eines anderen mehr als Ihre eigene.
- Sie fühlen sich durchdrungen.
- Ein Verlust an Kraft und Selbstachtung, sich 'vergewaltigt' fühlen.

VERKEHRSSTAU
- Symbol für das Gefühl, 'festzustecken'.
- Steht für Verzögerung, Verwirrung und Frustration.
- Nehmen Sie sich Zeit, still zu werden und Ihre Lebenssituation neu zu überdenken.

VERLASSEN
- Sich verlassen oder ausgeschlossen fühlen.
- Menschen, Umstände oder Eigenschaften hinter sich lassen, die man nicht mehr braucht.
- Bedürfnis nach Selbstannahme.

VERLETZUNG
- Siehe *KRANKHEIT*.

VERSCHLIESSEN
- Etwas verschließen steht für das Bedürfnis, im Leben mehr Selbstannahme zu finden. Es besteht der Wunsch, etwas in sich zu verschließen,

das Sie für nicht wünschenswert halten.
- In einem Haus oder in einem Gebäude sein und andere ausschließen bedeutet, sich vor den Realitäten der Welt zu verschließen oder andere Menschen auszuschließen.

VIERECK
- Stabilität.
- Sich eingesperrt fühlen.

VILLA
- Siehe *HEIM/HAUS*.

VOGELSCHEUCHE
- Nicht wirklich; falsch. Angst haben; erschreckt werden.
- Geringe intellektuelle Fähigkeiten.
- Durch falsche Fassade oder unechtes Auftreten andere verscheuchen/abschrecken.

VULKAN
- Explosion unterdrückter Emotionen.

WACH
- Wenn Sie sich während eines Traums wach und bewußt fühlen, dann ist das wahrscheinlich ein luzider Traum.
- Siehe Kapitel *LUZIDE TRÄUME*.

WACHS
- Leicht formbar. Die Situation kann geändert werden.
- Reinigung. An der Oberfläche glänzen, etwas wie neu machen.

WAISE
- Siehe *VERLASSEN*.

WALD
- Überfluß/Fülle. Wachstum. Stärke.
- Schutz.
- Sich überwältigt fühlen.
- *Vor lauter Bäumen den Wald nicht sehen.*

WARNUNG
- Anmerkung: Träume, die scheinbar Warnungen sind und in denen das

Geschehen wörtlich, nicht symbolisch erscheint, deuten im allgemeinen auf Aspekte des inneren Wachstums hin.
- So schrecklich der Traum vom Tod eines Kindes auch sein mag, er kann den 'Tod' oder das Lösen 'kindischer' Dinge bedeuten, und in diesem Licht betrachtet etwas anderes als eine Warnung sein.
- Man braucht eine gewisse Übung, um einen Warntraum von einem symbolischen Traum des Selbstwachstums zu unterscheiden. Es gibt einige Dinge in Warnträumen, auf die Sie achten sollten:
- Gewöhnlich sind die Farben in einem Warntraum ein wenig heller.
- Sehr oft findet sich im Traum ein abgerundeter oder runder Gegenstand. Die runde Form steht für die Prophezeiungs-Energie der Warnung.
- In einem Warntraum wiederholt sich das Symbol dreimal.
  Wenn Sie nicht sicher sind, deuten Sie den Traum zweifach, wörtlich und symbolisch, so wie ich, bis die Bedeutung klar wird. Oder Sie bitten in einem anderen Traum um Klärung.
- Je wohler Sie sich fühlen, wenn Sie in Ihren Träumen auf Warnungen stoßen, desto leichter wird es für Sie sein, Zugang zu diesem Teil Ihres Selbst zu erlangen.

WASCHEN
- Die Vergangenheit loslassen. Verzeihen.
- Etwas feiern.

WÄSCHEREI
- Persönliche Reinigung; Läuterung.
- Sein Handeln reinigen, verändern.
- Schmutzige Wäsche waschen.

WASSER
- Ihre emotionale Energie. Ihre Intuition.
- Achten Sie darauf, ob das Wasser klar oder trübe ist.
- Spirituelle Anpassung und Einstimmung. Ihr unbewußtes Selbst. Die Wasser des Lebens.

WASSERFALL
- Völlige Heilung; emotionales Loslassen.
- Vollständiges emotionales Wiederaufladen.

WEBEN
- Das ist das Muster Ihres Lebens; der Stoff, aus dem Ihr Leben gewebt ist.
- Dinge zusammenbringen; Ganzheit schaffen.

WEIBLICH
- Die weibliche Energie; das Weibliche im Innern.
- Die empfangende Energie; Yin.

WEIDE
- Traurigkeit.
- Sich in der Situation beugen und bewegen können.

WEIN
- Wohlstand; Fülle.
- Zelebrieren.
- Entspannung.
- Im spirituellen Sinne steht Wein für das Blut Christi oder die spirituelle innere Energie. Gott.

WEINBERG
- Die Früchte unserer Erfahrungen ernten.

WEINEN
- Emotionales Loslassen von etwas im Traumstadium, das im Wachzustand immer noch im Unterbewußtsein schlummert.
- Tränen der Freude über das Lösen eines Problems oder das Loslassen eines Verhaltens, das Ihnen geschadet hat.

WELLE
- Eine Ozeanwelle bedeutet, vorwärtszukommen; große Stärke und Kraft.
- Ihre Emotionen schöpferisch einsetzen.
- Wellen beobachten heißt, Ihre inneren Batterien wieder aufzuladen.

WETTER
- Wetter kann Ihren emotionalen Zustand wiedergeben. Es kann auch Symbol für Ihre Gesundheit sein. Schönes Wetter bedeutet ausgezeichnete Gesundheit. Stürmisches Wetter kann darauf hindeuten, daß ein Bereich Ihres Körpers nicht im Gleichgewicht, also krank ist.

WETTLAUF
- Der einzige Mensch, mit dem Sie konkurrieren, sind Sie selbst. Legen Sie eine langsamere Gangart ein; genießen Sie das Laufen; riechen Sie die Blumen.

WIESE
- Ein Ort spiritueller Harmonie und Ausgeglichenheit.
- Nahrung, neue Kräfte, Verjüngung.

WIND
- Der Wind der Veränderung. *Es weht ein neuer Wind.*
- Das Element der Luft steht für Gedanken und Intellekt.

WINKEN
- Wenn Sie jemandem oder jemand Ihnen winkt, so bedeutet dies Liebe, Verbundenheit, Anerkennung.

WISSENSCHAFTLER
- Linke Hirnhälfte; analytisch denken; rational; intelligent. Lassen Sie nicht nur den Kopf, sondern auch das Herz sprechen.

WOLKEN
- Klare Wolken sind ein Hinweis auf spirituellen Auftrieb. Ein positives, gutes Zeichen. Innerer Frieden.
- Sturmwolken deuten auf spirituelle Zweifel hin. Ein persönlicher Sturm braut sich zusammen.

WÜSTE
- Jesus ging zur spirituellen Erneuerung in die Wüste.
- Verlassenheit. Einsam; öde; kein Wachstum.

WUT
- Lassen Sie zu, daß der Ärger, den Sie so lange zurückgehalten haben, zum Ausdruck kommt.
- Wut, die sich im Traum ausdrückt, wird es Ihnen ermöglichen, die Wut loszulassen, die Sie im Wachleben unterdrücken.

XYLOPHON
- Im Einklang mit dem Leben sein.

ZAHLEN
- Siehe Kapitel *ZAHLEN*.

ZÄHNE
- Siehe Zähne im Kapitel *KÖRPERTEILE*.

ZELT
- Vergänglichkeit. Etwas Vorübergehendes.
- Das Bild Ihres Selbst ist nicht gefestigt.

ZIEL
- Ihre Richtung. Ihr Ziel.
- Konzentration auf sich selbst und Selbstdisziplin sind notwendig.

ZIMMER
- Ein Zimmer ist ein Aspekt Ihres Selbst.
- Siehe *HEIM/HAUS*.

ZITRONE
- Schlecht im übertragenen Sinn: *Ihr Auto ist eine Zitrone*.
- Reinigung; Läuterung.
- Siehe Kapitel *FARBEN* (gelb).

ZUG
- Kollektive und Einzel-Reise durch Phasen und Ereignisse Ihres Lebens.

ZUHÖRER
- Glückwünsche!
- Wenn die Zuhörer positiv reagieren, ist dies eine Bestätigung der Selbst-Annahme.
- Wenn sie nicht positiv reagieren, müssen Sie an Ihrer Selbst-Annahme arbeiten.

ZWIEBEL
- Versteckte Traurigkeit.

31
EINE TRAUMGRUPPE ORGANISIEREN

Eine sehr gute Möglichkeit, tiefer in die Welt Ihrer Träume einzusteigen, ist eine Traumgruppe, in der sich Menschen regelmäßig treffen, um miteinander über ihre Träume zu sprechen. Es ist eine ausgezeichnete Möglichkeit, auf Ihrer Traumreise ermutigt und unterstützt zu werden.

Zweck

Wenn Sie ihre eigene Traumgruppe gründen, legen Sie zuerst fest, was Sie damit bezwecken: Zum Beispiel individuelle psychische Fähigkeiten zu entwickeln oder Schwierigkeiten im Alltag durch Untersuchung Ihres Traumtheaters während der Nacht zu lösen - um nur zwei Möglichkeiten zu nennen. Schreiben Sie ihre Absichten klar und mit einfachen Worten nieder. Legen Sie sorgfältig Ihre Ziele fest, damit jedes Mitglied der Gruppe bewußt entscheiden kann, ob es mit dem Ziel übereinstimmt. Dieser erste Schritt ist unbedingt erforderlich und wird die Synergie *) künftiger Treffen vergrößern. Einigen Sie sich auf einen für alle günstigen Termin (etwa einmal pro Woche).
Sicherlich wird ihre Traumgruppe ihre eigene Dynamik entwickeln. Es gibt jedoch einen einfachen Rahmen, der sich als sinnvoll erwiesen hat. Bei Ihrem ersten Treffen sollten Sie sich in einen Kreis setzen, da dieser eines der wichtigsten Symbole für Träumen ist. Dann gehen Sie im Uhrzeigersinn um den Kreis (in der nördlichen Hemisphäre) bzw. entgegen den Uhrzeigersinn (in der südlichen Hemisphäre), wobei jeder Anwesende kurz etwas zu seiner Person sagt. Lassen Sie von jedem eine Information einfließen, die für ihn von Bedeutung ist, etwa persönliche Ziele, Lebenszweck etc. Betrachten Sie das erste Treffen als Zeit der Klärung von Ziel und Absicht und als Beginn für die Entwicklung der Synergie innerhalb der Gruppe.

---

*) Energie, die für den Zusammenhalt und gemeinsame Erfüllung von Aufgaben zur Verfügung steht.

Erdung

Jedesmal, wenn Sie sich treffen, beginnen Sie die Sitzung mit kurzen Übungen zur Zentrierung und Entspannung. Vielleicht wählen Sie dafür ein Mitglied der Gruppe, das diese Einführung vornimmt. Setzen Sie sich in Kreisform hin, die Wirbelsäule gerade, ganz entspannt. Bilden Sie zur Erdung eine Energiesäule, indem Sie silbernes Licht von der Erde durch die Fußsohlen und das Ende Ihres Rückgrats, das Rückgrat hinauf und oben aus dem Scheitel hinaus steigen lassen, das dann auf Sie herunterstürzt wie ein Wasserfall. Nachdem Sie dies gemacht haben, beginnen Sie, in der Essenz jedes Teilnehmers im Kreis zu atmen, je nach der Örtlichkeit im Uhrzeiger- oder im Gegenuhrzeigersinn. Nehmen Sie einen tiefen Atemzug, atmen Sie jeden der anderen in Ihr eigenes Sein, und lassen Sie ihn dann langsam los. Während Sie das tun, erlauben Sie sich, jeden Menschen als starke, gesunde, gute und ausgeglichene Persönlichkeit zu erleben. Dadurch weben Sie eine tiefe, spirituelle Verbindung zwischen sich und jedem der anderen Träumer in der Gruppe. Anschließend atmen Sie dreimal in die Essenz Ihres eigenen Seins. Jetzt stellen Sie sich vor, wie sich ein strahlendes, silbrigweißes Licht in einem Wirbel um die Gruppe herum bewegt und einen Strudel aus Energie und Licht schafft. Nach Beendigung dieser Meditation bleiben Sie einige Minuten schweigend sitzen, bevor Sie mit dem Austausch der Träume beginnen.

Austausch von Träumen

Beim Austauschen von Träumen im Kreis ist es notwendig, daß jeder Teilnehmer genügend Zeit erhält, seine Träume zu erzählen. Wenn ein Mensch fühlt, daß die Ereignisse der vorhergegangenen Woche in irgendeiner Form mit dem Traum zu tun haben, kann es sinnvoll sein, auch diese Ereignisse mitzuteilen. Dabei muß man aufpassen, daß man nicht vom Thema abschweift, sonst haben andere keine Chance, zu Wort zu kommen. Bevor Sie also einen bestimmten Traum auswählen, um mit diesem zu arbeiten, achten Sie darauf, daß jeder eine Chance hatte, sich mitzuteilen. Einen Traum nicht erzählen zu können, nur weil die Zeit nicht reichte, kann sehr enttäuschend sein. Da jeder Traum eine Mischung aus einer Vielzahl komplexer Bilder darstellt, die mehrere Dimensionen überspannen, wäre es leicht, mehrere Sitzungen mit nur einem einzelnen Traum zu verbringen. Achten Sie also darauf, daß Sie genügend Zeit für jeden Traum haben, der von den Gruppenmitgliedern geschildert wird.

Wenn jeder Teilnehmer Gelegenheit hat, seine Träume zu erzählen, wird dies zu einer tiefen Verbindung mit den anderen im Raum führen. Als Ergebnis der Synergie dieser Gruppe werden Sie zweifellos ein erhöhtes Gefühl der Telepathie zwischen den einzelnen Menschen im Raum erleben und sogar eine Ähnlichkeit der auftretenden Symbole in den Träumen.

Wenn Sie ihren Traum erzählen, benutzen Sie immer die Gegenwartsform und nicht die Vergangenheit - also: "Ich laufe" und nicht "ich bin gelaufen." So sind Sie mit dem Traum, während Sie ihn den anderen erzählen, viel enger verbunden. Außerdem sollten Sie den Traum in der ersten Person erzählen, also: "ich", "mir", "mich". So werden Sie sehr schnell neue Einsichten über sich erhalten. Beginnt ein Mensch seinen Traum in der Gegenwart zu erzählen und fällt dann in die Vergangenheit, weist dies im allgemeinen auf eine Situation im Traum hin, in der es für den Träumer gefühlsmäßig Probleme gibt. Man sollte ihn darauf aufmerksam machen, was gelegentlich dazu führt, daß ein Mensch eine neue Erfahrung macht oder ein 'Aha-Erlebnis' hat.

Achten Sie sorgfältig auf die Wahl der Worte, die ein Mensch bei der Beschreibung seines Erlebnisses benutzt. Achten Sie auch auf die Körpersprache, also darauf, wie der Körper des Erzählenden den Traum zum Ausdruck bringt.

Denken Sie daran, jeder Träumer in der Gruppe stellt eine andere Spiegelung von Ihnen dar. Während sich die Geheimnisse eines Träumers den anderen gegenüber offenbaren, wird dies zu einem neuen Erwachen in Ihnen führen. Achten Sie sorgfältig auf die Art und Weise, in der die einzelnen Teilnehmer über den Traum sprechen. Jeder Traum hat für Sie eine besondere Bedeutung. Und jeder Traum hat auch etwas mit Ihnen zu tun. Die Zusammensetzung der Gruppe ist kein Zufall: Sie sind zusammengekommen, weil Ihre Energien ähnlich sind.

Wählen Sie für jede Sitzung einen Diskussionsleiter, der darauf achtet, daß die Gruppe beim Thema bleibt. Eine Möglichkeit ist, bei jeder Sitzung eine neue Person zu wählen, die dann die nächste Sitzung leitet.

Traumdeutung

Wenn die Gruppe einen Traum auswählt, um ihn näher zu beleuchten, ist es wichtig, daß der betreffende Träumer durch die Diskussion mit der Gruppe neue Einsichten erhält. Dabei ist es von großer Bedeutung, daß der Träumer nur die Deutung der anderen akzeptiert, die er als 'richtig fühlt'. Jeder kann leicht in die Deutung des Traums eines anderen das hineinlegen, was für ihn wichtig ist. Also, liebe Träumerin, lieber Träumer, akzeptieren Sie nur das, was Ihnen Ihre innere Stimme bestätigt.

Wenn Ihre Gruppe gut funktioniert, könnten Sie gelegentlich 'Themenwochen' ansetzen. In einer Woche beschließen Sie vielleicht, sich mit der Inkubation prophetischer Träume zu Ereignissen des nächsten Jahres zu beschäftigen. In einer anderen Woche konzentrieren Sie sich auf die emotionale Reinigung von Blockaden aus der Kindheit, eine 'Kindheitsreinigungswoche'. Oder, wenn Sie Humor haben, organisieren Sie eine 'telepathische Kommunikationswoche mit Außerirdischen' oder, wenn Sie praktisch veranlagt sind, kann das Thema der Woche sein, die Börsenkurse zu bestimmen. Oder Sie bitten um Träume, die Ihre Heilungsfähigkeiten vergrößern - Heilen in der Nacht, am Tag, Heilung des Selbst ... eine 'Heilwoche'.

Seien Sie in Ihrer Traumgruppe kreativ! In einer Sitzung könnten Sie Ihre Träume tanzen, in der nächsten, mit Papier und Bleistift ausgerüstet, Ihren Traum zeichnen. Sie können sich auch Traumpartner wählen, und während der Woche für den jeweils anderen träumen, wobei Sie einen bestimmten Abend für diesen Zweck festsetzen. Letztgenannte Erfahrung war für mich äußerst wichtig, da ich dabei neue Einsichten über mich erhalten habe. Was für den einen Träumer ein blinder Fleck ist, mag für den anderen ganz leicht zu entdecken sein. Selbst jene, die mit Traumarbeit relativ wenig Erfahrung haben, konnten erfolgreich für jemand anderen träumen, wobei sie Traumsymbole, die für jene andere Person äußerst wichtig waren, entschlüsselten.

Bringen Sie ihr Traumbuch zu jeder Sitzung mit und lassen Sie die anderen daran teilhaben. Sie können auch einen Teil in Ihrem Traumbuch reservieren, um die Einsichten aufzuschreiben, die Sie durch andere in der Gruppe gewonnen haben. Eine andere kreative Möglichkeit, Ihre Träume zu entdecken, ist, eine Traummaske oder ein Traumschild zu bauen. Oder die Gruppe wählt gemeinsam einen bestimmten Traum aus und agiert ihn im Spiel aus, wobei jedes Mitglied im Traum-Drehbuch eine andere Rolle spielt. Viel Spaß !!

Es ist für die Gruppe sinnvoll, eine bestimmte Uhrzeit für den Beginn und für das Ende festzulegen, damit die Teilnehmer aus dem Bewußtsein arbeiten, eine bestimmte Zeit zur Verfügung zu haben. Diesen Plan einzuhalten, bringt dem einzelnen in der Gruppe ein Gefühl der Befriedigung.

Eine Traumgruppe gleicht einer langsam erblühenden Rose, und jedes Mitglied stellt ein anderes Blatt der duftenden, zarten Blüte dar.

Ruder, ruder, ruder
dein Boot durch Zeit und Raum
Fröhlich, fröhlich, fröhlich -
Das Leben ist nur ein Traum.

Über die Autorin:

Nachdem Sie dieses Buch gelesen haben, möchten Sie Denise vielleicht persönlich kennenlernen.
Denise führt regelmäßig Kurse in vielen englisch-sprachigen und nicht-englisch-sprachigen Ländern (mit Übersetzung) durch, auch in Deutschland.
Korrespondenz und Rückfragen (in englisch) bitte an:

New Life Designs
Arnica House
170 Campden Hill Road
London, W8 7AS, England
United Kingdom

Telephone: 00 44-71- 938-3788
Fax: 00 44-71- 7237256

Seminare in Deutschland:
über:
AISTHESIS, U. Watolla,
Rheinallee 110, 40545 Düsseldorf,
Tel. + Fax: 0211 - 57 39 53

Ulrike Gottwald

Tanzende Seele

Du hast alles in dir

Jeder von uns besitzt viel mehr Wissen, Talente und Kenntnisse als ihm bewußt ist. Alles, was wir je gehört, gesehen und auf vielerlei Art wahrgenommen haben, ist in den tieferen Schichten unseres Bewußtseins gespeichert.

Tanzende Seele - Du hast alles in dir stellt Affirmationen und Meditationstechniken vor, mit denen wir im Dialog mit unserem "inneren Helferteam" lernen, unser gespeichertes Wissen auf spielerische Weise anzuzapfen: "Hugo - Aufofahrer mit Hut", die "Heilerin" oder "Der Küchenspezialist, Herr Radieschen", um nur einige zu nennen, sind innnere Helfer, die uns unterstützen, indem sie uns darauf aufmerksam machen bzw. uns daran erinnern, was alles in uns steckt.

Ulrike Gottwald, die Autorin von *Sommer für die Seele*, bietet eine mit Witz und Humur geschriebene, praktische Lebenshilfe für den Alltag.

Aus der Reihe BewußtSein
128 Seiten, broschiert, DM 19,00, öS 148,-, sfr 20,20
ISBN 3-926374-41-1
Smaragd Verlag

Dawson Church

Zwiesprache

Kontakt mit der Seele deines ungeborenen Kindes

Dieses Buch enthüllt die spirituellen Geheimnisse von Schwangerschaft und Geburt.
Es beschreibt, welche Auswirkungen Emotionen, Gefühle, Gedanken und übersinnliche Wahrnehmungen auf das Kind im Mutterleib haben und wie die werdenden Eltern das Kind vor der Geburt und auch während der Zeit danach liebevoll unterstützen können.

Durch Fotos, Diagramme und geführte Meditationen zeigt der Autor, wie die künftigen Eltern mit ihrem Ungeborenen Kontakt aufnehmen können.

Empfohlen von *Ken Carey*, dem Autor von *Vision* und *Sternenbotschaft*.

Ein Buch, das getragen ist von einem äußerst tiefgehenden Verständnis der kosmischen Lebensgesetze: ein wunderschönes Buch für Mütter, Väter, Kinder. Ein lesenswertes Buch für alle Menschen.

esotera 9/90

Aus der Reihe BewußtSein
160 Seiten, broschiert, DM 22,00, öS 172,-. sfr 23,20
ISBN 3-926374-40-3
Smaragd Verlag